多孔铝材料在交通基础设施中的应用

王　昊　郭建民　闫书明　著

东北大学出版社

·沈　阳·

图书在版编目（CIP）数据

多孔铝材料在交通基础设施中的应用 / 王昊，郭建民，闫书明著. -- 沈阳：东北大学出版社，2024.6.

ISBN 978-7-5517-3541-4

I. F511.3

中国国家版本馆CIP数据核字第2024PF6856号

内容提要

多孔铝材料具备吸声、降噪、吸能、缓冲、阻燃、隔热、耐腐蚀、可回收及环保等优越特性，在航空航天、汽车、军工、医疗等领域已被广泛应用。随着我国交通基础设施建设快速发展与精细化提升需求，需要利用多孔铝材料的优越性能来突破传统材料带来的技术瓶颈，优化提升交通基础设施的综合性能与工程品质。本书介绍了多孔铝材料的特点、制备工艺、性能与应用现状，多孔铝材料在声屏障、防撞垫、桥墩防车撞缓冲设施上的应用，以及多孔铝材料在其他交通基础设施上应用的探索。

本书既可为多孔铝材料及交通基础设施领域的科技工作者在研究、开发、生产等方面提供指导，也可作为高等院校相关专业师生的参考用书。

出 版 者：东北大学出版社
　　　　　地址：沈阳市和平区文化路三号巷11号
　　　　　邮编：110819
　　　　　电话：024-83683655（总编室）
　　　　　　　　024-83687331（营销部）
　　　　　网址：http://press.neu.edu.cn
印 刷 者：辽宁一诺广告印务有限公司
发 行 者：东北大学出版社
幅面尺寸：170 mm × 240 mm
印　　张：16.25
字　　数：310千字
出版时间：2024年6月第1版
印刷时间：2024年6月第1次印刷
策划编辑：段慧亚
责任编辑：王　旭
责任校对：周　朦
封面设计：潘正一
责任出版：初　茗

ISBN 978-7-5517-3541-4　　　　　　　　　　　定价：58.00元

前　言

　　新材料是指新近发展的或正在发展之中的、性能超群的，具有比传统材料更为优异性能的材料。它在各个行业都有非常广泛的应用。新材料产业作为基础性和支柱性战略产业，是现代高新技术和产业的基础与先导，被称为"科技发展的骨肉"。多孔铝是一种典型的新材料研究成果，兼具金属材料和多孔材料的特点。与传统金属材料相比，多孔铝材料在声学、力学、电学和热学等方面均表现出良好的性能优势，是21世纪最具潜力的新材料之一。目前，多孔铝材料被广泛地应用于航空航天、汽车、军工、医疗等领域，起到了隔音、吸声、阻尼、减震、隔热、阻燃、过滤、分离、电磁屏蔽等作用，成效显著。

　　一个国家或地区的交通基础设施是否完善，是其经济能否长期持续稳定发展的重要基础。任何一个经济发达的国家，必然拥有一个结构合理、道路畅通、快捷高效的交通基础设施系统；而一个交通网络结构不合理、道路等级低、通达深度不足的交通系统，对整个国家经济发展的阻碍及产生的损失无疑是巨大的。当前，我国已建成了规模庞大的交通基础设施网络，正从交通大国迈向交通强国；未来，我国交通基础设施的建设还有很大的发展空间。

　　交通基础设施的完善对国民经济的发展至关重要，随着科技发展和理念更新，未来交通基础设施的发展会以安全、节能、绿色、环保为主题，进一步探索其本身的优化设计。多孔铝材料的出现及其优异的材料特性，为部分交通基础设施的优化改良提供了新思路，可以预见，未来多孔铝材料一定会在交通基础设施应用上大放异彩。

　　本书共分为7章，系统介绍了多孔铝材料及其在交通基础设施上的应用情况，优化提升交通基础设施性能及品质，填补相关应用领域的技术空白。第1章介绍了多孔铝材料及交通基础设施的发展概况及重要性；第2章针对多孔铝材料的闭孔和开孔构造，总结归纳了不同制备工艺的流程、特点及应用现状；第3章介绍了多孔铝材料多样化的性能特点，以及多孔铝材料在汽车、航空航天、军工等领域的应用情况；第4章针对现有声屏障在降噪稳定性、结构安全性及设置安全性等方面的问题，结合多孔铝材料优越的吸声降噪、耐候、阻燃、环保等特性，并从安全应用角度出发，系统介绍了多孔铝材料在声屏障中的应用过程；第5章针对现有防撞垫缓冲吸能储备不足的问题，结合多孔铝材料优越的压缩吸能特性，系统介绍了多孔铝材料在防撞垫中的应用过程，并给出了多孔铝防撞垫系列成果；第6章针对公路上跨线桥墩位置的车辆碰撞问题，结合多孔铝材料优越的缓冲吸能特性，系统介绍了多孔铝材料在桥墩防车撞方面的应用过程，并给出了多孔铝桥墩防护体系技术成果；第7章介绍了多孔铝材料在路面工程、公路隧道工程、上跨线桥墩防船撞设施、城市轨道交通工程、建筑装饰工程及岗亭与办公家具上的应用探索。

本书由山东高速股份有限公司和北京华路安交通科技有限公司组织撰写，王昊统稿和审定，郭建民和闫书明协助进行资料核实和文字整理。具体撰写分工如下：第1章，王昊、孙承吉、李玉鑫、刘航；第2章，郭建民、徐飞萍、李征泉、宋晓辉；第3章，闫书明、李兵、于建泉、任超；第4章，王新、胡学成、康良、马晴、王永昊、时文成；第5章，邓宝、杨福宇、刘杰、王玉飞、吕润婷、魏琨；第6章，龚帅、刘思源、卞玉广、彭鹏、许彬、陈晓；第7章，亢寒晶、段文静、赵浩泽、刘吉存、孟超、樊震旺、尹韬、龚趁心。

由于著者水平有限，本书中难免存在疏漏或不当之处，恳请读者和专家予以指正。

著　者

2023 年 10 月

目 录

第1章 绪 论

1.1 多孔固体材料基本概念、分类及应用

1.1.1 多孔固体材料基本概念

多孔固体材料是一种由相互贯通或封闭的孔洞构成网络结构的固体材料，主要由形成材料本身基本构架的连续固相和孔隙内填充的流体相所组成。根据孔隙内流体物理状态的不同，流体相又分为气相和液相两种情况，其中气相较为常见。区别于传统工程材料中的孔洞、裂隙等以缺陷形式存在的孔隙，多孔固体材料因为孔隙的存在反而优化了材料的性能。即多孔固体材料中包含大量孔隙，所含孔隙可以用来满足某种或某些使用性能或功能。

天然多孔固体在自然界中普遍存在，如珊瑚、蜂窝、植物的茎、浮石、海绵、木材和骨骼等，如图1.1所示。许多天然材料因其多孔的结构而具备优良的性能。早在古罗马时代，人们就已经开始使用软木制作酒瓶的瓶塞，而人类真正开始认识并制备多孔固体材料是从20世纪40年代开始的。随着工业、科技的发展及社会的进步，人们设计并制造出了各种各样的多孔固体材料。小到随处可见的泡沫塑料杯，大到飞机座舱的减震垫，多孔固体材料凭借优异的性能正逐渐应用在人们生活的方方面面。

（a）珊瑚 （b）蜂窝

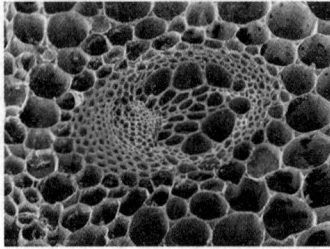

（c）植物的茎　　　　　　　　　　（d）浮石

图 1.1　自然界中的多孔结构

1.1.2　多孔固体材料分类

不同多孔固体材料的孔隙形状不同，其孔隙排列方式及相对孔隙含量（即孔隙率）也不同。

按照孔隙排列方式的不同，多孔固体材料可以分为蜂窝材料（图 1.2）和泡沫材料（图 1.3）。前者为连续固体作多边形二维排列，孔隙相应地呈柱状空间分隔存在，其孔隙的轴向截面形状一般为三角形、四边形和六边形，类似于蜜蜂的六边形巢穴，因而被形象地称为蜂窝材料。后者呈连续三维网状分布时，被称为三维网状泡沫材料，该类泡沫材料形成的孔隙是相互连通的，属于典型的通孔结构；当连续固体呈球形、椭球形或多面体壁面结构分布时，被称为胞状泡沫材料。在胞状泡沫材料中，孔隙壁面既可以分隔出一个个封闭的孔隙，构成闭孔胞状泡沫材料；也可以打通，从而构成通孔胞状泡沫材料。人们习惯上将三维网状泡沫材料称作开孔泡沫材料，将闭孔胞状泡沫材料称作闭孔泡沫材料，将通孔胞状泡沫材料称作半开孔泡沫材料。

（a）三角形分布　　　　　　　　　　（b）四边形分布

图 1.2　蜂窝材料

（a）三维网状泡沫材料　　　　　　　（b）胞状泡沫材料

图1.3　泡沫材料

按照孔隙率的大小，多孔固体材料可以分为中低孔率多孔固体材料和高孔率多孔固体材料。中低孔率多孔固体材料的孔隙多为封闭型，孔隙的行为类似于材料中的夹杂相；高孔率多孔固体材料又随孔隙排列方式的不同呈现出蜂窝材料、三维网状泡沫材料及胞状泡沫材料三种情况。

按照化学成分的不同，多孔固体材料主要分为无机多孔固体材料和有机多孔固体材料。

无机多孔固体材料包括多孔金属材料和多孔非金属材料。根据制备方法不同，多孔金属材料分为以下6种：由球状或不规则形状的金属粉末或合金粉末经成型与烧结而制成的粉末烧结型金属多孔固体材料；由金属纤维制成的纤维烧结型金属多孔固体材料；由熔融金属或合金冷却凝固后形成的熔体铸造型金属多孔固体材料；由原子态金属在有机多孔基体内表面沉积，除去有机体并烧结而成的金属沉积型金属多孔固体材料；由溶解在金属熔体中的气体在定向冷却过程中析出气泡所形成的定向凝固型金属多孔材料；由不同金属或金属与非金属复合在一起制成的复合型金属多孔固体材料。多孔非金属材料分为陶瓷多孔材料、硅气凝胶多孔材料、连孔化合物和包裹式多孔材料，其中以陶瓷多孔材料应用得最为广泛。典型的多孔陶瓷组成有氧化铝、氧化锆、氧化硅、氧化钛、氧化镁、碳化硅和堇青石等，采用不同的制备工艺可以获得不同形态的多孔体。

有机多孔固体材料包括多孔生物材料和多孔非生物有机材料。多孔生物材料主要有自然界中的木材、动物骨骼、珊瑚、海绵等。多孔非生物有机材料主要有开孔型橡胶和塑料多孔材料，其中泡沫塑料已经成为一种极为普遍的多孔材料，应用在人们日常生活的方方面面。

多孔固体材料分类如图1.4所示。

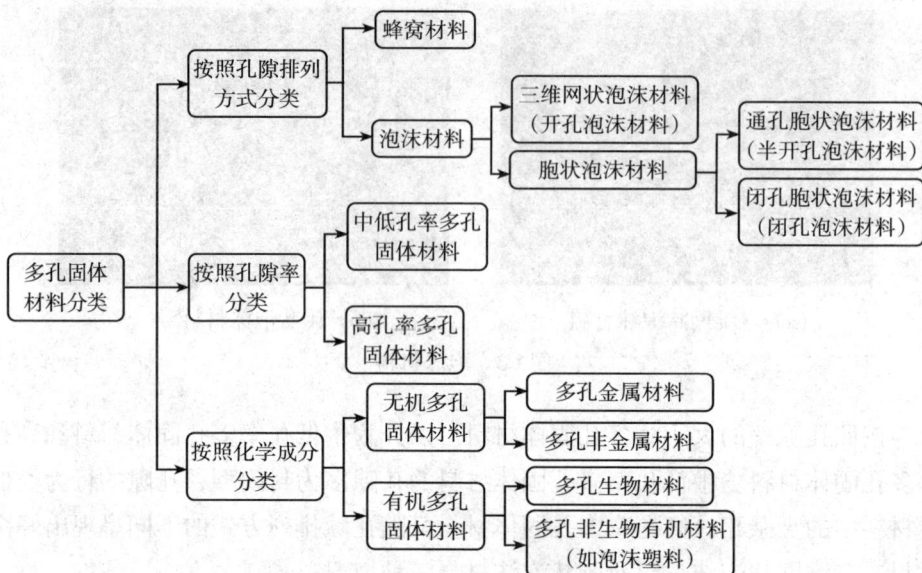

图1.4　多孔固体材料分类

1.1.3　多孔固体材料应用

　　多孔固体材料由于存在大量孔隙而具有许多致密材料不具备的性能，如体积密度小、比表面积大、能量吸收性好、热导率低（闭孔体）、换热散热能力强（通孔体）、吸声性能好（通孔体）、电磁屏蔽性能好等。由于其优异的物理、力学性能，多孔固体材料已经成为一种兼备功能和结构双重属性的具有巨大应用潜力的新型工程材料，近年来得到了迅速发展。如今，这种轻质材料已经在航空航天、医学、环保、冶金、机械、建筑、电化学和石油化工等行业有所应用，可用于分离、过滤、消音、吸振、包装、隔热、热交换、生物移植、电化学过程等诸多场合，在科学技术研究与国民经济建设中发挥着巨大的作用，并且其作用日益显著。图1.5为一些多孔固体材料的应用示例。

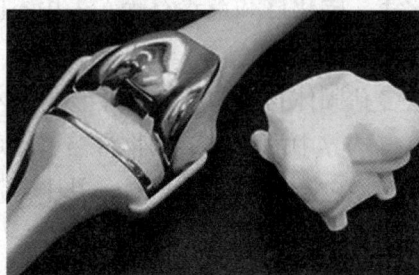

（a）多孔陶瓷储热体　　　　　　　　（b）多孔磷酸钙生物陶瓷

（c）多孔过滤陶瓷管

（d）多孔陶瓷催化剂载体

（e）泡沫塑料杯

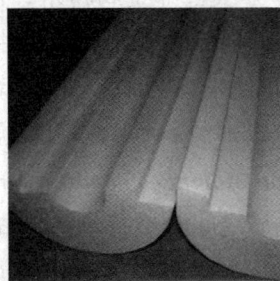
（f）高阻燃硬质聚氨酯泡沫塑料

图1.5 多孔固体材料的应用示例

1.2 多孔金属材料概述

多孔金属材料是多孔固体材料中的一类，在诸多多孔固体材料中，多孔金属材料兼备多孔固体材料的绝大部分优异性能，其应用几乎涵盖多孔固体材料的所有用途，在多孔固体材料领域占据着十分重要的地位。作为结构材料，多孔金属具有轻质、高比刚度、高比强度、高能量吸收等特点；作为功能材料，多孔金属同时具有减震、阻尼、吸声、隔音、散热、吸能、电磁屏蔽等多种性能。多孔金属材料由于具备结构材料和功能材料的双重作用，从而逐渐成为多孔固体材料应用中最重要、最广泛的一类多用途材料。

多孔金属材料包括二维蜂窝金属材料、三维低孔率烧结型金属材料和三维高孔率泡沫金属材料。其中，烧结型金属材料是以金属粉末、金属丝网或者金属纤维为原材料，在特定的成型工艺条件下成型，在高温保护性气氛条件下烧结而成的一种具有较高孔隙率的刚性结构材料。

粉末的简单松装烧结是获得多孔金属材料的最早途径。早在1909年，粉末冶金多孔制件就出现在国外专利中。20世纪30年代初，出现了大量使用粉末冶金烧结工艺制备过滤器的专利。此后，粉末冶金多孔材料得到迅速发展，在军事上得到广泛应用，如多孔镍用于雷达开关、多孔铁用作炮弹箍、铁过滤器用于灭焰喷射器、抗氧化多孔材料用于喷气发动机的燃烧室和叶片等。20世纪60年代以后，随着应用领域的不断扩大和粉末制造方法及其成型技术的不断发展，粉末冶金多孔材料得到了全面发展，出现了钛合金、不锈钢等抗腐蚀、耐高温的粉末烧结多孔产品，以及有特殊用途的多孔钨、多孔钽及难熔金属化合物等多孔材料。之后，人们对粉末冶金制备工艺进行了改良，用金属纤维代替部分或全部金属粉末，制成了金属纤维多孔材料。该材料孔隙率可达90%以上，全部为贯通孔，塑性和冲击韧性好，容尘量大，可用于许多过滤条件苛刻的行业，被称为"第二代多孔金属过滤材料"。

泡沫金属材料作为多孔金属材料的一个重要分支，最初出现在美国专利 *Process for Making Foamlike Mass of Metal* 中。1948年，美国人 B. Sosnick 提出利用物质之间沸点的差别（如铝、铝合金与汞之间的差别），通过增减压力的方法，使其中作为发泡剂的物质气化，冷却后制成一种带有孔洞的金属混合物、复合物或合金。随后，另一项美国专利 *Method of Producing Metal Foam* 又发展了这一想法，并于1956年首次利用熔体直接发泡法成功制出多孔铝，也称作泡沫铝。20世纪60年代中期，美国 Ethyl 公司成为美国研制多孔铝的科研中心。此后，日本、德国、加拿大、中国、英国等国家相继加入泡沫金属材料的研究行列。进入21世纪后，泡沫金属材料的研究更在世界各地蓬勃兴起。

泡沫金属材料是多孔金属材料中用途最广泛、生产规模最大的一个重要类型。根据孔结构的不同，泡沫金属可以分为闭孔泡沫金属和通孔泡沫金属两类，主要判断依据是孔洞是否连通。孔洞各自封闭、互不相连的是闭孔泡沫金属，而孔洞相互贯通的是通孔泡沫金属（也叫作开孔泡沫金属），如图1.6所示。常见的泡沫金属材料有泡沫铝、泡沫铁、泡沫镍、泡沫铜等。

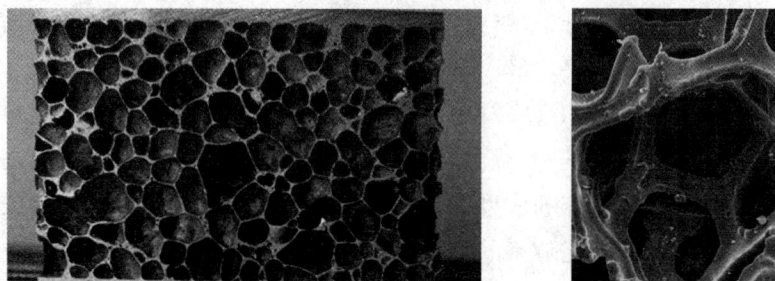

(a) 闭孔泡沫金属　　　　　　(b) 开孔泡沫金属

图1.6　泡沫金属材料结构

多孔化赋予多孔固体材料优异的性能，使其拥有致密材料无法比拟的用途，大大拓宽了新型材料的研究领域和应用范围。泡沫金属材料所具备的高孔隙率（90%以上）和毫米级别大孔径（0.05~5.50 mm）特点，使其同时具有多孔结构和金属材料所拥有的轻质、透气、吸声、隔热、减震、吸能、易回收等多种优良性能，从而在机械、航空航天、电子与通信、环境保护、生物医学、造纸业、化工等诸多领域具有广泛的应用，如表1.1所列。

表1.1 泡沫金属材料的广泛应用

应用领域	用途举例
机械	用于泡沫金属外罩、升降机和传送器的安全垫、高速磨床防护装置吸能减震内衬
航空航天	多孔不锈钢用于航空器及制导陀螺中液压油的净化、飞机零部件、空降设备热交换器、飞行器散热屏蔽、航天器起落架
电子与通信	用于电磁屏蔽室、电子仪器外壳、高速列车配电室、播音室
环境保护	用于工厂防声墙、多孔泡沫金属电除尘、汽车尾气处理
生物医学	用于人造膝关节、人造臼体、人造股骨等各种泡沫金属生物植入体
造纸业	316L、317 LN、镍及镍合金、钛等多孔材料，用于纸浆漂洗和污水处理
化工	泡沫铜、泡沫镍直接用作催化剂，泡沫镍、泡沫镍合金、泡沫铁合金、泡沫不锈钢等用作催化剂载体
民用生活	用于浴室设施、卫生间设施、厨房设施
其他	用于铬镍电池、镍氢电池、泡沫铁过滤器、流体分离器、混合器、气敏装置、多孔电极、电容器、热交换器、泡沫铜，用作催化剂载体，用作管芯制造的热管和真空均热板、泡沫铅板栅

1.3 多孔铝材料结构参数及应用前景

金属材料铝有着密度小、价格低、力学性能良好等特点，因此，人们通常把铝作为多孔金属的主要原料，通过发泡、粉末冶金、沉积等工艺将铝制作成多孔铝。多孔铝是应用最为广泛的多孔金属材料之一。

1.3.1 多孔铝材料结构参数

多孔铝兼具金属材料和多孔材料的特点，与传统金属材料相比，在力学、声学、电学和热学等方面均表现出良好的性能优势。多孔铝的特殊性能来自功能性气孔（具有高阻尼、隔热、消音、减震和屏蔽等作用）与连续固相金属骨架形成的耦合结构，其性能主要受孔径、孔隙率、孔形状、孔分散均匀度和比表面积等结构参数的影响，了解多孔铝结构参数显得尤为必要。

1.3.1.1 孔径

孔径是指多孔铝材料中孔隙的名义直径，对多孔铝的透过性、渗透速率、过滤性能等均有显著影响，是多孔铝的重要性质之一。根据制备工艺的不同，多孔铝孔径的变化范围和可控区间均有很大差异，因此孔径的表征就显得十分必要。

孔径参数有最大孔径、平均孔径、孔径分布等，相应的测定方法有断面直接观测法、气泡法、气体吸附法、离心力法、利用特殊软件进行表面形貌扫描统计分析法等。其中，断面直接观测法只适于测量个别或少数孔隙的孔径，它需要用显微镜明确材料试样的孔隙个数，由此计算出平均弦长，进而计算出平均孔隙尺寸。气泡法、气体吸附法和离心力法这类间接测量法则是利用一些与孔径有关的物理现象，通过试验测出各有关物理参数，并在假设孔隙为均匀圆孔的条件下计算出等效孔径。而利用特殊软件扫描多孔铝表面形貌进行统计的方法，可以较全面地表征多孔铝的表观孔径大小，并对多孔铝孔径的分布进行统计分析。

1.3.1.2 孔隙率

孔隙率是指多孔铝固体中孔隙所占体积与多孔铝总体积的比值，以一个纯小数或者百分数表示。孔隙率既是多孔铝材料中最易测量、最易获得的基本参数，也是决定多孔铝导热性能、声学性能、电磁屏蔽性能、阻尼性能、拉压强度等物理和力学性能的关键因素。可以说，多孔铝的性能主要取决于孔隙率，其权重超出所有其他影响因素，是多孔铝材料的重要特性。

孔隙率测定的常用方法有直接称重体积计算法、浸泡介质法等。

直接称重体积计算法即采用游标卡尺对切割好的多孔材料试样进行测量，计算出其体积之后，在天平上对试样进行称重，最终计算出材料孔隙率。需要注意的是，在使用游标卡尺时，每个尺寸至少要在3个分隔的位置上分别测量，取每一位置上3个读数的中值后，再进行计算。此外，整个测试过程应该在常温或规定的温度和相对湿度下进行，最终得出孔隙率（θ）为

$$\theta = 1 - \frac{M}{V\rho_s} \tag{1.1}$$

式中，M——试样质量；

V ——试样体积；

ρ_s——试样基体密度。

浸泡介质法即先在空气中进行试样称重，获得试样的质量，再将试样浸泡于液体介质中使其饱和后，进行液中称重来确定试样的总体积，进而测算出多孔铝的孔隙率。具体测量步骤是：先用天平称量出试样在空气中的质量 W_1；再将试样浸泡于液体介质中使其饱和，让介质充满试样的孔隙，测出试样饱和后在空气中的质量 W_2；然后将饱和后的试样置于吊具上浸入工作液中，测出试样连同吊具在工作液中的质量 W_3 及无试样时吊具浸于工作液中的质量 W_4；最后计算得出多孔铝的孔隙率为

$$\theta = 1 - \frac{W_1 \rho_{\mathrm{L}}}{(W_2 - W_3 + W_4)\rho_{\mathrm{S}}} \qquad (1.2)$$

式中，W_1——试样在空气中的质量；

ρ_{L}——工作液体密度；

W_2——试样饱和后在空气中的质量；

W_3——试样饱和后连同吊具在工作液中的质量；

W_4——吊具浸于工作液中的质量；

ρ_{S}——试样基体的密度。

1.3.1.3 孔形状

多孔材料是由许多孔洞和基体框架构成的，其孔形状会对性能有一定的影响。当孔形状为等轴孔隙时，多孔体的性能为各向同性。但当孔隙形状发生变化时，多孔材料的性能会依赖于取向，而且常常是强烈地依赖于取向。

平面状态下，多孔材料的形状以三角形、四边形、六边形为主。对于三维空间，常见多孔材料的形状有三棱锥、三棱柱、长方体、六方结构、正八面体、菱形十二面体、五边形十二面体、十四面体和二十面体等。对于闭孔多孔铝，孔形状主要以五边形十二面体和十四面体为主，如图1.7所示。

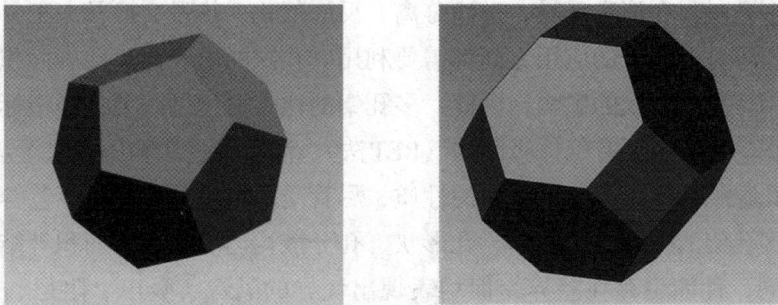

(a) 五边形十二面体   (b) 十四面体

图1.7 闭孔多孔铝常见孔形状

多孔材料的孔形状可用不同放大倍数的光学显微镜进行观察分析，既可以通过简单的X射线吸收技术（射线透视检查法）来获取，也可以利用CT技术（即X射线断层摄影术，英文全称computed X-ray tomography）获取多孔体的三维密度分布形态。此外，还有人采用涡流感应技术、超声波图像等方法获取孔形状。

1.3.1.4　孔分散均匀度

孔分散均匀度用于衡量孔洞在整体材料中的分散均匀性，只有孔洞分散均匀，才能保证材料的各向同性，因此，孔分散均匀度也是多孔材料性能的重要考量参数。

Euler定律给出了二维和三维多孔材料的分布情况：

$$f - n + v = 1 \quad （二维） \tag{1.3}$$

$$f - c - n + v = 1 \quad （三维） \tag{1.4}$$

式（1.3）和式（1.4）中，f——面的个数；

　　　　　　　　n——边的个数；

　　　　　　　　v——顶点个数；

　　　　　　　　c——孔洞个数。

对于独立的三维空间孔洞排列，每个面的平均边数n为

$$n = 6\left(1 - \frac{2}{f}\right) \tag{1.5}$$

可见，一般情况下，在二维空间，每个孔洞的平均边数为6；在三维空间，每个面的平均边数依赖于每个孔洞所具有的面数，一般为五边形或六边形。

1.3.1.5　比表面积

多孔材料在消音降噪、过滤分离、反应催化、热量交换及人工骨生物组织内生长等许多场合的应用方面都需要利用其孔隙的内表面，比表面积的大小对其使用性能有很大的影响，因此，多孔铝的比表面积是一项重要指标。测定比表面积的方法主要有气体吸附法（BET法）、流体透过法和压汞法等。

孔隙结构赋予多孔铝优良的性质，尽管受原料成分、制备工艺等因素的影响，多孔铝的孔径、孔隙率、孔形状、孔分散均匀度和比表面积等结构参数有所不同，性能也存在差异，但均表现出优异的隔音、吸声、阻尼、减震、隔热、阻燃、电磁屏蔽等特性。

1.3.2 多孔铝材料应用前景

多孔铝材料是一种功能与结构一体化的新型工程材料，其研制初期主要被应用于军事和航空航天领域。在军事领域，该材料用于潜艇的吸声隔音，制备坦克、轻型装甲战车等的复合装甲，制成多孔铝夹芯板并用于防爆装置，等等；在航空航天领域，该材料用作航天器的缓冲装置、飞机零部件、空降设备的保护装置等。

如今，有关多孔铝材料制备工艺方面的研究和应用已取得长足发展，部分制备技术［如熔体直接发泡法、注气发泡法和粉末冶金（powder metallurgy，PM）法等］已经趋于成熟，并实现了工业化生产。多孔铝材料的工业化生产为其向民用产品的转型奠定了坚实的基础。当前，在轨道交通、汽车制造、城市交通等方面，多孔铝材料具有巨大的应用前景：采用多孔铝材料替代木制品结构件，用于制作列车的地板、车门、侧部内衬、隔墙板等，以起到减轻质量、吸声、隔声、减震、隔热的作用；用三明治式多孔铝材制造的某些汽车零件，其质量只有原钢件质量的1/2，而其刚度为钢件刚度的10倍，保温绝热性能比铝高95%，对频率大于800 Hz的噪声有很强的消声能力；采用多孔铝材料作降噪材料，不吸潮、耐腐蚀、吸声率高，并且可以减震、防撞，保护隧道内壁，提高隧道安全性。可见，多孔铝民用产品的开发势必成为今后发展的主流。

1.4 交通基础设施含义、分类及发展阶段

1.4.1 交通基础设施含义、分类

交通运输决定着人们的日常出行，保证货物的正常输送，所包含的内容十分广泛，车辆、线路、道路沿线的土木建筑及各种服务设施皆属于其中。交通运输的多样性为社会生产和人民生活提供了极大的便利，对人们的日常生活具有不可比拟的作用，是国民经济各项事业发展的基础。交通基础设施是为货物输送和旅客出行，以及社会生产和人民生活提供一般条件的物质载体和公共设施，是保证国家或地区社会经济活动正常进行的复杂、开放的公共服务系统。按照交通基础设施的特征及其所对应的运载工具类别，可将其分为轨道运输设施、道路运输设施、水路运输设施、航空运输设施和管道运输设施五种，分别

对应轨道运输系统、道路运输系统、水路运输系统、航空运输系统和管道运输系统五个运输系统。这五个运输系统各有所长，分别在不同的环境下发挥着重要作用，彼此之间相辅相成，构成一个有机的整体，共同组成综合运输系统。综合运输系统又有固定设施和移动设施两大子系统，对应其使用机械动力驱动运载工具在线路上运送人员和物资的特点。顾名思义，固定设施即那些一经建成便无法移动的设施，包括道路、桥梁、轨道、隧道、车站、通风亭、枢纽、港口码头、道路标线、船闸、客货运设施、航空港、机场、管路、油气泵站及相关的机电设备、供电系统、通信信号与控制等设备；而移动设施是指动力装置和各种运载工具，包括各种汽车、电车、火车、高铁、船舶、飞机等直接运输货物和旅客的设施。只有固定设施和移动设施相互配合，构成完整的运输系统，才能保证运输系统功能的正常实现。

图1.8为综合运输系统的分类，由此可见运输系统门类繁多、非常庞大。

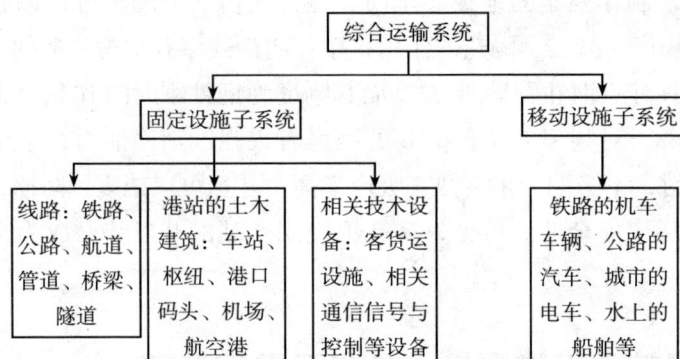

图1.8 综合运输系统的分类

图1.9为常见的交通基础设施，这些设施和人们的生活密不可分，维系着人们正常的生活秩序和社会的正常运行。

（a）道路 （b）桥梁

(c) 机场

(d) 港口

(e) 铁路

(f) 管道

(g) 车辆

(h) 新能源车辆充电桩

(i) 高速公路服务区

（j）公交站

（k）地铁站

（l）丰富多样的交通标志

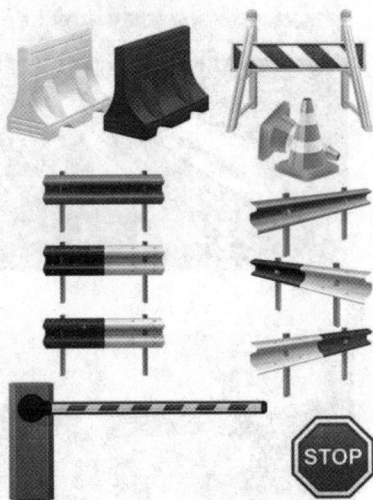
（m）形形色色的交通设施

图1.9　常见的交通基础设施

1.4.2　交通基础设施发展阶段

我国交通基础设施的发展可以分为两个阶段：①新中国成立初期至改革开放前，这一阶段主要以恢复国民经济、改善人民生活和巩固国防为目标，基础设施建设按照计划有重点地进行，经过近30年的发展，逐渐形成了初期的运输体系，但整体水平较低；②改革开放以后，国民经济持续高速发展，公路运输需求强劲增长，交通基础设施建设开始发生了历史性转变。此后，我国交通基础设施建设有了长足的进步，一个布局合理、四通八达的交通运输网络初步形成。进入21世纪以来，我国交通基础设施建设成绩斐然，综合运输体系已基本完善，各种运输方式都得到了极大的发展。如图1.10所示，截至2022年底，我国公路运营里程大幅增长，从2012年的423.75万 km 发展到535.48万 km，增长了26.37%；铁路运营不断完善，运营路线得到了极大丰富，运营里程从

2012年的9.76万km发展到15.50万km，增长了58.81%；内河航运能力不断提升，航道里程从2012年的12.50万km发展到12.80万km，增长了2.40%。城市地面公交和轨道交通、农村公路进入全面协调发展阶段。

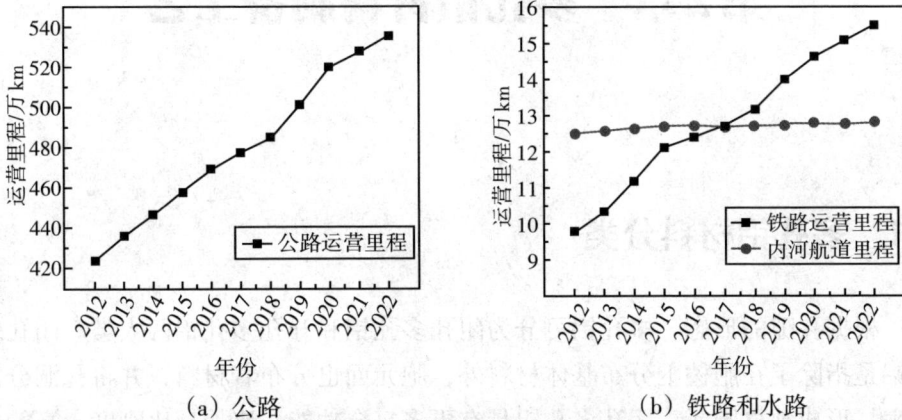

(a) 公路　　　　　　　　　　(b) 铁路和水路

图1.10　我国交通运输系统的发展

"要想富，先修路"，交通基础设施对国民经济发展的重要性早已根植在每个人的心中。事实证明，交通基础设施对于经济增长具有十分重要的作用；当今社会的进一步发展，也依赖着交通基础设施的完善。

一个国家或地区的交通基础设施完善，是其经济长期持续稳定发展的重要基础。任何一个经济发达的国家，必然拥有一个结构合理、道路畅通、快捷高效的交通基础设施系统；而一个交通网络结构不合理、道路等级低、通达深度不足的交通系统，对整个国家经济发展的阻碍作用及产生的损失无疑是巨大的。当前，我国已建成了规模庞大的交通基础设施网络，正从交通大国迈向交通强国；未来，我国交通基础设施的建设还有很大的发展空间。

第2章 多孔铝材料制备工艺

2.1 多孔铝材料分类

根据孔隙的形态，多孔铝可分为闭孔多孔铝和开孔多孔铝两大类。闭孔多孔铝是指除了在胞棱上分布基体材料外，胞元面也分布着材料，并将孔洞分割开来，形成独立胞元。闭孔多孔铝具有更多复合功能，诸如高比刚度、高能量吸收率等特点，并且易生产、成本低，是现今新材料研究的焦点，如图2.1（a）所示。开孔多孔铝是指基体材料仅仅分布在胞棱上，孔与孔之间无基体材料面间隔，处于连通状态，整体呈立体的网状结构，其通透性好，具有良好的过滤、分离和散热能力，如图2.1（b）所示。这两类多孔铝材料虽然在结构、功能及用途上均有所差异，但普遍具有轻质、低密度、高孔隙率、比表面积大（一般为1000~4500 m^2/m^3）的特点。

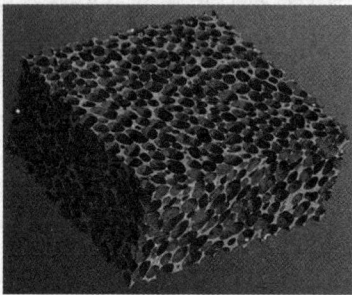
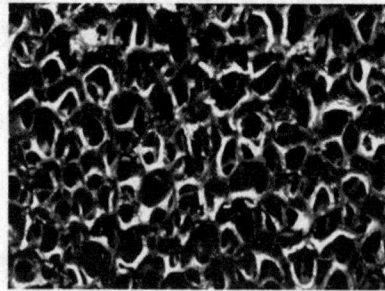

（a）闭孔多孔铝　　　　　　　（b）开孔多孔铝

图2.1　多孔铝材料示意图

多孔铝材料经历了数十年的发展，目前已经形成了多种制备方法。多孔铝材料的制备方法，可以按照泡孔形成原理、加工过程中基体铝的状态（液态、固态等）或形成泡沫的介质材料（如预制件的构成）、气泡的获取方式（直接、间接）、最终孔隙状态进行划分。图2.2为多孔铝制备方法示意图，从图中可以看出，多孔铝制备方法分为固态金属烧结法、液态金属凝固法、沉积法和其他方法四大类。固态金属烧结法包括金属粉末烧结法、金属纤维烧结法、浸浆海绵烧结法三种。液态金属凝固法包括固-气共晶法、铸造法、发泡法、添加球料法。其中，铸造法包括渗流铸造法（分为上压渗流铸造法、负压渗流铸造法）和熔模铸造法；发泡法包括熔融金属法（分为直接注气法、熔体发泡法）、粉末冶金法和粉浆发泡法。沉积法包括电沉积法、气相沉积法、喷溅沉积法。其他方法还包括3D打印法、烧结法、无重力混合法等。

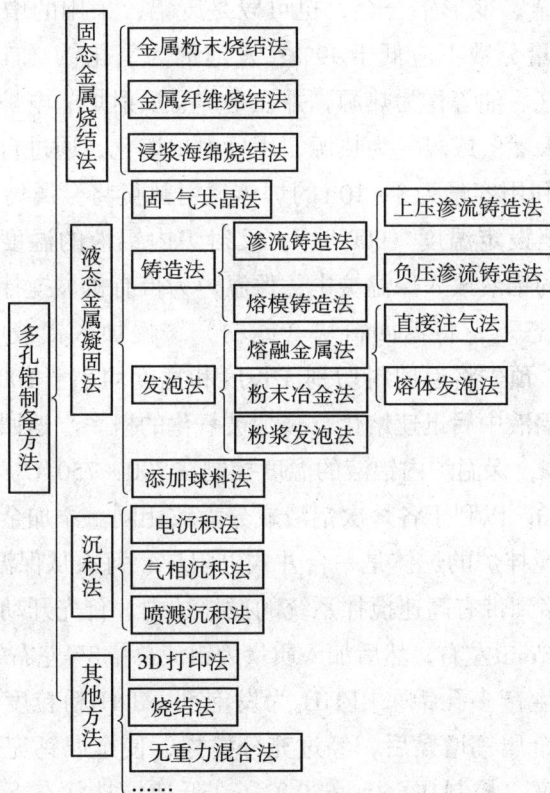

图2.2　多孔铝制备方法示意图

闭孔多孔铝和开孔多孔铝的构造不同，所采用的制备工艺也有所区别。了解这些材料的制备工艺，对于加深对该种材料的认识具有一定的意义。

2.2　闭孔多孔铝制备工艺

闭孔多孔铝材料的制备方法主要有熔体发泡法、注气发泡法、粉末冶金法、固-气共晶法、粉浆成型法、溅射喷镀法、加中空球料法及Formgrip法。

2.2.1 熔体发泡法

熔体发泡法又称熔体直接发泡法，是通过向铝熔体内加入可生成气体的物质（即发泡剂），以达到产生泡沫结构的目的。熔体发泡法生产多孔铝材料的工业生产过程包括铝锭（或铝合金）熔化、配入返回料、铝熔体增黏、添加发泡剂、发泡、冷却凝固、切割、清洗、干燥等步骤。生产多孔铝的原料既可以是纯铝、铝硅合金、变形铝合金，也可以是废铝；采用的增黏剂主要为金属钙，其中钙的质量分数不应低于99%；发泡剂为氢化钛（TiH_2）。熔化铝时，可以选取电、煤气、油等作为热源，并在平炉、反射炉、电炉等内进行；比较经济适用的是以天然气或煤气为热源，用反射炉熔化，通过自动燃烧器向反射炉内喷入燃气，利用容量为 5～10 t 的炉体反射热量将金属熔化，炉温从室温（10 ℃左右）升至设定温度（900 ℃），反射炉内铝液的温度控制在 800 ℃ 以上。将反射炉中的铝液放入保温炉中，保温炉为带有机械搅拌系统的坩埚式电阻炉。在搅拌状态下，将返回料块（或粉）缓慢加入铝液中，搅拌速度为800～1000 r/min。预先将返回料切割成长度和宽度均小于 100 mm 的小块，以利于返回料加入铝液中后迅速熔化，减少被氧化的概率。返回料与新铝的比例控制在 20%～30%，保温炉内铝液的温度控制在 700～750 ℃，从保温炉放出铝液之前搅拌 10 min，以利于各炉次铝液成分大致相同。添加金属钙增黏是在搅拌炉中进行的，搅拌炉的炉体是一台井式电阻炉，每次从保温炉中放出 250～400 kg 铝液，转移到带有高速搅拌系统的搅拌炉中，首先开动搅拌桨并将搅拌速度调整至 1000 r/min 左右，然后加入质量为铝液总量 3% 左右的小块金属钙。

熔体发泡法生产多孔铝采用 TiH_2 为发泡剂，TiH_2 粉粒度控制在 74 μm 以下。铝液中添加金属钙增黏后，经过充分搅拌，使金属钙完全熔化并分布均匀。调整铝液温度，控制在 660～680 ℃，在低速搅拌状态下，向铝液中缓慢加入质量为铝液总质量 1.5% 的 TiH_2 粉末，将全部 TiH_2 粉末加完后，提高搅拌速度并搅拌 6～8 min，以利于 TiH_2 分散均匀。搅拌炉与发泡槽车衔接，为了提高发泡效果，发泡槽车需在预热炉内预热，搅拌完成后，熔体被倒入槽车，再进入发泡炉内进行发泡。添加发泡剂的铝液经处理后，倾倒入发泡槽（发泡模具），牵引入发泡炉中；发泡槽预先在马弗炉中预热，温度不低于 500 ℃；发泡炉炉温控制在 640～700 ℃，铝液在发泡炉内的发泡时间为 8～14 min；铝液添加 TiH_2 并经强烈搅拌后，倾倒入发泡槽中的铝液并不立刻发泡，数分钟以后才逐渐发泡;泡沫体在发泡炉中充分发泡后,牵引到冷却台,进行冷却凝固。发泡炉内出来的泡沫体要迅速冷却凝固,凝固速度越快,越有利于减少泡沫体的内部缺陷;一般采用喷水冷却或吹风冷却;为了实现从底部向上定向冷却,从发泡槽底部向上喷水或喷吹气体;喷水冷却时间为20 min左右,而吹风冷却时间为30 min左右;冷却凝固后进行脱模,得到铝泡沫体。先将泡沫体进行规方处理,即切除侧面和上表面的不规则部分,形成一个标准的长方体,再用立式锯床切割成多孔铝板材。图2.3为熔体发泡法简化生产工艺流程图。

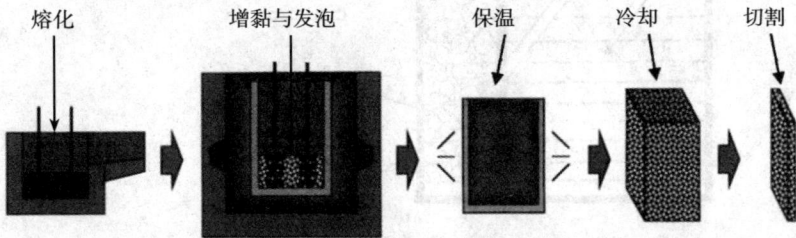

图2.3 熔体发泡法简化生产工艺流程图

熔体发泡法生产出来的多孔铝孔洞之间相互独立、强度较高。相比于其他方法,熔体发泡法工艺简单、成本低廉,是最适合制备大规格闭孔多孔铝的方法,现已实现工业化生产。

2.2.2 注气发泡法

注气发泡法是另外一种重要的闭孔多孔铝制备方法。注气发泡法的工艺原理与熔体发泡法的工艺原理类似,所不同的是该方法是以通入的气体(空气、氮气、氢气等)作为气源产生气泡,即外生气源发泡,而熔体发泡法是内生气源发泡。正是由于通过外生气源进行发泡,所以注气发泡法具有气泡生长速度快、易聚合、易破灭等特点,这也导致其发泡过程不易控制。此外,为了解决气泡在熔体中的稳定性问题,注气发泡法也需要事先对铝熔体进行增黏处理,以此增大气泡在熔体中的上浮阻力,使气泡更易保留在熔体中。目前,常用的增黏手段是向铝熔体中加入 SiC,Al_2O_3,MnO 等陶瓷颗粒,通过搅拌,使细小的陶瓷颗粒均匀分散在铝熔体中,便可使熔体黏度增加,从而有效阻止气泡膜排液,使气泡在熔体中更稳定地存在。同时,在搅拌过程中,叶片的机械切削作用会将气泡打碎,使其变得更加细小和分散,进一步稳定了泡沫的存在。图2.4为注气发泡法连续制备闭孔多孔铝的工艺示意图,与熔体发泡法相比,该方法同样具有工艺简单、成本低廉的特点，并已经实现了闭孔多孔铝的连续化生产。

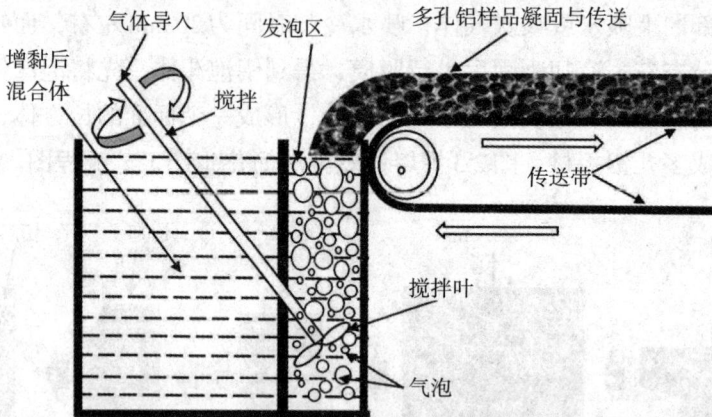

图2.4 注气发泡法连续制备闭孔多孔铝的工艺示意图

随着泡沫金属制备技术的不断进步与发展，注气发泡法的制备工艺也不断完善。注气发泡法具有工艺原理简单、成本较低、所得样品孔隙率高等优点，适合制备尺寸较大的产品，是当前泡沫金属研究领域中生产泡沫金属的主要工艺之一。对注气发泡法的进一步完善可以推动泡沫金属批量化和产业化进程。

对注气发泡法制备多孔铝的研究宜将以下三点作为重点：①增黏剂的研究，研究不同增黏剂的加入量、颗粒大小对气泡均匀性和稳定性的影响；②研究不同因素对孔结构的影响，通过调节工艺参数、优化工艺条件来制备所需胞直径和孔密度的闭孔多孔铝；③采用计算机模拟技术，将繁杂的试验工作简化到计算机模拟中，通过不同工艺参数的调节模拟，观察发泡过程中气泡的均匀性及孔的形貌结构，使工艺过程变得容易控制，更快地推进多孔铝的连续化生产进程。

但是，采用注气发泡法制备闭孔多孔铝仍然存在一些问题，如发泡过程不易控制，所制得的多孔铝孔尺寸较大、孔形貌不规则，传送带机械作用会对孔结构造成破坏，等等。

2.2.3 粉末冶金法

粉末冶金法是制备闭孔多孔铝的一种重要方法，国外对粉末冶金法的研究有比较成熟的经验，该方法已投入批量的工业生产。德国夫雷霍弗实用材料研究所采用粉末冶金法制备出了结构均匀的多孔铝材料，其既可以加工成近成品尺寸的零件，也可以制成三明治式的夹芯板材料（即中间为泡沫层而两面为生长成一体的金属板）。三明治式的多孔铝夹芯板材是在复合板压制成型后，经加热控制 TiH_2 的分解，中间部分受热膨胀而形成的，已经被用于制作轿车顶盖、车门及保险杠等。1999年起，德国研究联合会（DFG）的"胞状金属材料"优先计划联合了20多个著名高校和国立研究所（有汽车制造商支持），重点支持采用粉末冶金法制备多孔铝和多孔铝夹芯板，主要应用目标为汽车工业。此外，航空航天和军工等领域对粉末冶金法制备的多孔铝异型件及其复合结构也有重大需求。

粉末冶金法制备闭孔多孔铝的基本原理是：铝或铝合金粉末与发泡剂（TiH_2，ZrH_2等）、添加剂等粉末混合，在一定压力下压制成密实块体，加热待温度达到铝基体熔点温度以上后，发泡剂热分解产生的气体便可以使处于半熔融状态的铝基体发生变形，形成泡沫结构，冷却后便得到闭孔多孔铝。粉末冶金法工艺流程及其最常见的单轴向冷压工艺流程如图2.5所示。

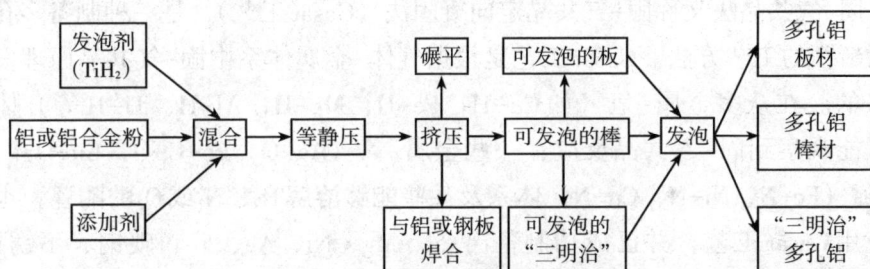

(a) 粉末冶金法工艺流程

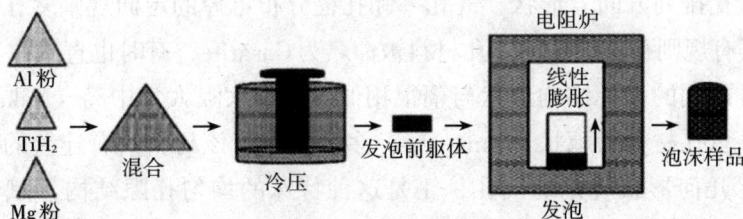

(b) 单轴向冷压工艺流程

图2.5 粉末冶金法工艺流程及单轴向冷压工艺流程示意图

粉末冶金法制备闭孔多孔铝的发泡过程可以在不同结构的模具中进行，这也给该方法带来了许多优势：采用粉末冶金法可制成三明治式的多孔铝夹芯板，通过调整压制工序参数可将铝或铝合金粉与发泡剂的混合基体压制成非常薄的坯，通过控制发泡的工艺参数，可制成2 mm厚的夹芯板，气孔的孔径为

0.5~1.0 mm，且孔径均匀，其可用于轿车的顶盖、行李箱及保险杠等，这是其他方法所不能达到的；采用粉末冶金法可以按照零件的形状，先计算好发泡膨胀的尺寸，再压制成基体，加热发泡后，可制得形状复杂的工件，用这种多孔铝零件代替传统的铸铝零件，其质量可减少30%，且强度、抗震性都有较大的提高；可以根据特殊需要（如制成增强或抗磨损等构件），直接向粉末中加入其他增强颗粒或纤维，使多孔铝达到强韧化的目的。

但是，用粉末冶金法制备闭孔多孔铝还存在如下缺点：由于粉末冶金法工艺中原料采用的是铝粉或铝合金粉，相比于熔体发泡法或吹气发泡法而言，铝制成粉的成本很高；由于该方法采用金属粉末作为原料，所以原料成本较高；另外，粉末压制过程中的拱桥效应和脱模后的弹性后效会使多孔铝产品的均匀性较难控制，最终试样中的泡沫结构整体性比用熔体发泡法生产的多孔铝差，这也是未来研究中需要克服的问题。

2.2.4 固-气共晶法

固-气共晶法又称固-气共晶定向凝固法（Gasar工艺），是一种制备多孔金属的新颖的工艺方法。Gasar工艺是根据气体-金属体系中固-气共晶原理发展起来的。在众多金属-氢（如Cu-H，Fe-H，Mg-H，Al-H，Ti-H等）体系中，能观察到固-气共晶反应；一些金属-氧（Ag-O，Fe-C-O，Cu-O）、金属-氮（Fe-N，Ni-N，Cu-N）体系及某些能够溶解H_2、N_2或O_2的陶瓷，也有望应用Gasar工艺，并已成功制备出Cu、Mg、Ni、Ag、Fe、碳钢、不锈钢、Si、Al_2O_3陶瓷等规则多孔结构。这种技术最早由乌克兰学者Shapovalov提出，可得到气孔排列方向、形状、气孔率和孔径分布可控的定向规则多孔结构。制备出的具有规则孔隙结构的多孔材料被命名为Gasarite，有时也直接称为Gasars。由于通常得到的多孔结构形状与藕很相似，日本大阪大学中岛（Nakajima）等人称该种多孔材料为藕状（lotus-type）多孔材料。该材料具有连续的基体和光滑表面、几何形状规则的气孔，正是这种特殊的均匀孔隙结构，赋予其高强度、高刚度及良好的导热和导电性能。

固-气共晶定向凝固法的工艺过程如下：在一定的高压气氛下，熔化不会形成气体化合物（如氢化物）的金属或合金，保温后，气体大量溶解于熔体中，在随后的定向凝固中，由于气体在固相和液相中的溶解度差异，凝固界面处过饱和气体析出并形成气孔，同时金属凝固成相应的固相。若工艺控制合适，则固相和气相耦合生长并稳定向前推进，最终获得圆柱状气孔定向排列于金属基体中的多孔结构。采用该方法，会得到具有藕状结构的多孔材料。

图2.6为固-气共晶定向凝固法的工艺示意图。

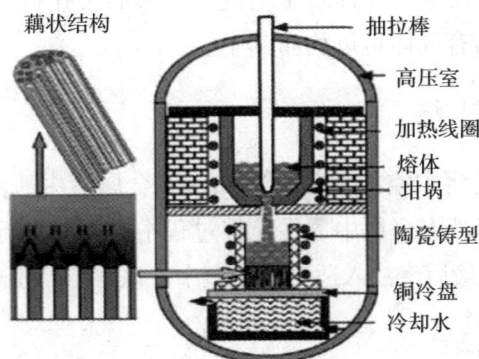

图2.6　固-气共晶定向凝固法的工艺示意图

虽然固-气共晶定向凝固法从提出至今时间较短，但是因其制备得到的藕状多孔金属具有很好的力学性能，并且表现出了很好的导热能力，所以受到了很多国家科研机构的重视。已有研究结果表明，如果将其用于计算机中央处理器（CPU）的散热器，将大幅提高散热效率。但是在利用该方法制备藕状多孔铝的工艺过程中，有很多可变因素，所以很难通过控制工艺参数达到对孔结构的精确控制。另外，由于制备过程中需要高压环境和氢气保护，存在一些安全问题，且制备成本也较高，所以该方法目前仍处于实验室研究阶段，距离实际应用还有较长的路要走。

2.2.5　粉浆成型法

粉浆成型法是将金属铝粉、发泡剂（氢氟酸、氢氧化铝或正磷酸）、反应添加剂和有机载体组成悬浮液，将其搅拌成含有泡沫的状态后，置入模具中加热焙烧，使粉浆变黏，随着气体的产生，粉浆开始膨胀，最终得到一定强度的多孔铝。如果把粉浆直接灌入高分子泡沫中，那么通过升温把高分子材料热解、烧结后，同样可制得闭孔泡沫材料。该方法存在的主要问题是所制得的多孔铝强度不高，并有裂纹存在。

2.2.6　溅射喷镀法

溅射喷镀法是在某一稀有气体分压下，用等离子束激发金属原子溅射到基底上，原子沉积时会将稀有气体裹入，然后将沉积体加热到金属熔点以上，以使气体膨胀，从而形成单独的孔隙，冷却后，即可得到闭孔结构的多孔金属材料。被卷入的稀有气体的质量分数为 $1.5 \times 10^{-5} \sim 2.3 \times 10^{-3}$，体积分数从百分之几到 80%。该方法可用于制作任意金属或非金属的多孔材料，但这种材料必须可以溅射喷镀并且稀有气体可以均布其中。

2.2.7　加中空球料法

加中空球料法是将中空的球状材料加入到金属液中，然后迅速加以搅拌，使其充分均匀分布于液态金属中，在搅拌过程中，同时进行冷却，直到金属液足够黏时停止搅拌，最后浇注入适当的铸型中。该方法特别适合制作耐热合金。

2.2.8　Formgrip 法

Formgrip 法是一种多孔铝异型件的制备方法。该方法结合了熔体发泡法和粉末冶金法发泡工艺的优点。其工艺流程如下：首先将发泡剂（TiH₂）在适当的温度下处理（400 ℃保温 24 h+500 ℃保温 1 h），以保证其加入熔体中仅有少量分解；然后在搅拌条件下，将 TiH₂ 加入温度较低的熔融的 Duralcan F3S10S 型铝液中；接着将含有 TiH₂ 的铝熔体倒入模具中迅速冷却，形成发泡前驱体；最后加热放有前驱体的模具，使前驱体发泡形成与模具内腔大小相同的多孔铝材料。

还有其他一些制备闭孔多孔铝的方法，但比较常用的还是前面提到的八种方法。

2.3　开孔多孔铝制备工艺

开孔泡沫金属可以通过渗流铸造法、熔模铸造法、烧结溶解法与溶解烧结法、金属沉积法、空心球烧结法、电火花烧结法等方法获得。其主要思路是：首先获得多孔预制件，预制件可以是盐的烧结体，或者多孔塑料等；然后利用多孔预制件进行渗流、沉积、烧结等工艺；最后获得开孔泡沫金属。

2.3.1　渗流铸造法

渗流铸造法又称颗粒铸造法，其具体工艺流程如下：首先将无机颗粒甚至有机颗粒或低密度中空球直接堆积且置于铸模内，或者制成多孔预制件后放入铸模内；然后在（高、负）压力的作用下，将熔融金属渗入这些堆积体或预制体的孔隙中，再进行铸造；最后除去预制体，得到多孔金属材料，颗粒的除去方式可采用溶解滤除和热处理法。图2.7为渗流铸造法制备多孔铝的工艺流程与示意图。在图2.7中，为清楚表示金属和颗粒之间的关系，未进行颗粒压实，但实际上颗粒是贴紧关系，从而形成通孔。该方法可制备铝、镁、锌、铅等多种泡沫金属，所得多孔材料均为海绵体，孔隙率为50%~80%，孔径从0.1 mm到数毫米，孔结构与所用粒子的形状、大小及烧结条件有关。渗流铸造法可根据颗粒尺寸分布控制泡沫材料的孔洞尺寸及其分布，其操作工艺简单、生产效率高、生产安全性高、设备投资小、制造成本低、便于机械化生产，是目前制备通孔结构泡沫金属最有效、最成熟的方法之一。渗流铸造法的缺点是工艺方法相对复杂，液态金属在渗流过程中不能完全填充颗粒之间的孔隙，因而会造成很大的缺陷，且难以制备大规格的泡沫铝制品。

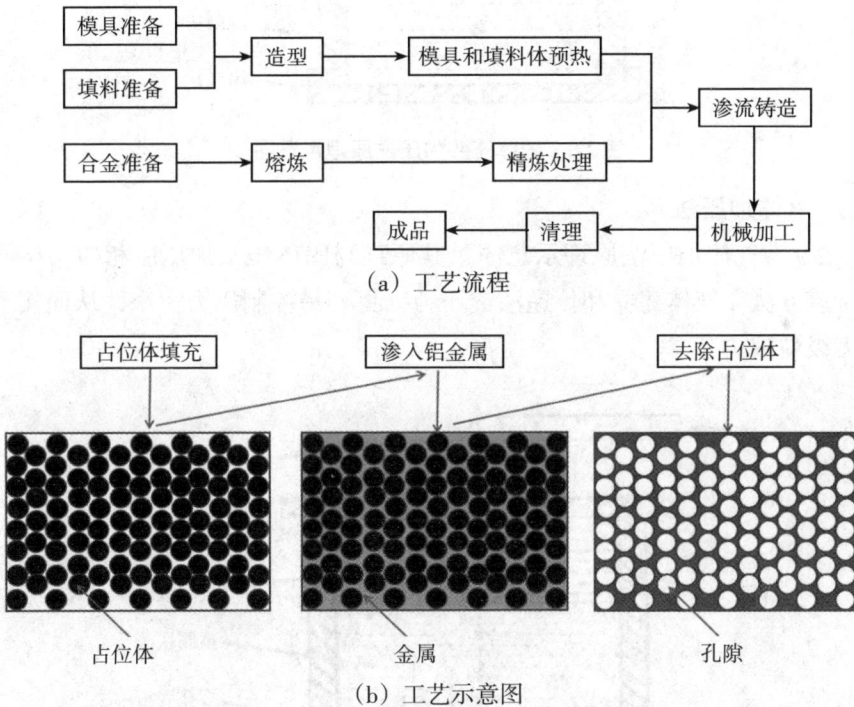

（a）工艺流程

（b）工艺示意图

图2.7 渗流铸造法制备多孔铝的工艺流程与示意图

对于大多数金属而言，金属液所具有的较大表面张力会使其难以渗入颗粒间隙。因为毛细阻力的存在，仅依靠金属液本身的自重，很难使其渗入颗粒间隙，这样将很难制作出符合要求的多孔泡沫金属，因此必须施加正压力以克服毛细阻力。根据加压方法不同，渗流铸造法分为上压渗流铸造法和负压渗流铸造法两类，具体分为四种方法：固体压头加压法、气体加压法、差压铸造法和真空吸铸法。

2.3.1.1 固体压头加压法

图2.8为固体压头加压法原理示意图。该方法首先将粒子压制成预制块或松散地装入模具中；然后从上方浇入金属液，并使压头在压力作用下向前推进，对液态金属施加压力，以使其渗入到预制块的粒子间隙中。

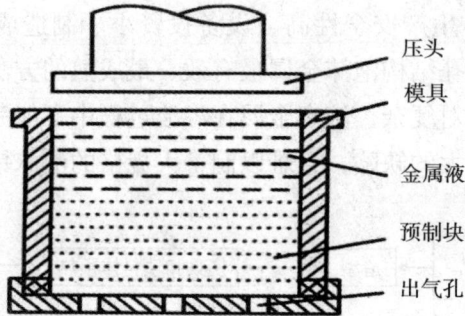

图2.8 固体压头加压法原理示意图

压头
模具
金属液
预制块
出气孔

2.3.1.2 气体加压法

图2.9为气体加压法原理示意图，其原理与固体压头加压法相似，不同之处在于该方法靠气体建立和传递渗透压力，更容易控制压力大小，从而实现压力的无级增减。

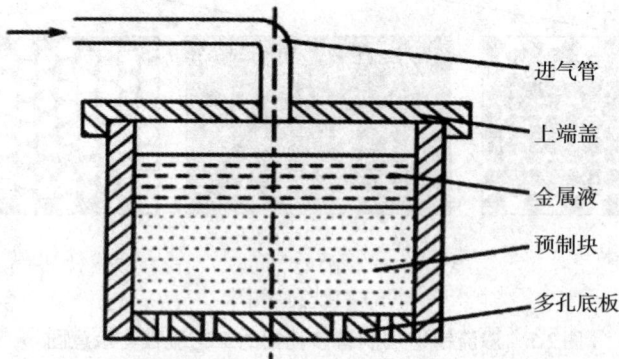

图2.9 气体加压法原理示意图

进气管
上端盖
金属液
预制块
多孔底板

2.3.1.3 差压铸造法

图2.10为差压铸造法原理示意图。应用差压铸造法时，需要上、下两个压力罐，两罐在使用前需要先进行加压，金属在下罐中进行熔炼，铸型放置在上

罐中。待金属熔化完毕后，减小上罐的压力，就可以在上、下罐之间产生压力差，液态金属即可填充入预制块的颗粒间隙中。该方法使得液态金属在压力下凝固，所得到的铸件组织致密，机械性能较好。

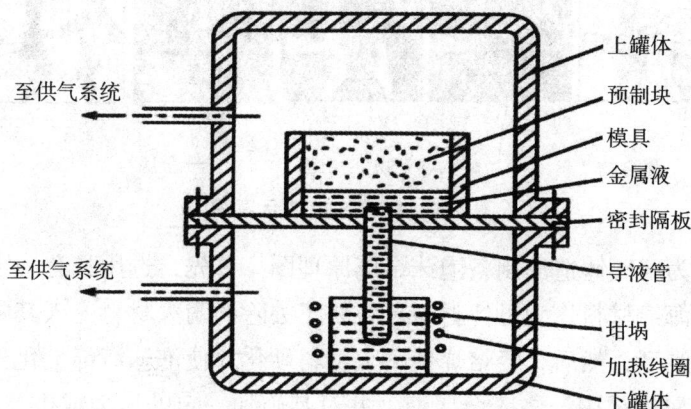

图2.10 差压铸造法原理示意图

至供气系统
至供气系统

上罐体
预制块
模具
金属液
密封隔板
导液管
坩埚
加热线圈
下罐体

2.3.1.4 真空吸铸法

真空吸铸法与差压铸造法类似，所不同的是真空吸铸法需在预制块中形成真空，靠负压把金属液吸入预制块的颗粒间隙中。真空吸铸法与差压铸造法都需要一套抽气/真空系统及一套上、下罐体，因此造价比较高，但由于压力下金属液的渗透距离比较长，所以结晶出的金属骨架比较致密，制得的泡沫金属具有较高的机械性能，总体性能优异。

2.3.2 熔模铸造法

国内对泡沫金属制备工艺的研究，主要集中于渗流铸造法，并已取得了较大的进展。但渗流铸造法存在着孔隙贯通性不好、易腐蚀、工艺局限性大等缺点，限制了其大规模的应用和发展。熔模铸造法所生产的多孔铝试样，具有良好的三维贯通性，且该工艺适用范围大、无腐蚀性，在制造流体透过性产品方面有着良好的应用前景。

熔模铸造法的具体工艺流程如下：先选择具有一定孔径和孔隙率的通孔聚合物泡沫（通常为聚氨酯海绵），将耐火材料充入泡沫孔隙中，固化得到复合预制体；再将复合预制体加热，使聚合物泡沫气化，留下的耐火材料就构成了具有海绵状孔隙的模型；最后将液态金属注入模型中，冷却凝固后，去除耐火材料，便得到和原通孔聚合物具有相同结构的泡沫金属。图2.11为熔模铸造法示意图。

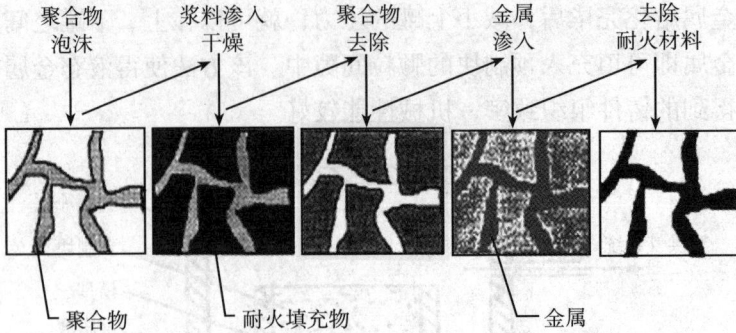

聚合物泡沫　浆料渗入干燥　聚合物去除　金属渗入　去除耐火材料

聚合物　耐火填充物　金属

图2.11　熔模铸造法示意图

图2.12为熔模铸造法制备泡沫金属原理图。首先，选用具有一定孔隙的三维贯通泡沫海绵材料作为母体材料，将易于去除的耐火材料充入其中，经干燥硬化形成预制型；然后，经焙烧使耐火材料硬化并使泡沫海绵气化分解，将预制型置于金属模具中，浇入金属液，并对其施加一定的压力或进行真空吸铸，使金属液填充于铸型的孔隙中；最后，待冷却后，清除掉成型块中的耐火材料，即获得三维网状开孔的泡沫金属。

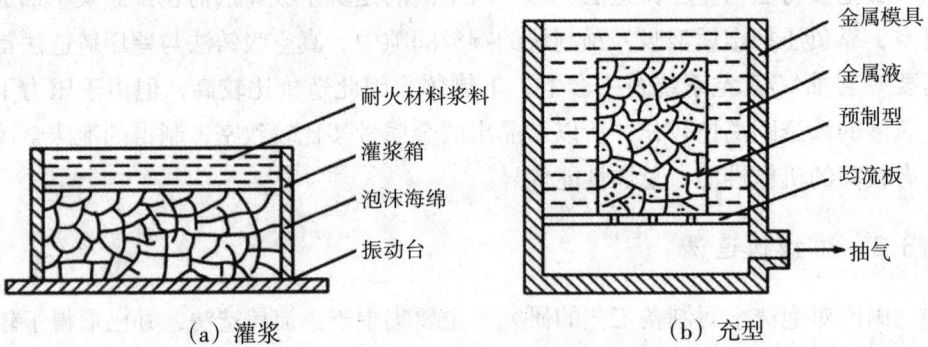

耐火材料浆料
灌浆箱
泡沫海绵
振动台

金属模具
金属液
预制型
均流板
抽气

（a）灌浆　　　　　　　　　　　（b）充型

图2.12　熔模铸造法制备泡沫金属原理图

熔模铸造法制备多孔铝的工艺流程如图2.13所示。多孔海绵是制作多孔铝的母体材料，决定了所制得的多孔铝试样的结构和性能。可以选用二步法聚氨酯海绵作基体材料，并用特殊液体进行浸泡，以使其筋粗增大，从而提高多孔铝的骨架强度。根据填充海绵为耐火材料的要求（在常温下能溶于水并具有良好的流动性；具有较高的耐火度并能承受住所浇注金属液的高温；具有一定的高温强度；经高温烘烤后，仍能用水冲刷清除，或用其他方法清除），经理论分析和反复试验后，可选定α半水石膏作为主要耐火材料，并确定耐火材料的基体成分［质量分数为40%～50%的石膏，质量分数为40%～45%的填料A

（缓凝剂），质量分数为10%～20%的填料B]。烘干的目的是去除预制型内的附着水及部分结晶水，焙烧的目的是去除残留在预制型中的聚氨酯泡沫及石膏的结晶水。试样采用流水冲洗，并配以机械振动或压缩空气冲击方式清理。

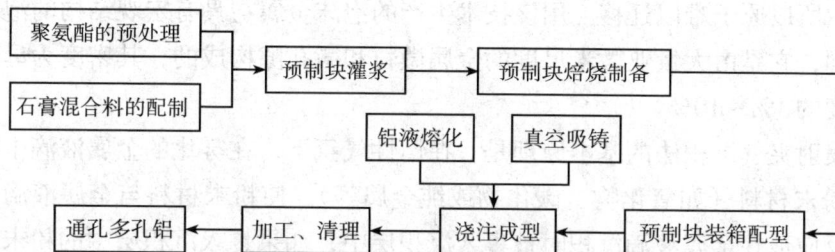

图2.13 熔模铸造法制备多孔铝的工艺流程图

该方法所需试验材料较多，且对材料的性能要求比较苛刻，尤其对石膏的质量有所要求。目前，我国生产铸造用石膏的厂家较少，且产品性能不稳定，部分质量达不到要求。此外，合适的聚氨酯在国内也难以买到，所以采用该方法制备多孔铝比较困难。

2.3.3 烧结溶解法与溶解烧结法

烧结溶解法是以铝或铝合金粉末为基体，加入一定量的造孔剂和黏结剂，通过混粉、压坯、烧结和溶解等工艺过程来制取多孔铝。常用的造孔剂有NaCl、尿素及碳酸氨等。在压制过程中，造孔剂一般保持原貌，铝粉发生塑性变形而填充造孔剂之间的大部分空隙，形成连续的网状基体。该方法的优点主要是通过选择造孔剂的形状与粒径，可以控制孔隙的形貌和尺寸；通过控制铝粉与造孔剂的体积比和压制压力，可以在一定范围内控制孔隙率，并且可以生产净形成品。该方法的缺点是当孔隙率较低或分解、溶解不充分时，成品内常常会残留杂质，从而影响成品性能；烧结和溶解阶段耗时较多，工艺周期较长。该方法获得的制品为开孔结构，孔隙率为50%~85%。

烧结溶解法与溶解烧结法的区别在于烧结与溶解的顺序不同：烧结溶解法是先烧结再溶解；而溶解烧结法是先溶解再烧结。

2.3.4 金属沉积法

金属沉积法是以通孔聚合物泡沫为模型，金属通过气相蒸发沉积、喷射夹气沉积、喷雾夹带沉积和电沉积等方法沉积到模型上。

气相蒸发沉积法的基本原理是：在较高稀有气氛中缓慢蒸发金属材料，蒸发出来的金属原子在前进过程中与稀有气体发生一系列碰撞、散射作用，金属原子迅速失去动能，从而部分凝聚起来，形成金属烟；金属烟在自重作用及惰性气流的携带下沉淀，且在下行过程中继续冷却降温，最后达到基底。因其温度低，所以原子难以迁移。用该技术生产的泡沫金属与具有宏观结构的泡沫金属不同，它是由大量亚微米尺度的金属微粒和微孔隙构成的，其密度为母体金属密度的3%～10%。

喷射夹气沉积法的基本原理是：在惰性气氛下，在雾化的金属液滴中混合某种粉末材料（如氧化物、碳化物或纯金属等），使粉末材料与金属液滴进行化学反应或在金属液滴沉积时被裹入沉积层中，如果裹入沉积层中的粉末材料由于熔融金属的热作用而释放出大量气体，那么就可以制备多孔金属。其原理如图2.14所示。

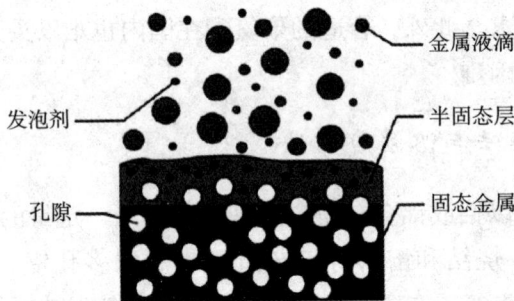

图2.14 喷射夹气沉积法原理图

喷雾夹带沉积法的基本原理是：将金属熔体连续雾化，产生快速飞溅的细小金属雾珠，沉积收集于金属基体上。为改善和提高金属沉积物性能，可在雾化沉积过程中将氧化物、碳化物或纯金属等粉末注入雾状物，使它们与液态金属雾珠起反应或被液态金属雾珠浸润，从而结合到金属中一并沉积，最后得到金属基复合材料。如果注入的粉末物质在与熔融金属接触时可分解并释放大量的气体，那么会在沉积物中产生孔隙，从而制备出多孔金属材料。采用该方法制出的多孔体的孔隙率可达60%，但孔不均匀。

电沉积法又称电镀，包括化学预镀、电镀和高温分解。其基本原理是：首先在聚氨发泡树脂表面采用化学预镀方式预镀一层金属，使它具有一定的导电性；然后采用电镀方式将所需金属镀到经过化学预镀的聚氨发泡树脂表面上，并达到所需厚度；最后通过热分解将聚氨发泡树脂去掉，得到孔洞均匀分布、孔隙率高的泡沫金属。图2.15为电沉积法制备开孔多孔铝原理示意图。电沉积法是以泡沫塑料为基底，经导电化处理后，制成电沉积铝，其孔结构取决于泡沫塑料。因此，电沉积法是制取开孔多孔铝的最理想的方法之一。然而，电沉积法生产多孔铝的困难很大，因为铝的电极电位比氢的电极电位小，采用铝盐水溶液电镀时，阴极只能析出氢气，而不会有铝的沉积。

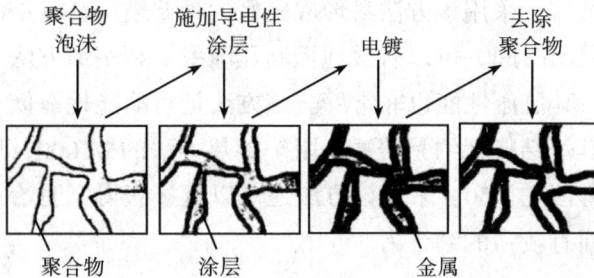

图2.15 电沉积法制备开孔多孔铝原理示意图

2.3.5 空心球烧结法

空心球烧结法即先准备一批合适的空心球，将空心球按照某种方式堆积起来，再采用粉末冶金法进行烧结，最终获得三维胞状结构的金属多孔材料。一般情况下，作为三维胞状结构金属多孔材料基元的空心球的尺寸为0.8~8.0 mm，壁厚为10~100 μm。由于可以人为地控制孔洞分布、空心球壁厚和空心球基元的排列方式，因此其力学性能和物理性能可以通过建立合理的数学模型得到较为精确的预估。

德国夫雷霍弗实用材料研究所的研究人员最早开发了流化床涂覆聚苯乙烯泡沫制备空心球技术。相比于其他方法，这项技术有空心球尺寸和球壁厚度可控、可制备材料范围广、大规模生产成本低等优点，其制备的不锈钢空心球结构在汽车消音器中已有应用，其原理如图2.16所示。

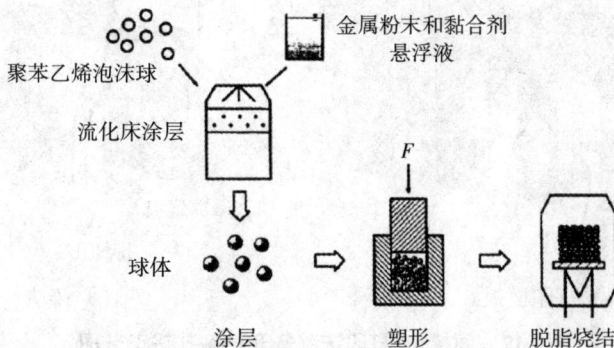

图2.16 流化床涂覆聚苯乙烯泡沫制备空心球结构工艺图

2.3.6 电火花烧结法

电火花烧结法通过瞬时产生的放电等离子使烧结体内部每个颗粒均匀发热，并在颗粒的接触点击穿粉末颗粒表面的氧化膜，使其发生表面扩散，从而形成多孔的烧结体。采用该方法易形成较好的骨架结构，且烧结时间极短。通过控制压力及保温时间，可以有效地控制孔隙率。利用该方法获得的制品的孔隙率可达43%，其抗压性能也非常好。该方法是目前能耗最低、烧结时间最短的制备方法，其烧结能耗约是普通电阻炉加热方法的1/1000，烧结时间约是普通电阻炉加热方法的1/50。采用该方法还可以直接获得三明治式的结构件，且制品层与层之间有较强的结合力。

2.3.7 3D打印法

随着计算机技术的提升，3D打印技术得到迅速发展，它通过逐层打印金属、塑料或陶瓷等粉末的方式来构造物体，为开孔多孔铝的制备提供了新的思路。虽然有新闻报道了通过3D打印直接制备开孔多孔铝，但由于铝的高热导率和光学反射率，这种直接3D打印法往往成本较高。所以更常见的是间接3D打印法，即先通过3D打印得到模板，再通过传统铸造工艺制备开孔多孔铝，其原理如图2.17所示。间接3D打印法有机结合了3D打印带来的几何结构控制高和传统铸造带来的材料质量好的优势，但其目前局限在小型金属零部件上，在大型工业上的应用还值得进一步探索。

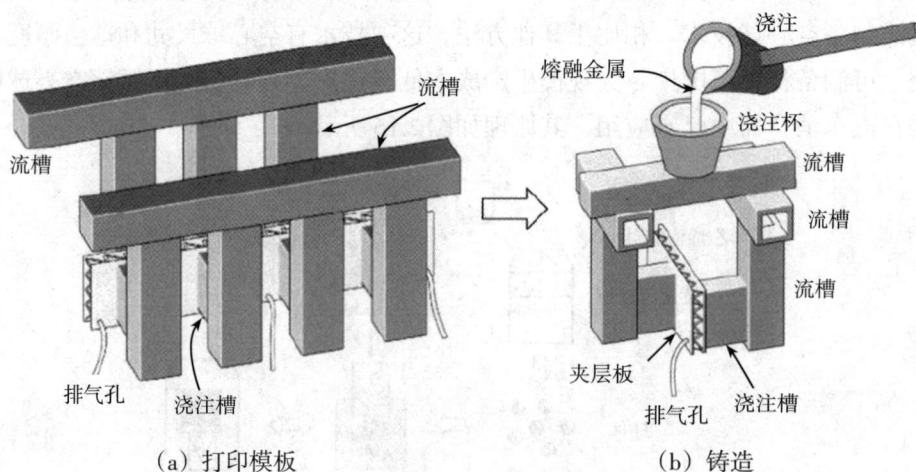

（a）打印模板　　　　（b）铸造

图2.17　间接3D打印法制备开孔多孔铝工艺图

2.3.8 同轴喷嘴空心球形铝泡沫制造法

同轴喷嘴空心球形铝泡沫制造法即将两根同心的圆管套在一起，将铝熔液通入外管、稀有气体通入内管，将铝熔液吹成球形泡（其直径为 $1\sim6$ mm，壁厚为 $50\sim150$ μm）后进行烧结，通过扩散作用使它们联成一体，由此得到开孔与闭孔结构共存的多孔铝。

2.3.9 软陶瓷球占位法

软陶瓷球由粗糙的 $\alpha-Al_2O_3$ 粒子、聚乙烯醇、水、少量的斑脱土和羧甲基纤维素或羟丙基甲基纤维素制成。它们可以代替坚硬和立方体形状的 NaCl 晶体颗粒，而且具有耐高温、高压、弹性好、易于压缩包装的特点。把软陶瓷球放入模具中，将 740 ℃ 的铝液渗入空隙之中，待冷却后，用超声波振动除去软陶瓷球，得到开孔的多孔铝。相比渗流铸造法，该方法的制品孔隙大小和均匀性可控程度高，制品三维网状的骨架结构更利于吸能，且制备过程中占位的软陶瓷球易除去，几乎没有残留物，最高孔隙率可达 88.5%。

另外，采用自蔓延高温合成和腐蚀造孔等方法也可以制备开孔多孔铝材料。对于多孔铝而言，比较成熟的方法有制备闭孔多孔铝的熔体发泡法、粉末冶金法和注气发泡法，以及制备开孔多孔铝的渗流铸造法和熔模铸造法。闭孔多孔铝和开孔多孔铝各具优势：闭孔多孔铝密度小、强度高，隔声隔热、减震效果好；开孔多孔铝具有较强的吸声和过滤性能。二者皆有广阔的应用前景。

第3章 多孔铝材料性能与应用

3.1 多孔铝材料研究现状

多孔铝材料是一种功能与结构一体化的新型工程材料，其特点是相对密度低、质量轻、比表面积大、比力学性能高、阻尼性能好。良好的力学性能使它可以作为结构材料；而它具备的多种优异物理性能，如阻尼、消声、隔热、导热、减震、吸能、缓冲、电磁屏蔽防护等，使它同时具有了功能材料的特点。由于具有功能和结构的双重属性，多孔铝材料成为一类使用广泛且具有巨大应用潜力的功能结构材料。

我国对多孔铝材料的研究起步于20世纪80年代后期，在90年代中期研究工作进展较快，一批科研机构和大专院校先后进入多孔铝材料研究领域，并在多孔铝材料制备技术基础和性能研究方面取得了丰硕的研究成果。东南大学对多孔铝进行了多方面的研究：早期进行了渗流铸造法方面的研究，包括渗流过程的模拟实验、影响制备过程的因素、通孔度的控制，以及孔结构对吸声、传热性能的影响等；后来进行了熔体发泡法制备多孔铝的研究，研究的内容有铝熔体泡沫化过程中孔结构的控制、胞孔的演化、黏度对孔结构的影响、影响形核的因素及凝固时孔隙率的变化等；特别研究了发泡剂 TiH_2 的表面涂覆预处理，并形成了专利技术。洛阳船舶材料研究所（现中国船舶重工集团公司第七二五研究所）也采用熔体发泡法制备出了多孔铝；目前，已能制备较大规格 $[600\ mm \times 600\ mm \times (8 \sim 400)\ mm]$ 的多孔铝，其密度为 $0.25 \sim 0.50\ g/cm^3$、孔径为 $2 \sim 7\ mm$、孔隙率为 $80\% \sim 90\%$；此外，还对多孔铝的吸声、阻尼和机械等方面的性能进行了试验研究。吉林工业大学在1994年以前就进行了渗流铸造法制备多孔铝材料的研究，形成了以ZL109铝硅合金为原料的渗流铸造法生产多孔铝技术，与上海企业合作生产了通孔多孔铝材料；除此之外，还开展了消音器等实用产品的试验研究；目前，已经开始与企业联合开发生产多孔铝产品。东北大学对熔体发泡法制备多孔铝材料进行了系统的研究，研究内容包括制备多孔铝的理论基础、试验技术及多孔铝材料的性能；经过10多年的研究，开发出熔体发泡法制备多孔铝材料的生产技术，从2003年末开始，进行了熔体发泡法制备多孔铝的工业化生产试验，产品规格为800 mm×2000 mm的任意厚度的多孔铝板材；在生产大规格多孔铝板材研究方面，对于铝熔体的增黏方法、发泡剂的选择、搅拌时间和发泡温度的控制、泡沫体的凝固等形成了系统的生产技术，获得了"铝熔体直接发泡制造闭孔型泡沫铝的方法"的发明专利。

多孔铝研制初期，主要在秘密状态下进行，其服务对象主要是军事和航空航天领域，因而使用范围较窄。随着多孔铝转向以民用产品的研制开发为主，其应用范围越来越广，得以迅速发展。多孔铝材料的应用涉及航空航天、国防军工、交通运输、建筑、原子能、环保、冶金、机械等行业，可用于消声、减震、抗冲击、吸能、电磁屏蔽、隔热、热交换等诸多场合，具有广阔的应用前景。

随着多孔铝研究的不断深入和民用产品对该材料需求的不断增加，多孔铝的工业化批量生产厂家越来越多。为更好地发挥多孔铝材料的优势，将其应用在市场巨大的交通基础设施上，充分了解多孔铝材料的特性和已有的应用变得十分必要。

3.2 多孔铝材料性能

充分了解多孔铝材料的特性是对其进行合理应用的基础，下面综合国内外研究成果对多孔铝的材料性能进行梳理和总结。

3.2.1 多孔铝材料压缩性能

3.2.1.1 闭孔多孔铝材料静态压缩性能

作为一种优异的缓冲吸能材料，针对多孔铝材料静态压缩性能的研究已比较成熟。图3.1是闭孔多孔铝材料在压缩时典型的应力-应变曲线图。多孔结构的特征使其在压缩时可以在几乎恒定的应力条件下产生大的塑性变形，其压缩过程可以分为三个阶段。①线弹性变形阶段。该阶段存在于较小的应变范围内，其应变值一般在0~0.05%，压缩应力值随应变线性增加，多孔铝孔壁发生弹性弯曲等变形。②塑性变形屈服阶段。当应力增大到超过多孔铝材料的屈服强度时，应力-应变曲线进入塑性变形屈服阶段，该阶段应变值一般在0.05%~

0.6%，压缩应力值几乎保持不变。由于材料密度的不均匀性，破坏首先出现在最薄弱的环节，孔壁和孔棱发生弯曲、屈服及断裂，薄弱层孔洞被压实。随着应变的不断增加，压实层上、下两层未破坏的孔洞相互接触，破坏在新的层内进行并重复，从而使材料被逐层压溃并压实。③致密化变形阶段。当压缩应变不断加大，材料结构完全坍塌时，应力-应变曲线进入致密化变形阶段，此时压缩载荷由基体材料承受，基体发生明显的加工硬化，因此应力随应变呈现出快速上升的趋势。

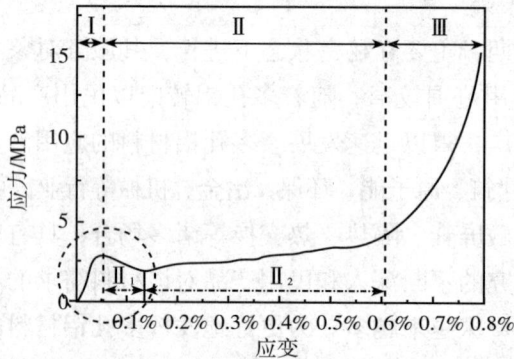

图3.1　闭孔多孔铝材料压缩特性曲线图

对不同密度的材料试样进行静态压缩性能测试，其压缩应力-应变曲线如图3.2所示，图中曲线显示出三个变形阶段。从图3.2中可知，随着密度的增加，闭孔多孔铝材料的压缩强度和表观弹性模量增大。

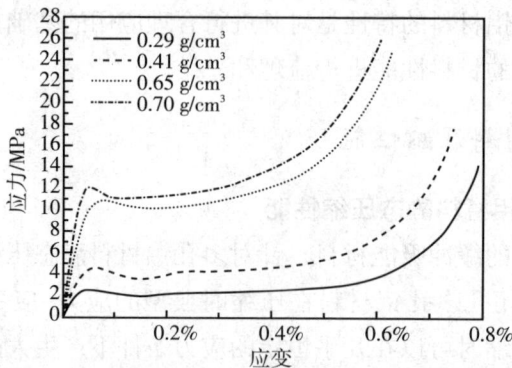

图3.2　不同密度闭孔多孔铝材料静态压缩曲线图

3.2.1.2　闭孔多孔铝材料动态压缩性能

闭孔多孔铝材料在很多实际应用场合中承受的是动态荷载，因此研究其在动态冲击荷载作用下的力学行为具有重要意义。图3.3是研究人员得到的密度为 0.29 g/cm³ 的闭孔多孔铝材料的动态压缩特征曲线图。从图3.3中可以看到，与静态压缩时一样，动态压缩特征曲线也出现了线弹性变形、塑性变形屈服、致密化变形三个阶段。

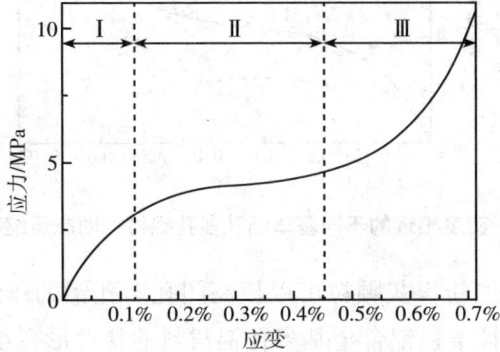

图3.3　闭孔多孔铝动态压缩特征曲线图

但动态与静态的压缩应力-应变曲线有着明显的差异，主要表现在：动态压缩的应力-应变曲线更加光滑，没有明显的平台区域；随着应变的增加，应力增加先快后慢再快，但一直处于增加的趋势，且在阶段Ⅱ没有出现静态压缩时的应力突降现象；动态压缩的平台应力比静态压缩的平台应力大，且随着密度的逐渐增加，平台应力的差异也在缩小，应力-应变曲线也逐渐趋于一致。

3.2.1.3　不同基体闭孔多孔铝材料的压缩性能

图3.4为密度相近的不同基体闭孔多孔铝材料动态压缩应力-应变曲线图。其中，曲线①Al基密度为 0.29 g/cm³，曲线②Al-6Si 基密度为 0.28 g/cm³。从图3.4中可以看出，当基体成分不同时，曲线的形状有很大差异。Al基闭孔多孔铝材料的曲线非常光滑，三个阶段应力都呈显著上升趋势，说明形变过程非常平稳，显示出典型的塑性泡沫材料特征。相比之下，Al-6Si基闭孔多孔铝材料压缩曲线有明显的起伏，显示出了脆性材料的压缩特征。这主要是由于Al-6Si基闭孔多孔铝材料基体中含有大片状和长条状金相及大量脆性相。这些脆性相的存在导致应力集中敏感，断裂呈爆炸式，当应力超过某一层的屈服强度后，该层迅速破裂，破裂后的部分试样脱离压缩区域，应力突然下降，但由于冲击速度较快，应变增加后，下一层泡壁继续承载压力，因此应力又有所升高，直至下一层破碎。整个试样的破碎，以这种方式重复进行，压缩曲线波动较大。

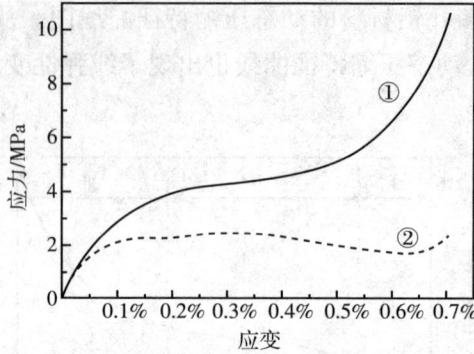

图3.4 密度相近的不同基体闭孔多孔铝材料动态压缩曲线图

在铝合金中添加粉煤灰颗粒可以提高闭孔多孔铝的压缩强度，动态压缩时，不同密度的颗粒增强铝合金基多孔铝材料的弹性形变都不是迅速增加的。这是因为，压缩速度较快，薄弱层的泡壁迅速变形压实，呈现弯曲或屈服的弹性阶段很短，应力来不及释放，所以坍塌阶段没有应力变小的情形出现。随着密度的增加，平台应力逐渐增加，密度为 0.30 g/cm³ 的多孔铝材料的平台应力是 3.5 MPa，而密度为 0.70 g/cm³ 的多孔铝材料的平台应力是 16 MPa。与同密度的静态压缩相比，平台应力都较大。从表 3.1 中可以看出，在密度相近的情况下，颗粒增强铝合金基多孔铝材料的平台应力比 ZL101 铝合金基多孔铝材料的平台应力高 5.82%~35.66%。

表3.1 颗粒增强铝合金基多孔铝材料平台应力与ZL101铝合金基多孔铝材料平台应力的比较

样品密度/(g·cm⁻³)	颗粒增强铝合金基多孔铝	ZL101铝合金基多孔铝	提高百分比
	平台应力/MPa	平台应力/MPa	
0.30	3.50	2.58	35.66%
0.45	5.20	3.91	32.99%
0.63	12.47	10.24	21.78%
0.70	16.00	15.12	5.82%

添加短碳纤维可以显著提高多孔铝材料的压缩强度。图 3.5 为以工业纯铝为基体，分别添加质量分数为 0.35%（曲线①）、1.00%（曲线②）、1.70%（曲线③）、2.50%（曲线④）的短碳纤维制备的多孔铝（密度相近）静态压缩曲线图。由图可见，随着短碳纤维的增加，多孔铝材料的压缩强度明显升高。

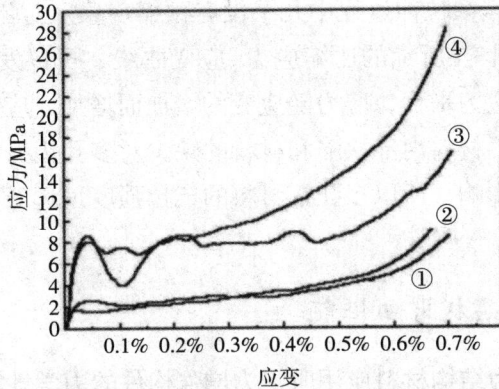

图3.5 添加不同量碳纤维的多孔铝材料静态压缩曲线图

3.2.2 多孔铝材料拉伸强度

图3.6为开孔多孔铝材料典型的拉伸应力-应变曲线图,从图中可以看出,对于开孔多孔铝材料而言,其拉断前的应力与应变基本上成线性关系,没有塑性屈服点,但有明显的应力峰值。开孔多孔铝材料在压缩时展现出较好的塑性,而拉伸时呈脆性,这是裂纹的应力集中效应导致的。图3.7为闭孔多孔铝材料典型的拉伸应力-应变曲线图,从图中可以看出,对于闭孔多孔铝材料而言,其应力-应变曲线分为线弹性区域、塑性屈服、应变强化和断裂区:应变率由0至2.5%为弹性变形阶段,该阶段孔棱发生弯曲变形,孔面发生延展,孔壁转向拉伸轴,刚性提高;各应变曲线应变率由2.5%至曲线峰值为塑性变形阶段,该阶段孔壁向拉伸轴旋转,产生一个塑性铰,允许较大的变形;应变曲线峰值稳定段为应变强化区、应力平台区,应力随应变的增加几乎不变,这主要是晶体滑移引起的;图3.7中应变曲线骤降段为断裂区,该阶段试样上开始产生裂纹,并不断扩展,直到试样断裂。

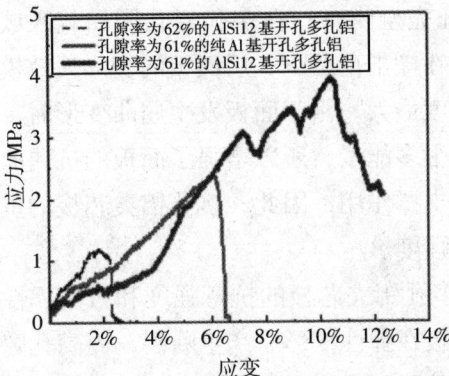

图3.6 开孔多孔铝材料拉伸应力-应变曲线图

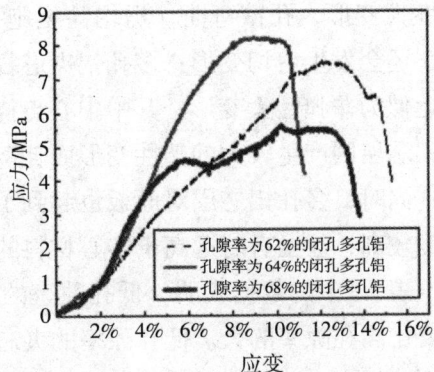

图3.7 闭孔多孔铝材料拉伸应力-应变曲线图

多孔铝材料试样在拉伸过程中几乎没有颈缩现象。对比图3.7所示的拉伸应力–应变曲线与图3.1所示的压缩应力–应变曲线，可以发现拉伸应力–应变曲线没有比较平的应力平台，应力随应变的增加而增加，应变量比较小，最大为15%。由于多孔铝材料内部缺陷和材料的缺少对多孔铝材料的拉伸影响程度远远大于对压缩的影响，所以多孔铝材料的抗拉强度远远低于其抗压强度，约为几兆帕。

3.2.3 多孔铝夹芯板弯曲性能

多孔铝材料作为结构材料应用时，为增强构件的力学性能，一般会采用多孔铝夹芯板，因而需要研究多孔铝夹芯板的抗弯强度。下面以两侧厚度为1 mm的铝板、中间厚度为30 mm的多孔铝材料组成的多孔铝夹芯板为例，进行抗弯强度测量。表3.2为多孔铝夹芯板抗弯强度测量结果：多孔铝夹芯板的抗弯强度为15.5~21.9 MPa。同等规格的金刚砂砖的抗折强度为6.6 MPa，花岗岩的抗折强度为17~20 MPa；相比之下，多孔铝夹芯板的抗弯强度与花岗岩的抗折强度相当，显示出良好的机械强度。

表3.2　多孔铝夹芯板抗弯强度测量结果

试样编号	密度/(g·cm⁻³)	抗弯强度/MPa
1	0.31	15.5
2	0.52	18.4
3	0.60	21.9

多孔铝夹芯板在受力时，前面板的变形主要表现为力作用区域的局部压缩和周边区域的整体大变形；对应受载区的多孔铝芯层变形为压缩，多孔铝发生塑性大变形，孔壁弯曲、坍塌甚至胞孔完全闭合；在多孔铝芯层加载区域边缘，还会发生剪切变形；多孔铝夹芯板在撞击荷载下，后面板的变形失效模式可近似为非弹性大变形，其中中心点挠度最大。由于面板发生屈曲变形时，多孔铝芯层因产生较大的塑性变形而耗散很多能量，所以增强了面板的抗屈曲能力；同时，多孔铝芯层对面板也起到了支撑作用，因此，多孔铝夹芯板的抗弯强度较高，甚至有时远高于实心材料的强度。

表3.3中的数据表明，低孔隙率的多孔铝夹芯板的抗弯强度和弯曲弹性模量要比高孔隙率的大。低孔隙率的夹芯板在弹性变形后产生断裂，而高孔隙率的夹芯板要经历弹性变形阶段、芯层孔的屈服阶段和最终夹芯板的弯曲破坏阶

段。对于前者，因为其具有较低的孔隙率（孔壁厚）及板/芯界面牢固的接合，所以可以将面板与芯层所组成的多孔铝夹芯结构看成一种完全刚性体，相对较小的多孔铝可以看作整个夹芯结构的刚性支撑骨架。当荷载施加在整个夹芯板上时，孔结构作为刚性骨架可以有效地支撑着整个板材，直到发生断裂。这种高刚度和高强度的多孔铝夹芯板在支梁等桁架结构中有广泛的用途。对于后者，高孔隙率的多孔铝夹芯板吸能性较好，材料具有一定的塑性变形能力，体现为弯曲时其挠度较大。

表 3.3　不同孔隙率多孔铝夹芯板的力学性能

孔隙率	试样高度 /mm	抗弯强度 /MPa	最大弯曲力 /N	试样截面系数 /mm³	断裂挠度	弯曲弹性模量 /GPa	弯曲断裂能量 /J
58.87%	6.5	65	510	88.02	3.95	7	0.70
60.12%	12.0	56	2710	540.00	4.75	2	4.60
72.81%	12.0	33	1320	444.00	5.53	1	2.60
73.56%	12.5	31	1410	507.81	2.39	1	2.20
74.74%	13.0	28	890	352.08	5.67	1	1.70

3.2.4　多孔铝材料吸能性能

多孔铝材料的重要特性之一是卓越的吸能效果。多孔铝材料在受到外界冲击荷载压缩过程中，通过自身的变形吸收外界的冲击能量，从而在很大的应变范围内保持着几乎恒定的应力，在此期间吸收大量的塑性变形能，这使多孔铝具有很高的能量吸收性能。多孔铝单位体积能量吸收能力的计算公式为

$$W = \int_0^\varepsilon \sigma \mathrm{d}\varepsilon \tag{3.1}$$

式中，W——吸能能力；

　　　σ——压缩能力；

　　　ε——应变。

图 3.8 为不同密度的 Al 基闭孔多孔铝能量吸收能力图，图 3.9 为 Al-6Si 基闭孔多孔铝能量吸收能力图。闭孔多孔铝的能量吸收能力随着应变的增加而增大，当应变相同时，不同密度闭孔多孔铝的能量吸收能力差别较大，其密度越大，能量吸收能力就越强。但随着密度的增加，孔隙率和致密化应变逐渐减小，同样体积的闭孔多孔铝吸能空间缩小，因此，闭孔多孔铝的整体吸能量（即闭孔多孔铝应变从零开始到致密化应变所吸收的能量）反而会降低。所以

闭孔多孔铝的密度与能量吸收能力有一个最佳搭配关系。在同种材质的多孔铝中，密度为 0.5~0.6 g/cm³ 的闭孔多孔铝的吸能量较高。

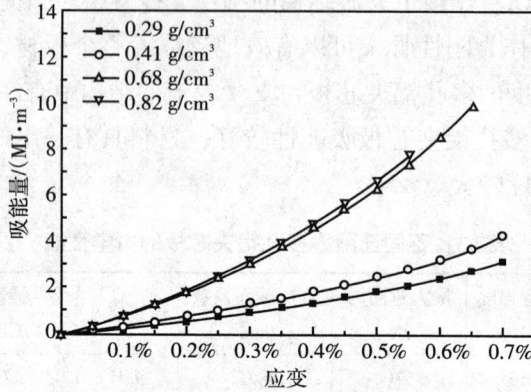

图3.8　不同密度的Al基闭孔多孔铝能量吸收能力图

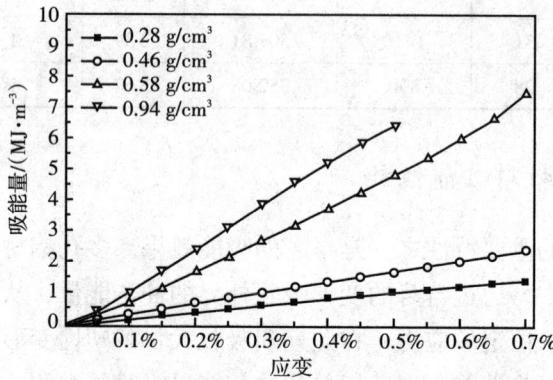

图3.9　Al-6Si基闭孔多孔铝能量吸收能力图

闭孔多孔铝的吸能性能随密度的提高而增大，随孔隙率的增大而减小，变化范围为 8~30 J/cm³。随着多孔铝材料密度增大、孔隙率降低，其孔壁强度增大，压缩强度增大，吸能量增大；然而，随着闭孔多孔铝密度增大、孔隙率降低，其可压缩变形率降低，在相同压缩强度下，曲线下积分面积减小，即吸能量减小。

图3.10为密度相同的闭孔多孔铝静态和动态能量吸收能力图，动态情形下闭孔多孔铝的能量吸收能力明显高于静态情形下的能量吸收能力。这主要是因为气体对闭孔多孔铝能量吸收能力的贡献，冲击速度越快，挤压气体所做的功就越大，消耗的能量也就越多，闭孔多孔铝的能量吸收能力也就越好。

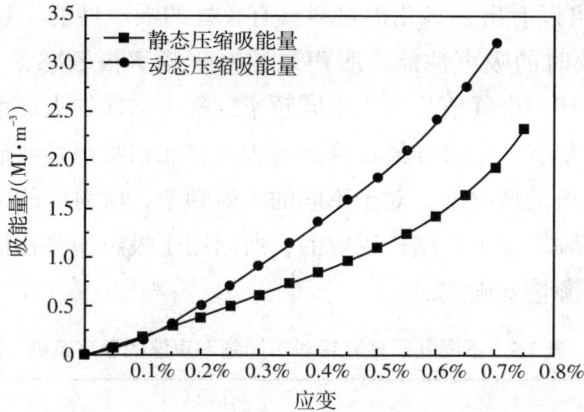

图3.10 密度相同的闭孔多孔铝静态和动态能量吸收能力图

3.2.5 多孔铝材料吸声性能

多孔铝在高频区和低频区的吸声效果较强，在中频区吸声效果相对较差。例如，在1500~4500 Hz，其降噪量最低，约为10 dB；但在中频1000 Hz时，降噪量较小。当材料的厚度较小时，其在低频和高频处的吸声系数普遍不高。当材料的厚度增加时，吸声频谱峰值随之增大，同时向低频方向移动，但对高频的影响很小。当材料的厚度继续增加时，吸声频谱变化不大，平均吸声系数变化也不大。当多孔铝背后有空腔时，在低频区吸声系数比无空腔时显著增大。

从表3.4中可以看出，多孔铝的孔隙率对吸声性能影响很大，而且孔隙率高的多孔铝的吸声性能明显好于孔隙率低的多孔铝的吸声性能。在低频区（125~250 Hz），孔隙率对吸声系数几乎没有影响。当孔隙率为85%时，平均吸声系数降到0.45，最大吸声系数为0.64；当孔隙率为89%时，平均吸声系数为0.50，最大吸声系数为0.72。这是因为在一定的孔径范围内，孔隙率越高，气泡越大，多孔铝表面的凸凹程度大，声波在多孔铝表面的漫反射增强，干涉消声加大。此外，孔隙率高的多孔铝强度低，气泡壁容易破裂而变为通孔，通孔的增多容易产生共鸣而消耗声能。也就是说，通过增加孔隙率，可以提高多孔铝的吸声性能；但孔隙率过大，会导致多孔铝强度过低，从而没有应用价值。

表3.4 不同孔隙率多孔铝对不同频率的吸声系数

孔隙率	频率					
	125 Hz	250 Hz	500 Hz	1000 Hz	2000 Hz	4000 Hz
85%	0.22	0.62	0.31	0.38	0.64	0.52
89%	0.22	0.62	0.39	0.42	0.72	0.63

从表3.5中可以看出，多孔铝材料具有较好的吸声性能，且在高频时的吸声性能优于低频时的吸声性能。吸声系数对于频率很敏感，大约在1000 Hz时，吸声系数出现一个峰值。对于不同频率，各个试样的吸声系数的相对强弱并不一样，它们都有一个最佳值。这是因为，多孔铝吸声系数最大值是发生在与多孔铝发生共振的情况下。对于不同的入射频率，所对应的共振固有频率也不一样，而固有频率是由其结构决定的，所以用于吸声的多孔铝的孔结构参数也应由具体的声源情况确定。

表3.5　不同孔径多孔铝对不同频率声波的吸声系数

频率	孔径				
	0.05 mm	0.4 mm	1.0 mm	1.6 mm	3.2 mm
250 Hz	0.28	0.33	0.44	0.36	0.47
500 Hz	0.30	0.36	0.47	0.40	0.51
1000 Hz	0.77	0.68	0.58	0.62	0.52
4000 Hz	0.33	0.25	0.33	0.30	0.36
10000 Hz	0.68	0.60	0.43	0.51	0.43

3.2.6　多孔铝材料传热性能

多孔铝材料的导热系数介于实体铝材料的导热系数与隔热材料的导热系数之间，并随着孔隙率的增加而减小。闭孔结构的多孔铝材料由气泡与薄膜构成，所以具有较低的热导率，其导热系数远远低于大理石的导热系数[28 W/(m·K)]，为未发泡铝导热系数的1/400。其原因是空气的导热系数很低[在0 ℃时为0.0244 W/(m·K)]，对多孔铝的低导热系数起到了主导作用。

多孔铝材料的导热系数与聚氨酯泡沫的导热系数相比，高出一个数量级。多孔铝材料的导热系数实测结果为1~3 W/(m·K)。

表3.6为研究人员使用美国研制开发的一种热导率测量仪测试的闭孔多孔铝材料的导热系数结果：当孔隙率在81.0%~91.8%时，导热系数范围为1.63~3.23 W/(m·K)。总体而言，导热系数随着孔隙率的增大而减小；在孔隙率相当的情况下，孔径对导热系数的影响很小。闭孔多孔铝材料的导热系数除了受孔隙率影响较大之外，还受开孔率影响，开孔率越大，导热系数越大。

表3.6　闭孔多孔铝导热系数测试结果

孔径/mm	孔隙率	导热系数/(W·m⁻¹·K⁻¹)
1.7	91.6%	1.63
2.0	91.8%	1.63

表3.6（续）

孔径/mm	孔隙率	导热系数/$(W \cdot m^{-1} \cdot K^{-1})$
2.5	91.3%	1.64
1.7	81.2%	3.23
2.0	81.4%	3.22
2.5	81.0%	3.19

3.2.7 多孔铝材料阻尼减震性能

多孔铝材料阻尼减震特性的物理本质是应力波在具有大量相界面和结构缺陷的固气两相分散系中传播并衰减。多孔铝材料内部具有大量的固气相界面，而固相和气相在弹性模量上存在巨大差异。因此，当受到外部载荷时，多孔铝材料内部倾向于产生不均匀的应力分布，使孔洞发生膨胀和畸变，将震动能转化为变形能，进而转化为热能耗散。查阅文献后发现，多孔铝材料的阻尼减震性能与吸能性能相关，吸能越大的多孔铝材料的阻尼减震性能越好，即孔隙率越大、韧性越好且压缩强度越高的多孔铝材料的阻尼减震性能越好。

3.2.8 多孔铝材料电磁屏蔽性能

电磁波折射、反射及涡流屏蔽原理和试验结果表明，多孔铝材料对高频电磁波有良好的屏蔽作用。当交变电磁场穿过多孔铝时，产生感应电势，形成感应涡流。涡流产生的磁场和原磁场方向相反，从而抵消了一部分场强，起到了电磁屏蔽的作用。

在表3.7中，各种密度的多孔铝试样对频率为200 MHz以下的电磁波，都可以屏蔽90 dB以上，属于优等级电磁屏蔽材料。表3.7中的数据表明，多孔铝材料的电磁屏蔽性能随密度的降低稍有降低，当密度从0.88 g/cm³降低到0.38 g/cm³时，电磁屏蔽性能仅降低10%左右。

表3.7 多孔铝材料电磁屏蔽性能检测结果　　　　　　　　单位：dB

频率	密度				
	0.88 g/cm³	0.74 g/cm³	0.55 g/cm³	0.42 g/cm³	0.38 g/cm³
10.0 MHz	110.3	110.6	98.7	111.3	110.1
30.1 MHz	128.2	111.2	106.7	111.6	119.7
60.7 MHz	106.9	106.2	103.9	108.4	104.0
82.0 MHz	104.8	94.6	92.7	94.3	97.2
100 MHz	107.1	99.8	95.4	99.5	101.9

表 3.7（续）

频率	密度				
	0.88 g/cm³	0.74 g/cm³	0.55 g/cm³	0.42 g/cm³	0.38 g/cm³
202 MHz	98.5	81.4	98.5	80.7	79.3
498 MHz	66.9	50.2	58.3	45.3	33.8
822 MHz	60.4	73.4	63.7	63.0	53.1
1005 MHz	73.7	75.7	70.6	60.5	66.4
1228 MHz	78.8	79.4	76.4	71.9	64.5
1500 MHz	78.6	69.0	72.8	74.6	66.6
平均值	92.2	86.5	85.2	83.7	81.5

图 3.11 是密度为 0.88 g/cm³、平均孔径为 24 mm、孔壁厚度为 0.6 mm 的闭孔多孔铝的电磁屏蔽性能图。当电磁频率为 10~200 MHz 时，闭孔多孔铝可以屏蔽 90 dB 以上；当电磁频率为 10~600 MHz 时，闭孔多孔铝可以屏蔽 40~130 dB。

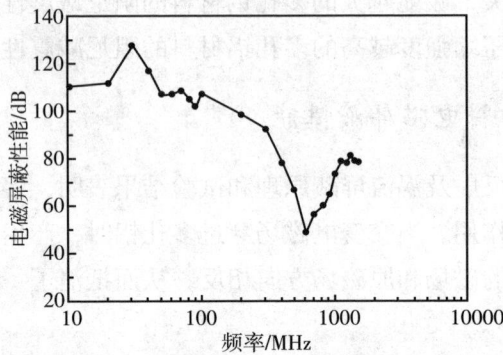

图 3.11　闭孔多孔铝的电磁屏蔽性能图

图 3.12 为两组密度相同但厚度不同的闭孔多孔铝电磁屏蔽性能曲线图。

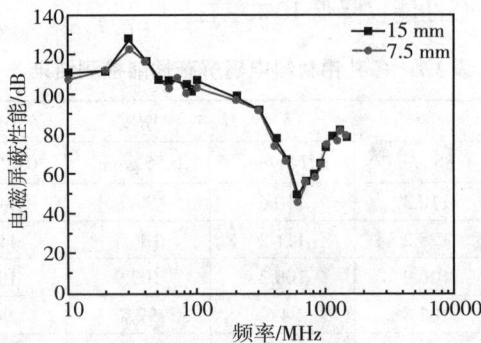

图 3.12　不同厚度的闭孔多孔铝电磁屏蔽性能曲线图

从图 3.12 中可以看出，两组曲线变化趋势基本一致：从 30~600 MHz，它们的电磁屏蔽效果都逐渐减弱；从 600~1500 MHz，它们的电磁屏蔽效果又逐渐增强。由此可见，厚度对闭孔多孔铝电磁屏蔽性能没有太大影响。

在 10 MHz 电磁波干扰情形下，铝材的集肤深度为 0.027 mm，小于闭孔多孔铝的孔壁厚度，更远小于闭孔多孔铝的厚度。随着电磁频率的增加，材料的集肤深度还在减小，因此，当电磁干扰频率达到 1500 MHz 时，闭孔多孔铝的集肤深度比其本身厚度要小得多。不论多孔铝厚度多大，主要起屏蔽效能的是集肤深度以内的那部分。

3.3　多孔铝材料应用

多孔铝材料在物理、力学方面综合性能优秀。近十多年来，各国科学家对多孔铝材料开展了大量的研究工作，极大地推动了对多孔铝材料的研究。目前，多孔铝材料的制备技术已经成熟，并逐步形成了一套多孔铝材料发泡、表面处理、深加工等系列工艺技术，极大地拓展了多孔铝材料的应用市场。目前，多孔铝材料已被应用到汽车行业、航空航天、军工、机械等多个领域，极大地提高了装备性能和工程质量。

3.3.1　多孔铝材料应用于汽车行业

如今，汽车行业逐渐朝着轻量化、低能耗，以及在保证安全的同时兼具舒适体验的方向发展，因此，需要使用密度低、综合性能好、可循环利用的材料。多孔铝材料具有轻质、吸声、吸能减震且美观等特性，恰好能解决汽车行业遇到的材料选取难题，因而多孔铝材料在汽车行业有着广泛的应用。

多孔铝可用作轻质结构材料，多孔铝夹芯的三明治材料质量轻、比刚度大，可用于引擎罩、后备箱盖、车顶棚等位置，具有良好的抗弯刚度、抗扭刚度和抗震减噪性。德国卡曼公司采用多孔铝夹层材料制造车顶盖板和底板，研发了一款概念车——吉雅简洁轿车，其刚度比原来的钢构件提高了 700%，质量减轻了 25%。欧系高端车已成功将其应用于汽车顶盖板、底板、前机盖板、后舱板、车门和翼子板等位置。多孔铝材料对车身框架结构的填充，是当前主流的应用形式，图 3.13 所示为车身上应用的主要零部件。

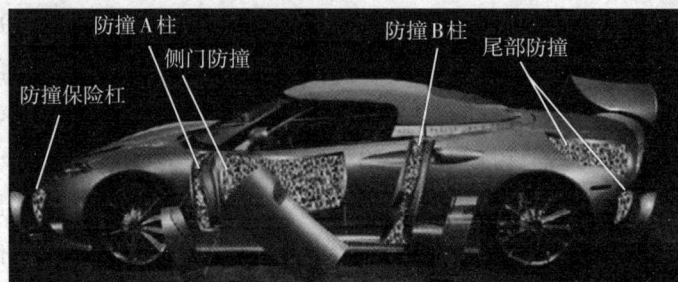

图3.13　多孔铝在车身上的应用示意图

德国研制开发了一种小型维修平台举重机提升臂基座，如图3.14所示。该提升臂基座采用多孔铝夹芯三明治材料，实现了平台举升高度从20 m提高到25 m，且车辆总质量低于3.5 t的目标。值得一提的是，这种提升臂在准静态强度下8万次循环试验中没有出现疲劳破坏。

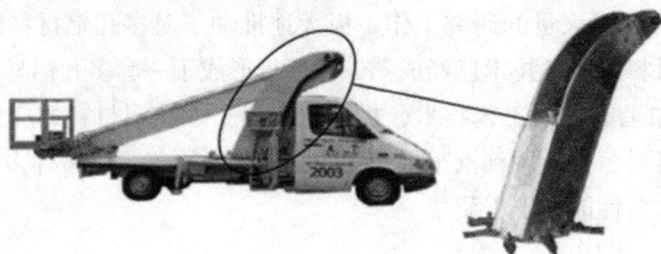

图3.14　小型维修平台举重机提升臂基座

汽车发动机在运转过程中会产生很大的噪声与震动，将多孔铝材料填充在发动机支架内部之后，不仅能大大减弱这种噪声和震动，而且能提高发动机支架的比刚度和比强度，提升车辆的安全舒适性。例如，澳大利亚轻金属性能研究中心（LKR）和德国宝马（BMW）汽车公司开发的填充多孔铝的发动机支架（图3.15）具有优异的减震吸能吸声性能，能抑制震动，达到舒适节能的效果。

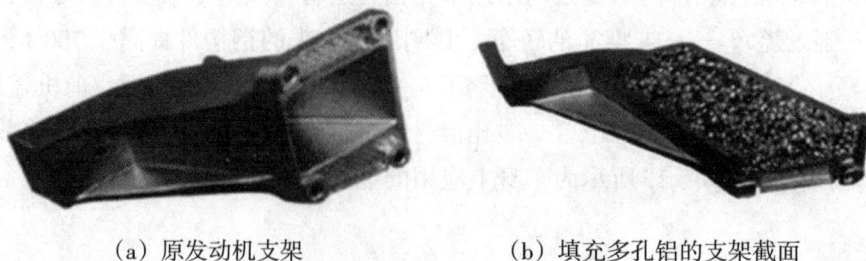

(a) 原发动机支架　　　　　　(b) 填充多孔铝的支架截面
图3.15　填充多孔铝的发动机支架

目前，汽车使用的消声器内部为钢板制作的扩张阻抗型消声内芯或并联共振式消声内芯，可将发动机噪声降低 5 dB 左右。但这样的内芯吸声功能较弱，即使安装消声器，汽车发动机产生的噪声强度仍然较高。采用多孔铝消声器，对多孔铝吸声板进行镀镍处理，处理后其耐火温度达到1000 ℃以上，多孔铝消声器外壳采用15 mm厚的镀锌钢板（或不锈钢板）卷制而成，其内芯用多孔铝吸声板制作。由于多孔铝具有吸声、隔音作用，因此可达到降噪的效果。普通消声器插入损失（降噪值）只有5 dB左右，而多孔铝消声器插入损失可以达到10~20 dB，比普通消声器插入损失高5~15 dB。图3.16为多孔铝消声器结构图，图3.17为多孔铝汽车消声器外观图。

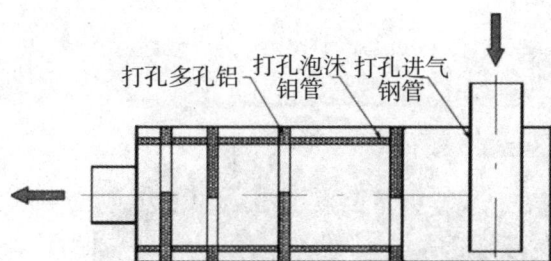

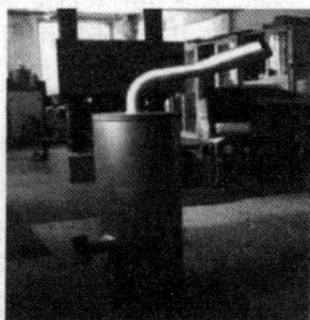

打孔多孔铝　打孔泡沫钼管　打孔进气钢管

图 3.16　多孔铝消声器结构图　　　　图 3.17　多孔铝汽车消声器外观图

3.3.2　多孔铝材料应用于航空航天

多孔铝材料的轻质性在航空领域的应用与在汽车领域的应用十分类似，应用较为广泛。在航空领域，用多孔铝板或多孔铝夹层镶板替代价格昂贵的蜂窝结构材料，可以在降低费用的同时提高性能。一方面，材料有了更高的屈曲抗力；另一方面，多孔铝材料镶板的力学性能具有各向同性（有无壳板都是这样），并且可以制造无黏结的复合结构材料。这种复合结构材料在失火情况下可以尽可能长时间地保持其整体性，性能优于其他材料。美国波音公司已经研究了多孔铝夹层大部件及多孔铝芯材夹层件在飞机尾梁中的应用，与一般平板式蜂窝结构材料相比，这种夹层结构材料的一个显著优点是可以制成弯曲的甚至三维的形状，如图3.18（a）所示。考虑到多孔铝材料无比优越的减震抗噪性能，一些飞机在某些部位设置多孔铝，提高了飞机的舒适性和安全性，如图3.18（b）所示。

（a）新一代客机广泛采用多孔铝夹芯板　　　（b）机舱采用多孔铝减震降噪

图3.18　多孔铝材料在飞机上的应用示例

此外，多孔铝材料已被研究应用于航天器返回舱（图3.19）的冲击能吸收元件，以及卫星中承载结构的增强件。

航天器返回舱底部装填30 mm厚的多孔铝材料，落地加速度8 m/s²，落地速度1728 km/h，保证航天员安全

图3.19　航天器返回舱

3.3.3　多孔铝材料应用于军工

查阅资料可知，多孔铝材料的应变能力比塑料泡沫的应变能力高。多孔铝的应变量可达20~30 MPa，塑料泡沫的应变量仅为其1/10左右；此外，采用多孔铝材料还可使震动减少1个数量级。

多孔铝材料可以用来制作导弹等野战装备包装箱、野战指挥作业箱、野战医疗箱、野战军需包装箱等。图3.20为多孔铝空投设备包装箱，其外部壳体采用1 mm厚的变形铝合金，内部为多孔铝块体，在多孔铝表面可以粘贴软质纤维布，保护设备表面不被摩擦。

图3.20　多孔铝空投设备包装箱

多孔铝材料可以用来制备防爆甲板。多孔铝材料的吸能、缓冲性能是高密度塑料泡沫和泡沫陶瓷材料的10倍以上，对爆炸冲击波的阻尼作用增强，抗爆能力增强。此外，多孔铝材料不燃烧，与钢板复合后，其抗弯强度增强，整体甲板强度提高。防爆甲板上表面通常采用厚度为5~10 mm的匀质钢板，多孔铝夹芯板厚度为20 mm，内层垫板厚度为1 mm。图3.21为某多孔铝材料爆炸冲击试验。

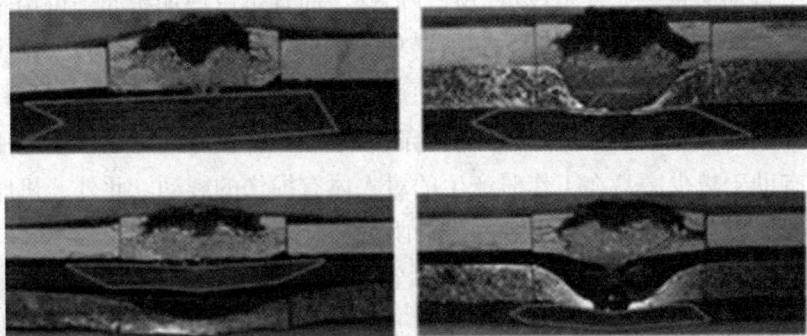

图3.21　某多孔铝材料爆炸冲击试验

多孔铝材料可以用来制备多孔铝夹芯飞行甲板。当飞机在航母飞行甲板上降落时，在反弹力作用下，飞机跳跃式地向前滑行，不易被拦阻索挂连，造成一些飞机不能停在甲板上。采用多孔铝夹芯飞行甲板（图3.22），能使飞机降落被弹起的高度降低50%以上，从而保证飞机平稳滑行，提高被拦阻索挂连的概率。

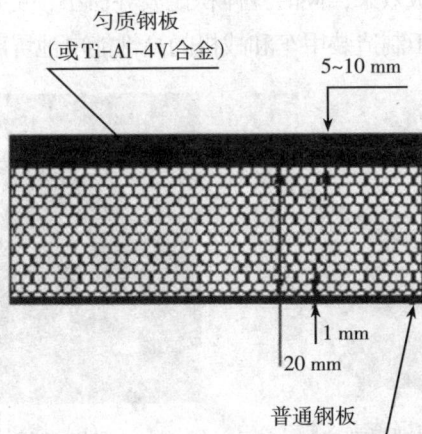

图3.22　多孔铝夹芯飞行甲板

多孔铝材料还可以用来制造无人驾驶潜艇。无人驾驶潜艇是靠遥控或自动控制在水下航行并执行危险且复杂作战任务的潜水器。采用钛合金与多孔铝复合壳体制造无人潜艇壳体，其具有轻质、强度高、隔声、红外线反射率低等特点，能达到深潜与强隐蔽性的目的，并将潜艇抗非接触爆炸的能力提高2倍以上，同时其抗鱼雷打击能力显著提高。

3.3.4 多孔铝材料的其他应用

多孔铝质轻且具有优良的综合力学性能，因此用多孔铝代替传统金属制成的轴、平台和滚轮等元件不仅可以减少惯性，而且可以增加缓冲，可用于固定式磨床、钻床及印刷机等设备。磨削器具或小型手提电钻的外罩若采用多孔铝材料制造，不仅其性能优于传统外罩，而且固有阻尼会更高。多孔铝材料良好的电磁屏蔽性能可以增加电机外壳的电磁屏蔽性；将良好的阻尼性能应用在磨盘上，有助于减少磨盘在工作时产生的对人体有损伤的震动。此外，机床的底座、床身，以及降低齿轮震动和噪声的阻尼环、自动加油的含油轴承、高速磨床防护罩中的吸能内衬和转运系统的安全缓冲器等，均可用多孔铝制作。

发电机、牵引机、变流器、变压器等电器都需要屏蔽电磁波，以减少电磁污染，同时需要隔声降噪。普通电器柜用铁板/聚氨酯塑料泡沫夹芯板制作，降低噪声和屏蔽电磁波的能力有限；而用铝板/多孔铝夹芯板制作的电器柜，这两个方面的能力都较强。与铁板/塑料泡沫电器柜相比，铝板/多孔铝电器柜的隔声能力提高了3倍，屏蔽电磁波能力提高了40 dB，强度提高了1倍以上。此外，多孔铝防火性能好，透气散热性好，体积密度小，比金属网的屏蔽性能高得多，可达到波导窗的屏蔽效果；同时其体积比波导窗小，更加轻便，更适合移动的仪器设备使用，也适用于制造装甲车和战机的高性能电池屏蔽夹芯板（图3.23）。

(a) 装甲车电池屏蔽夹芯板　　　　(b) 战机电池屏蔽夹芯板

图3.23　多孔铝作为电池屏蔽夹芯板的应用

普通的拖船、货船发动机室有降噪需求，而多孔铝材料具有吸声降噪的特性，因此，多孔铝材料也被广泛地应用于发动机室吸声内衬、间隔板、舱门等构件中，如图3.24所示。

（a）　　　　　　　　　　　　　　　（b）

图3.24　多孔铝材料在船舶上的应用

多孔铝材料配合高强度填充材料，可用于制造测量热介质和腐蚀性介质充液水平线的漂浮器。在这种场合下，不能使用聚合物泡沫材料，需要由薄焊钛片结构制造出含有磁系统的漂浮器，才可读出其位置，因此这种漂浮器价格十分昂贵。为了降低制作成本，可用多孔铝部件配以能够罩住磁系统的致密外壳来代替，制得的漂浮器既能承受外部压力，又能产生所需浮力。图3.25为某多孔铝材料海上浮标。

图3.25　多孔铝材料海上浮标

将多孔铝填充在管材、减震器、3D零件及异性构件里，可以有效地提高这些构件的力学性能，增强其抗震能力和抗疲劳能力。图3.26为多孔铝填充构件示例。

（a）填充管材　　　　（b）填充减震器　　　　（c）填充3D零件

图3.26　多孔铝填充构件示例

第4章　多孔铝材料在声屏障上的应用

4.1　声屏障设置意义、应用现状及问题

4.1.1　声屏障设置意义

为了促进国家经济发展及方便人民交通出行，我国公路交通建设一直处于高速发展态势，面对不断增加的通车里程和较为有限的建设空间，公路穿越或临近环境敏感点（居民区）的路段越来越多；同时，随着路网等级和交通条件的不断提升，车速越来越快、车流量越来越大，对公路两侧辐射的交通噪声也越来越强，如图4.1所示。根据全国环境监测结果，约17%的城市为公路交通噪声中度污染、49%的城市为公路交通噪声轻度污染，公路交通噪声给人们的生活和工作带来了持久不良的影响，已成为一个突出的环境问题。

（a）　　　　　　　　　　　　　　（b）

图4.1　公路交通噪声污染

为解决上述环境问题，"声屏障"应运而生。声屏障是一种较为简单、有效、经济的降噪措施，设置于噪声源和接收点之间，通过吸声材料、隔声材料或吸声和隔声混合材料使声波传播有一个显著的附加衰减，从而减弱接收者所在一定区域内的噪声影响。如图4.2所示，2022年6月5日起施行的《中华人

民共和国噪声污染防治法》的第四十六条规定，新建、改建、扩建经过噪声敏感建筑物集中区域的高速公路、城市高架、铁路和城市轨道交通线路等的，建设单位应当在可能造成噪声污染的重点路段设置声屏障或者采取其他减少振动、降低噪声的措施，符合有关交通基础设施工程技术规范以及标准要求。《公路环境保护设计规范》（JTG B04—2010）中也提出，公路建设项目应防治公路交通噪声、施工作业噪声对声环境的污染，且公路距环境敏感点较近、用地受限且环境噪声超标5 dB以上时，可采用声屏障。

| (a) | (b) | (c) |

图4.2 声屏障成为处置公路噪声污染的重要措施

4.1.2 声屏障应用现状及问题

目前，声屏障已成为一种重要的交通基础设施，公路上应用声屏障的数量越来越多。公路声屏障可设置于路基段和桥梁段，如图4.3所示。对于路基段来说，由于路侧空间相对较为宽敞，声屏障一般采用独立式基础，设置于公路外侧的路基边缘线附近，距离护栏迎撞面有一定距离，车辆碰撞声屏障的概率

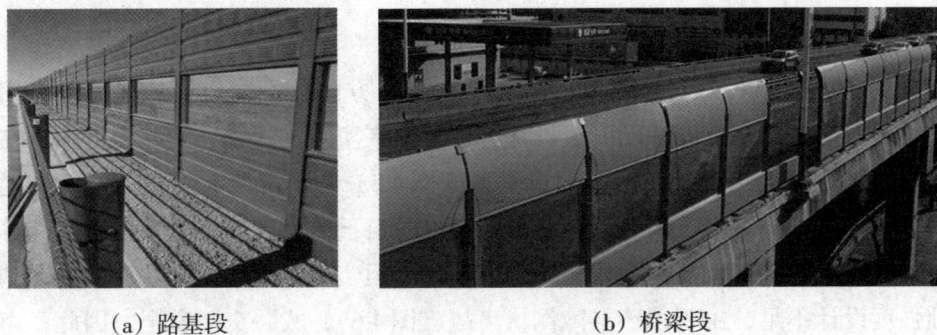

（a）路基段   （b）桥梁段

图4.3 声屏障设置位置

及严重程度也相对较低。然而，对于桥梁段来说，桥梁为独立建造的构筑物，桥侧空间相对有限，声屏障设置一般具有较大的局限性和难度系数，且一旦声屏障设置不合理，将对事故车辆及桥下安全带来极大威胁，事故严重程度较路基段更高。因此，下面重点针对桥梁声屏障的材料、结构、设置等进行详细介绍。

通过调研，了解到当前桥梁声屏障普遍在耐候、环保、结构及设置安全性等方面存在一些不足之处，从而影响了声屏障的使用寿命，且给公路运营安全带来一定的安全隐患。

①桥梁声屏障耐候、环保特性有待提升。

目前，声屏障屏体结构多为"穿孔板+吸声面+隔声层"，吸声隔音材料多为超细玻璃棉、矿棉等无机纤维类材料，但此类材料通常强度较低、性脆易断，吸尘易污损，会产生大量的纤维粉尘，对人体健康造成伤害，且污染环境；同时，吸水受潮后，吸声性能大大减弱，减少了使用寿命，且不可独立使用，需外包钢板等材料进行搭配使用，如图4.4所示。从实际工程声屏障检修情况来看，由于长期处于大流量交通流振动和风压影响，纤维类材料的脆性断裂和粉尘化使原来的匀质结构不复存在，未能有效起到持久良好的吸声降噪作用。可见，有必要在保证对交通噪声有效防治的基础上，对其耐候、环保等特性做进一步的改进提升。

图4.4 传统声屏障吸声隔音材料

②桥梁声屏障结构及基础设置应安全可靠。

由于声屏障置于室外环境，需要承受不同方向、不同风级的风荷载作用力，因此声板结构强度和刚度应设计合理。但在实际工程中，一些声屏障存在结构设计偏弱的情况，声板被大风吹落（图4.5）的情况时有发生，威胁交通安全，社会影响恶劣。同时，针对不同声板的自重、高度、强度及设置条件等因素，声屏障基础也需进行相应的合理设计。但实际工程中，一些声屏障因基础强度设计不足，出现了声屏障倒伏事故（图4.6），威胁交通安全。因此，声屏障结构及基础设置应安全可靠，保证工程应用的安全性，降低对交通安全带来的不利影响。

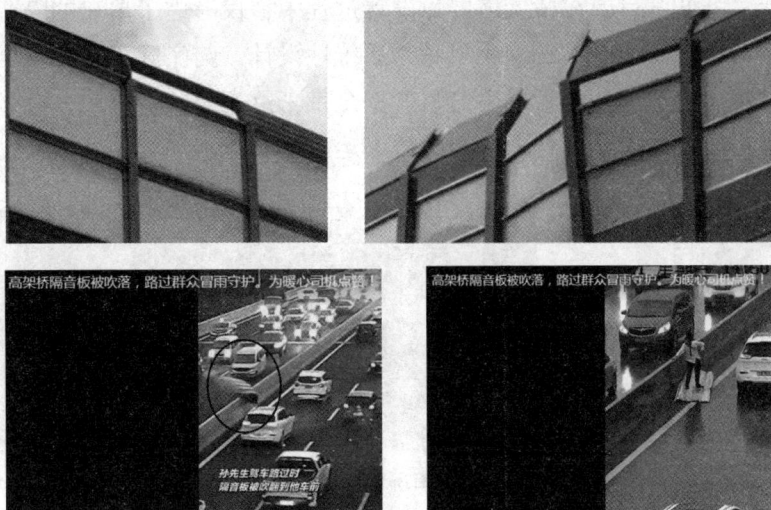

图4.5 声板被大风吹落事故

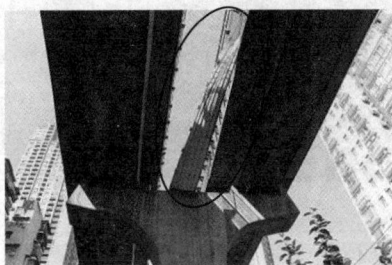

图4.6 声屏障倒伏事故

③桥梁声屏障结构设置安全性主要与护栏间协调设置有关。

目前，桥梁声屏障最普遍的设置方式是将声屏障附着于桥侧护栏顶部，临近护栏迎撞面，如图4.7所示。由于声屏障与护栏迎撞面过近，失控车辆（尤其是大型车辆）极易与声屏障发生直接碰撞，而声屏障立柱（多为刚度较大的H形钢）与声板（多为刚度较小的轻质声学材料）的刚度差异普遍较大，更易发生车辆绊阻及声板坠落的情况，所以势必对桥上、下车辆及人员的生命财产安全带来威胁。与之相关的事故类型包括：当车辆碰撞声屏障中间段时，极易在声屏障立柱处发生严重绊阻，给车辆及乘员带来严重伤害，如图4.8（a）所示；当车辆碰撞声屏障端部时，轻则发生严重绊阻事故，重则车辆被声屏障结构插入车体，事故后果更为惨重，如图4.8（b）所示；碰撞过程中声板及车辆容易坠落桥下，而桥梁上跨公路的情况难以避免，一旦发生坠桥事故，将对桥

下正常通行的车辆和行人安全带来极大威胁，引发恶性二次事故，如图4.8
（c）所示。可见，目前在桥梁声屏障设置过程中，仅考虑了单一的隔音降噪功
能，缺乏对桥侧安全防护的综合思考与系统性设计，与实际工程的安全需求存
在一定差距，给道路使用者的生命财产安全带来巨大威胁。因此，有必要重点
关注桥梁声屏障的安全设置，以提高桥梁运营的安全水平。

图4.7　桥梁声屏障常见设置方式

（a）车辆绊阻事故

（b）桥梁声屏障插入车体事故

（c）声屏障或车辆坠桥事故

图4.8 车辆碰撞声屏障事故

通过以上分析可知，桥梁声屏障的屏体结构、材料及设置不仅影响声影区的隔声性，而且对声屏障的环保性、耐久性及安全性等起到决定作用。当前，对综合性能优异的桥梁声屏障结构及安全合理的设置方式需求十分迫切，需要新成果来解决安全应用问题，优化设施及工程品质。

多孔铝材料是一种金属吸声材料，具有较好的吸音或隔声性能，吸声率一般可保持在0.7以上，声学性能稳定；材料不吸收水分，材质和形态保持性优良；阻燃等级1级，防水防尘，在各种天气条件下都可保持降噪能力，不会分解产生有毒有害物质，可以回收和重复利用，对环境和人体健康均无害；使用寿命较长且可独立使用。可见，多孔铝是声屏障核心材料的最佳替代品。

因此，通过对多孔铝声屏障抵御风载的结构安全性研究，可在保证对交通噪声有效防治的基础上，优化其安全、耐候、环保等特性；同时，通过对声屏障与桥梁护栏安全合理设置的系统研究，提出安全可靠、工艺可行的技术方案，可以更好地解决实际工程问题，消除公路安全隐患，提升公路安全水平。

4.2 声屏障国内外研究现状

4.2.1 声屏障国外研究现状

公路声屏障的研究在国外起步较早，美国、日本、法国等国家在20世纪60年代已开始对声屏障的几何形状、插入损失、噪声传播规律等方面进行技术研究。到20世纪80年代，许多发达国家已经在声屏障的设计和施工方面进行了深入研究和大量实践，积累了丰富的经验，开发了声屏障工业化产品。此后，声屏障技术不断发展，并逐步得到大规模应用，实现了其他降噪手段所不能代替的效果。例如，在1983年，日本公路声屏障设置率已达到80%以上；

至1990年，日本仅高速公路上的声屏障就长达137 km，全部道路声屏障总长度已达1573 km，还颁布了《国家干线公路环境保护规范》，要求"公路上采取的环保措施主要针对噪声防治和景观保护，修建公路声屏障是主要的防噪措施"；日本在道路沿途附近村庄、居民区和办公区等声敏感区都设有声屏障。1963年，美国在华盛顿建设了第一条声屏障，于1972年实施了联邦《噪声控制法》，之后制定了《声屏障设计手册》，对声屏障的设计提出了一定的要求和标准；而该国设计的"公路声屏障专家设计优化系统"进一步提高了公路声屏障的设计水平。

国外公路声屏障所用材料种类多样：早期多用砖石、钢筋混凝土块、木质等材料建造，如图4.9（a）（b）所示，这类声屏障投资少、易维护；后来随着技术的进步，标准化的金属结构、玻璃钢结构及加吸声材料的复合材料结构声屏障得到广泛应用，如图4.9（c）所示。不同的国家在声屏障材料应用上也各具特点。例如，德国在不同路段采用的声屏障材质不同，包括金属板、金属板加吸声纤维复合结构、波音板、镂空的能吸声的新型建筑材料等，其造型也不同。美国的公路声屏障一般朴实无华、注重实效，多采用低成本的材料建造，主要包括两种形式：一种是先用一定直径的铁丝编成网状，再添加一些不同大小的石块，形成错落有致的高墙，因其表面粗糙，从而起到防音降噪的作用；另一种是埋设混凝土方柱，顺路方向带槽，用预制混凝土板插入柱槽内形成隔音墙。

（a）石砌

（b）木质

（c）金属

图4.9 国外公路声屏障

国外关于声屏障抵御风载的结构安全性及与桥梁护栏配套设置的安全性方面的研究甚少，但车辆碰撞桥梁声屏障引发的恶性事故较多，如图4.10所示。可见，国外在声屏障方面的研究虽然较为超前，多孔铝声屏障亦有所涉及，但是公路环境、交通特性及工程需求与国内存在较大差异，相关技术经验和标准规范等仅可作为参考，不可照搬使用。

图4.10 国外车辆碰撞桥梁声屏障事故

4.2.2 声屏障国内研究现状

我国声屏障研究起步比较晚，导致我国声屏障实践应用也较一些发达国家延滞了20多年。1992年，在贵阳至黄果树高速公路工程上，首次安装了长780 m、高3.5 m的陶粒混凝土砌块声屏障，达到了预期效果。这是我国将声屏障应用于公路上的先例，也是我国使用建筑砌块作为声屏障建造材料的先例。1993年，在陕西省西安至三原一级公路罗李小学路段上修筑了国内第二座公路声屏障，此后，全国各大城市纷纷采用声屏障来控制公路交通噪声，拉开了声屏障技术发展与工程应用的帷幕。

我国关于声屏障的立法、标准等方面也在不断发展。在声屏障立法方面，我国于1997年3月1日正式施行了《中华人民共和国环境噪声污染防治法》，要求"建设经过已有的噪声敏感建筑物集中区域的高速公路和城市高架、轻轨道路，有可能造成环境噪声污染的，应当设置声屏障或者采取其他有效的控制环境噪声污染的措施"（图4.11），这将设置声屏障的降噪措施上升到法律层面，间接推动了声屏障的应用发展。2022年6月5日，我国施行了《中华人民共和国噪声污染防治法》[图4.2（b）]，要求"新建、改建、扩建经过噪声敏感建筑物集中区域的高速公路、城市高架、铁路和城市轨道交通线路等的，建设单位应当在可能造成噪声污染的重点路段设置声屏障或者采取其他减少振动、降低噪声的措施，符合有关交通基础设施工程技术规范以及标准要求"，对声屏障设置主体责任及质量提出了更加明确的要求，进一步推动了声屏障的科学研究，提升了声屏障工程的应用品质。

中华人民共和国
环境噪声污染防治法

法律出版社

第三十四条　机动车辆在城市市区范围内行驶，机动船舶在城市市区的内河航道航行，铁路机车驶经或者进入城市市区、疗养区时，必须按照规定使用声响装置。

警车、消防车、工程抢险车、救护车等机动车辆安装、使用警报器，必须符合国务院公安部门的规定；在执行非紧急任务时，禁止使用警报器。

第三十五条　城市人民政府公安机关可以根据本地城市市区区域声环境保护的需要，划定禁止机动车辆行驶和禁止其使用声响装置的路段和时间，并向社会公告。

第三十六条　建设经过已有的噪声敏感建筑物集中区域的高速公路和城市高架、轻轨道路，有可能造成环境噪声污染的，应当设置声屏障或者采取其他有效的控制环境噪声污染的措施。

图4.11　我国声屏障立法

在声屏障标准规范方面，我国颁布了国家标准、行业标准、地方标准等系列标准规范，如《声屏障结构技术标准》（GB/T 51335—2018）、《声屏障声学设计和测量规范》（HJ/T 90—2004）、《城市道路　声屏障》（09MR603）、《公路声屏障　第1部分：分类》（JT/T 646.1—2016）、《公路声屏障　第2部分：总体技术要求》（JT/T 646.2—2016）、《公路声屏障　第3部分：声学设计方法》（JT/T 646.3—2017）、《公路声屏障　第4部分：声学材料技术要求及检测方法》（JT/T 646.4—2016）、《公路声屏障　第5部分：降噪效果检测方法》（JT/T 646.5—2017）、《金属声屏障通用技术要求》（DB13/T 5013—2019）及《道路声屏障建设技术规范》（DB4403/T 62—2020）等，如图4.12所示。

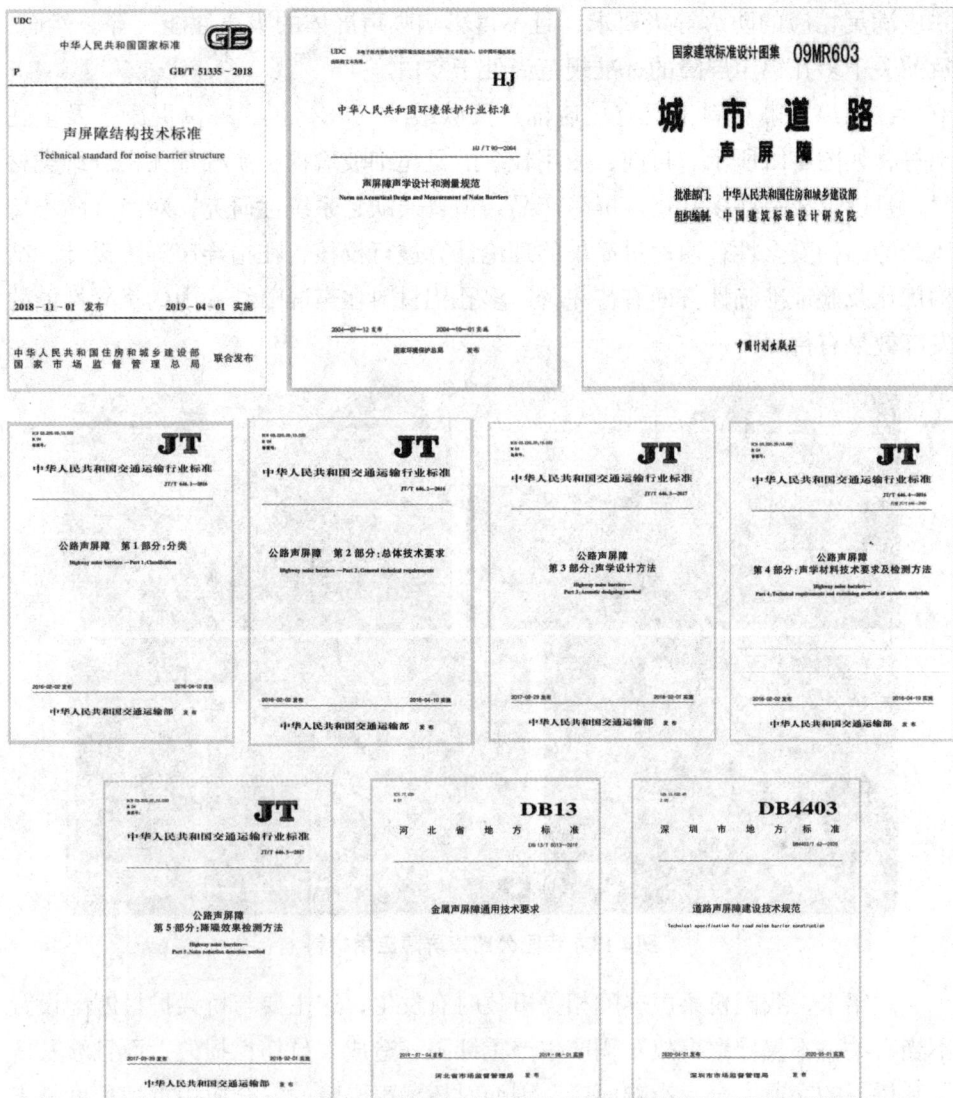

图4.12　我国公路声屏障标准规范

这些标准规范的发布与实施，为声屏障设计、检测与应用提供了一定的指导依据。例如，《声屏障结构技术标准》（GB/T 51335—2018）要求"声屏障的结构应安全合理，方便安装、维护和保养，经济美观，并应满足相关作用下的强度和刚度要求""吸声材料应采用吸声系数满足设计要求的材料，不应采用耐久性差、对人体有危害的材料""声屏障屏体及构件的表面防腐处理应满足防雨、防潮、防霉和防眩的要求，并应满足耐久性要求""具有防水要求的声屏障，应在声屏障结构内设置防水材料，防水材料的憎水性不应小于80%，并应满足相应的防火等级要求，且不得影响吸声屏体的吸声性能"等。然而，目前关于多孔铝声屏障的标准规范尚处于空白。

我国声屏障材料主要有玻璃棉、聚碳酸酯（PC）板、蜂窝混凝土及多孔铝等，如图4.13所示。目前，使用较多的是超细玻璃棉、矿棉等无机纤维类材料，且已形成一些多孔铝声屏障产品，但普遍缺乏系统性研究，对声屏障抵御风载的结构安全性普遍通过简单的理论计算进行校核，在指导声屏障设计、结构优化及验证准确性方面有待完善，多孔铝材料在声屏障结构中的优异性能的发挥效果有待提升。

图4.13 我国公路声屏障应用材料

近年来，我国桥梁声屏障相关事故时有发生，这主要与桥梁护栏匹配设置不当有关，不仅导致事故车辆产生严重绊阻，造成人员伤亡损失，而且涉及桥上和桥下的交通安全，影响面广，因而对桥梁声屏障的安全应用重视程度越来越高。目前，业界已开展了一些桥梁声屏障研究工作。例如，提出过一种具有防撞功能的声屏障结构，即在传统声屏障结构的基础上，配合混凝土护栏增加了纵向横梁结构。这种结构虽然具有一定的防护效果，但成果适用的局限性很大。其主要原因是桥梁护栏结构形式多样（包括组合式桥梁护栏、金属梁柱式桥梁护栏等），可供自带横梁的声屏障安装的空间有限，难以满足实际工程普遍性需求。可见，我国尚缺少声屏障与桥梁护栏安全合理设置方面的成果。

综合公路声屏障国内外研究现状，可知多孔铝声屏障抵御风载的结构安全性及与桥梁护栏协调设置的安全性问题尚未得到有效解决，缺少通过可靠技术手段研究得到的成熟成果,因此,有必要开展系统研究工作,填补这一部分的市场技术空白,提升公路运营安全水平及工程整体品质。

4.3 声屏障研发目标、多样化功能及安全影响分析

4.3.1 声屏障研发目标

根据4.1节和4.2节的介绍,结合当前市场需求及标准规范要求,提出了声屏障研发目标,具体内容如下。

4.3.1.1 吸声降噪

声屏障作为降低公路交通噪声的重要设施,其最主要的功能是吸声降噪。一方面,声屏障自身具备良好的吸声降噪功能;另一方面,声屏障与桥梁护栏协调设计过程中,在保证结构安全防护功能的基础上,不应影响声屏障的降噪功能,不得顾此失彼。

4.3.1.2 安全可靠

声屏障一般结构尺寸较高,且迎风面积较大,其结构强度需要具有良好的承受自重及抗风载能力,确保安全稳定;声屏障设置不应降低桥梁护栏既有防护性能;声屏障设置不应对碰撞车辆造成严重绊阻,从而导致停驶或挤压其乘员舱,应保护车辆及乘员安全;在车辆碰撞过程中,声屏障主要构件不应发生解体坠落,以保护桥下交通安全。

4.3.1.3 耐候、阻燃及环保

目前,一些声屏障存在易脆性断裂、易吸水受潮、易燃烧及粉尘化不可回收等问题,声屏障需要具备耐候、阻燃及环保功能。

4.3.1.4 工艺便利

声屏障结构及与桥梁护栏的连接方式需要具有工艺便利性,基于现有技术条件,能够保质保量地生产,在实际工程中方便操作实施。

4.3.1.5 景观协调

声屏障作为公路上的可见附属设施,需要与主体工程及所在区域环境相协调。

4.3.1.6 造价合理

声屏障结构及与桥梁护栏的连接方式需要具有造价合理性,符合实际工程造价控制要求,契合资源节约型社会理念,以便于成果推广应用。

鉴于多孔铝材料具备优异的吸声降噪、耐候、阻燃、环保、机械加工及景

观设计等优异特性，其可作为声屏障的核心材料最佳替代品，可进一步优化声屏障性能品质及设置应用效果。

4.3.2 声屏障多样化功能分析

下面对声屏障降噪功能、耐候功能、阻燃功能及环保功能等进行初步分析，为后续多孔铝声屏障结构设计与组合设置奠定基础。

4.3.2.1 降噪功能分析

声屏障设于噪声源（如车辆）和接收点（如居民楼）之间，其作用是阻挡或改变声音的直达传播，降低噪声对接收点的影响。当噪声源发出的声波遇到声屏障时，它将沿着三条路径传播（图4.14）：第一部分越过声屏障顶端绕射到达接收点，第二部分穿透声屏障到达接收点，第三部分在声屏障壁面上产生反射。

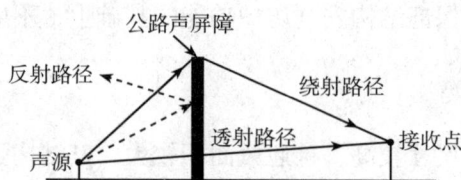

图4.14 声屏障传播路径

（1）绕射

所谓绕射，是指噪声源发出的声波绕过声屏障传播至接收点的现象。与没有声屏障时的直达声相比，设置声屏障后的绕射声更小，原因是绕射增加了声波的传递距离，声能得到衰减，从而达到降噪目的。直达声与绕射声的声级之差称为绕射声衰减（常用符号 ΔL_d 表示），并随着 φ 的增大而增大，如图4.15所示。声屏障的绕射声衰减是声源、接收点与声屏障三者几何关系和频率的函数，它是决定声屏障插入损失（常用符号 IL 表示）的主要物理量。

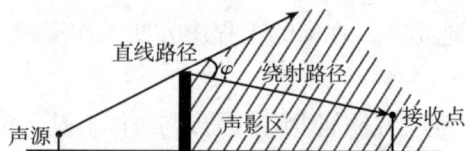

图4.15 声屏障绕射路径

关于声屏障绕射声衰减的计算，《声屏障声学设计和测量规范》（HJ/T 90—2004）和《公路声屏障 第3部分：声学设计方法》（JT/T 646.3—2017）中均有介绍，此处不再赘述。

（2）透射

所谓透射，是指噪声源发出的声波透过声屏障传播到接收点的现象。穿透声屏障的声能量取决于声屏障的面密度、入射角及声波的频率。声屏障隔声的能力用传声损失（常用符号 TL 表示）来评价：当传声损失越大时，透射的声能越小；相反，当传声损失越小时，透射的声能越大。其计算公式详见《声屏障声学设计和测量规范》（HJ/T 90—2004），此处不再赘述。同时，透射的声能可能减少声屏障的插入损失。透射引起的插入损失降低量称为透射声修正量（常用符号 ΔL_t 表示）。通常在声学设计时，要求声屏障传声损失（TL）与绕射声衰减（ΔL_d）的差值不小于10 dB，此时透射的声能可以忽略不计，即 $\Delta L_t = 0$。

《公路声屏障　第4部分：声学材料技术要求及检测方法》（JT/T 646.4—2016）中4.1条要求，非透明声屏障声学材料的计权隔声量应不小于26 dB，透明声学材料的计权隔声量应不小于20 dB。

（3）反射

当公路两侧均建有声屏障，且声屏障平行时，声波将在声屏障间多次反射，并越过声屏障顶端绕射到接收点，它将会降低声屏障的插入损失，由反射声波引起的插入损失的降低量称为反射声修正量（常用符号 ΔL_r 表示）。为减小反射声，一般在声屏障靠公路一侧附加吸声结构。反射声能的大小取决于吸声结构的吸声系数（α），它是频率的函数，为评价声屏障吸声结构的整体吸声效果，通常采用降噪系数（NRC）。声屏障反射路径如图4.16所示。

图4.16　声屏障反射路径

《公路声屏障　第4部分：声学材料技术要求及检测方法》（JT/T 646.4—2016）中要求，具有吸声性能要求的声学材料，其降噪系数应不小于0.60。

根据以上分析，声屏障降噪功能的控制指标主要为插入损失和隔声量，而设置封闭型声屏障时，还需要考虑降噪系数的控制指标。根据公路声屏障设计经验，隔声量与降噪系数主要通过声学材料进行控制。在声学材料满足隔声量、降噪系数等指标要求时，插入损失则主要通过声屏障的结构高度进行控制；在设计中，也主要是对声屏障的结构高度、设置长度和声学材料选型等进行确定。

对于多孔铝材料来说，其内部有许多通过发泡工艺形成的孔洞，声波进入孔洞后，一部分发生反射，改变其传播方向；另一部分穿透孔洞，进入相邻孔洞。如此情形在每个孔洞中重复进行。在反射过程中，声波与多孔铝材料接触，声波能量产生损失，经过多次反射，最终使得绝大部分声波不能穿透多孔铝材料，达到隔音降噪的目的。通过降噪隔音测试，多孔铝材料在声波频率范围为125~4000 Hz时，降噪系数最大，可达0.80；隔声量最大，可达40 dB，可以隔绝80%~90%的声音，远强于混凝土吸声板和金属复合吸声板。因此，将多孔铝材料应用到桥梁声屏障结构中，能有效提高声屏障的降噪隔音性能。

4.3.2.2　耐候功能

声屏障耐候性是指其抵抗自身和自然环境双重因素长期破坏作用的能力，即保证其经久耐用的能力。声屏障应用在桥梁两侧，一旦被安装投入使用后，除非声屏障损毁或达到使用年限，才会拆卸换新。这就需要声屏障具备良好的耐候性，能经得起风吹、雨打、日晒、冰雪等外界环境（图4.17）的考验，并维持良好的降噪吸声性能。

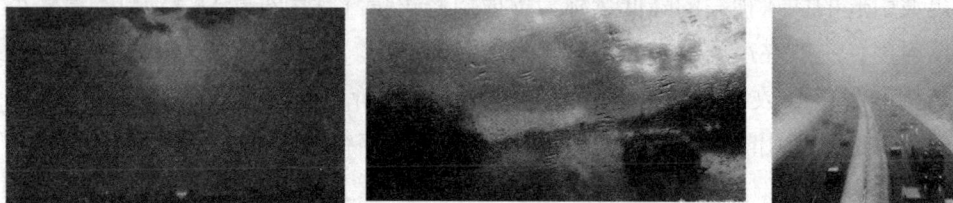

图4.17　外界环境气候多变

《声屏障结构技术标准》（GB/T 51335—2018）提出，声屏障屏体及构件的表面防腐处理应满足防雨、防潮、防霉和防眩的要求，并应满足耐久性要求，且规定声屏障屏体的设计年限不应小于15年。声屏障立柱及连接构件普遍采用钢质材料，其防腐工艺已经较为成熟，而影响声屏障耐候性能的主要控制因素是屏体材料，不应采用易受潮且性能不稳定的声板材料。

对于多孔铝材料来说，它是少数在潮湿环境下性能不下降的吸声材料。通过耐候测试，多孔铝材料本身的吸湿率为0%，不存在吸湿现象；多孔铝板和玻璃一样可以水洗，可通过自然降雨达到自洁效果，下雨淋湿既不会导致多孔铝体积膨胀，也不会因潮湿而导致声学性能降低；多孔铝材料具有很好的耐腐蚀性能，在海洋大气环境下暴露一年，无明显异常；多孔铝材料在加速腐蚀条件下，进行喷水盐雾试验2年无异常；多孔铝的使用寿命为30年以上，远远高于相关规范对屏体寿命（15年）的要求。因此，将多孔铝材料应用到桥梁声屏障结构中，能有效保证声屏障的耐候性能。

4.3.2.3 阻燃功能

对于公路交通行业来说，声屏障的防火隔热功能有着重要意义。其主要原因是，车辆在公路上行驶的过程中，有时会发生一些严重的交通事故，造成车体着火，若声屏障采用不防火或防火性能较差的材料，可能导致声屏障被点燃，进而造成更为严重的事故后果，如图4.18所示。为此，《声屏障结构技术标准》（GB/T 51335—2018）中规定，声屏障声学构件防火等级要符合《建筑材料及制品燃烧性能分级》（GB 8624—2012）中规定的B2级及以上要求，声屏障支撑构件防火等级需符合B1级及以上要求。

图4.18 声屏障着火

对于多孔铝材料来说，其具有极高的比强度和较低的有效导热系数，被认为是高温环境下兼具承载和隔热功能的绝佳材料。通过测试，多孔铝的导热系数极低，仅为纯铝的1/500~1/51，一般铝合金溶解的温度范围仅为560~700 ℃，但多孔铝被加热到1400 ℃也不会熔化，防火等级为A级；多孔铝线胀系数约为19.34×10^{-6} ℃$^{-1}$，受热不易变形；多孔铝在高温下不会产生有毒、有害气体，不会对人体和环境造成伤害；多孔铝具有良好的隔热和屏蔽辐射的能力，可有效阻挡来自交通工具的热量传递、发动机辐射等。因此，将多孔铝材料应用到桥梁声屏障结构中，能有效保证声屏障的阻燃性能。

4.3.2.4 环保功能

近年来，国家大力倡导打造绿色交通、实现碳中和及碳达峰的政策目标，声屏障作为重要的交通设施，也需要具备环保特性。声屏障的环保性主要体现在屏体吸声材料上。据了解，一些屏体吸声材料（如玻璃棉）会产生大量的纤维粉尘，对人体健康造成伤害，污染环境。为此，《声屏障结构技术标准》（GB/T 51335—2018）中规定，声屏障吸声材料应采用吸声系数满足设计要求的材料，不应采用耐久性差、对人体有危害的材料。

对于多孔铝材料来说，其性能稳定、不污染环境，且具有优异的可回收特性，不会形成固体废弃物对环境产生污染。多孔铝材料只需要经过简单的处理加工过程，即可恢复到失效前的各种性能，是一种真正意义上有高度回收与利用价值的材料。

下面简单介绍多孔铝的回收工艺流程，以便于读者更好地认识其环保特性。首先用锯床将柱状多孔铝切成小块（如图4.19所示），切成块体是为了增加多孔铝的比表面积，比表面积的增加有利于熔剂与多孔铝的内部孔洞充分接触，增加接触表面积可以使回收更加充分。然后将石墨坩埚放进井式电阻炉中加热，电阻炉温度控制在（680+5）℃。当多孔铝软化后，对其进行充分搅拌直至熔融态，保温一段时间后，将坩埚从电炉中取出并对其进行空冷处理，冷却至室温后，除去上层浮渣，初步得到回收铝固体。最后为得到较为纯净的再生铝，应将回收得到的铝进行除杂处理。除杂的措施是对回收铝进行二次回炉重熔，并在最后重熔时用质量分数为0.2%的氯化锌溶液进行精炼，冷却后得到再生铝。多孔铝回收过程简要流程如图4.20所示。因此，将多孔铝材料应用到桥梁声屏障结构中，能使声屏障具备优异的无污染及可回收再利用的环保性能。

图4.19　多孔铝块体

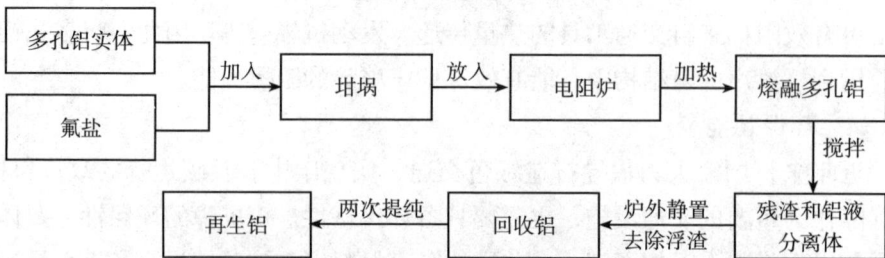

图4.20　多孔铝回收过程简要流程图

综上所述，将多孔铝材料合理应用到声屏障结构中，可使其具备优异的降噪功能、耐候功能、阻燃功能及环保功能，从而提高声屏障设施的整体品质。

4.3.3 声屏障安全影响分析

声屏障除了具备上述降噪、耐候、阻燃及环保等功能的要求外，安全可靠也是其应具备的重要功能，这对公路运营安全的影响尤为关键。通过初步分析，声屏障的安全性能主要体现在两个方面：一方面是声屏障自身结构安全可靠；另一方面是声屏障与桥梁护栏设置方式安全可靠。

4.3.3.1 声屏障结构及安全性初步分析

声屏障按照整体结构形式分类，包括直立式声屏障、直弧式声屏障、折板式声屏障、半封闭式声屏障及全封闭式声屏障，如图4.21所示。

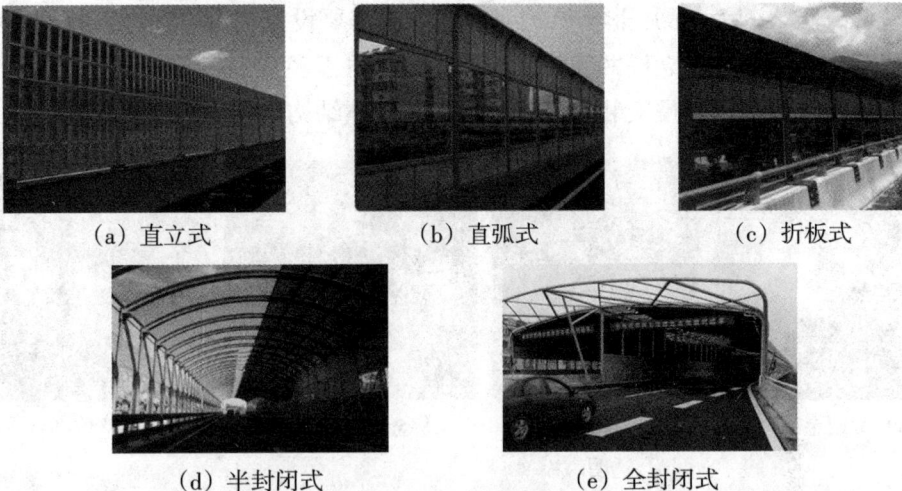

（a）直立式 　　　（b）直弧式 　　　（c）折板式

（d）半封闭式 　　　（e）全封闭式

图4.21 声屏障结构形式

声屏障按照屏体材料分类，包括金属型声屏障（如镀锌钢板、铝合金板、多孔铝板等）、非金属型声屏障（如玻璃钢复合板、亚克力板、水泥木屑板等）、组合型声屏障（不同屏体材料组合）及生态型声屏障（多层吸隔声复合结构或在砌块结构上种植绿色植物），如图4.22所示。

（a）金属型 　　　（b）非金属型

（c）组合型　　　　　　　　　　（d）生态型

图4.22　声屏障屏体材料

声屏障主要由支撑结构（如H形立柱）、声板（如多孔铝板）及连接构件组成。其中，常用金属声板普遍通过卡件等紧固件固定在支撑结构内（如H形立柱两翼板之间）；常用非金属透明声板普遍需要设置铝合金边框，以便于在支撑结构内（如H形立柱两翼板之间）安装。对于多孔铝声板来说，也需要设置铝合金包边，以方便安装。声屏障声板及整体结构如图4.23所示。

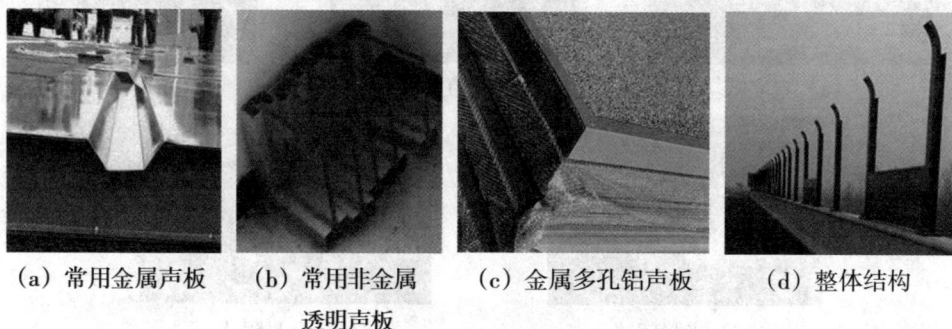

（a）常用金属声板　　（b）常用非金属　　（c）金属多孔铝声板　　（d）整体结构
　　　　　　　　　　　　　透明声板

图4.23　声屏障声板及整体结构

关于声屏障结构安全性，《公路声屏障　第2部分：总体技术要求》（JT/T 646.2—2016）中规定，公路声屏障结构应考虑声屏障材料本身结构的强度与刚度、支承结构的强度与稳定性、声屏障连接系统的强度及耐久性。根据声屏障结构特点，为了使其达到良好的结构强度及安装维护方便性，支撑结构需要采用强度和刚度较大且方便连接的立柱形式；声板需要采用具有一定强度和刚度的多孔铝材料，这种材料不仅能够承受声屏障自重及风荷载的作用，而且具有防脱落功能。

4.3.3.2　声屏障与桥梁护栏设置方式及安全性分析

根据本书4.1节的介绍，声屏障主要通过立柱底部法兰安装于桥梁护栏上（图4.7）。当桥梁护栏顶宽足够时，声屏障多直接安装于顶部；当桥梁护栏顶宽不够时，声屏障多安装在护栏背面，声屏障与桥梁护栏迎撞面距离很近。由于声屏障立柱的强度与刚度较大，声板的刚度与强度相对较低，当车辆失控碰撞装有声屏障的桥梁护栏时，车辆容易直接碰撞声屏障立柱，从而使车辆发生绊阻，甚至导致驾驶舱产生严重的挤压变形，造成车内乘员的伤亡，此类问题在4.1节进行了论述。

为了进一步分析声屏障与桥梁护栏现有设置方式的安全性能，采用可靠的计算机仿真技术，对常见的直弧式声屏障置于桥梁护栏顶部的方式进行了碰撞模拟分析。同时，在声屏障产品市场中，除了相关规范中给出的几种结构形式外，为了造型美观，也有纯弧形的声屏障产品（图4.24）。此类产品同样置于桥梁护栏的顶部，虽然未查到此类声屏障发生相关事故的情况，但是从车辆碰撞安全性角度对其进行了碰撞模拟分析。由于大型客车和大型货车的结构尺寸较大，更容易发生碰撞声屏障事故，且后果更为严重，故采用大型车进行碰撞分析。

图4.24　纯弧形声屏障置于桥梁护栏顶部

图4.25至图4.27为仿真模拟碰撞结果，可以看出当大型客车或大型货车碰撞安装于护栏顶部的直弧式声屏障或纯弧形声屏障时，声屏障立柱均会对车辆产生较大绊阻，使车辆驾驶舱产生严重变形，严重威胁车内乘员的生命安全。从车辆碰撞和破坏形态来看，仿真结果与事故案例的形态基本相似，说明目前常用的桥梁护栏顶部安装声屏障存在一定安全隐患，进一步说明声屏障安装不当确实会影响桥梁护栏的安全防护性能。

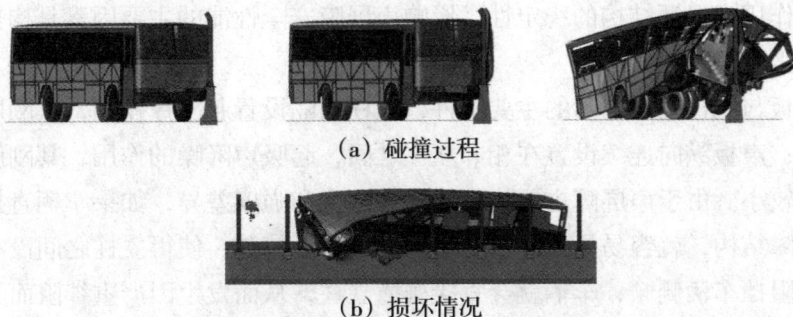

（a）碰撞过程

（b）损坏情况

图4.25　大型客车碰撞桥梁护栏顶面直弧式声屏障

（a）碰撞过程

（b）损坏情况

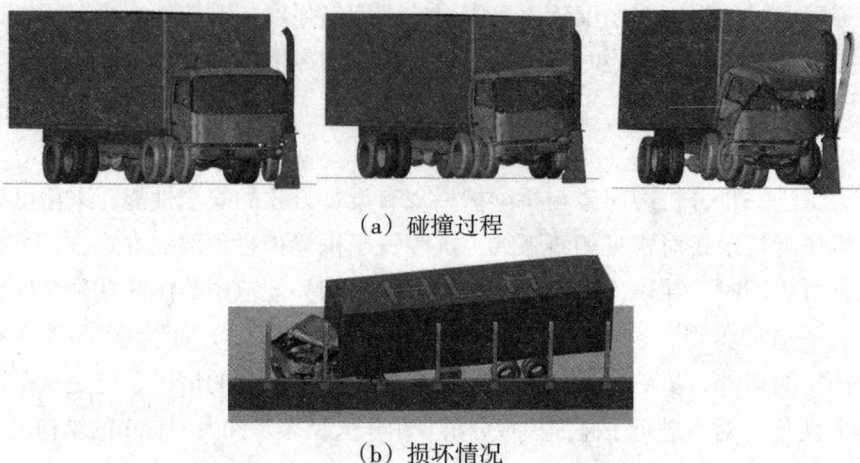

图4.26　大型货车碰撞桥梁护栏顶面直弧式声屏障

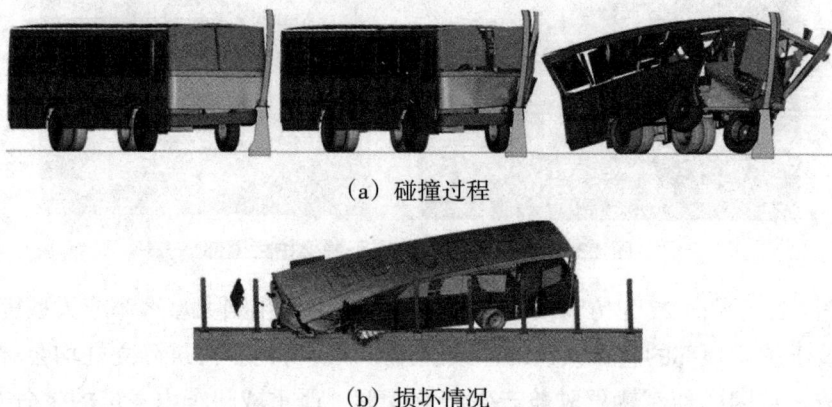

（a）碰撞过程

（b）损坏情况

图4.27　大型客车碰撞桥梁护栏顶面纯弧形声屏障

4.3.3.3　声屏障安全性能影响因素分析

根据声屏障自身结构特点及标准规范要求，声屏障需要能够承受自重及风荷载的作用，保证结构的稳定性。影响声屏障安全性能的主要因素是构件强度和连接强度。

声板与立柱是声屏障的主要构件，立柱间隔设置起支撑作用，其刚度和强度较大；声板纵向连续设置在相邻立柱之间，起吸声降噪的作用，其刚度和强度相对较小。由于声屏障主要构件间存在刚度和强度差异，如果车辆直接碰撞到声屏障结构，就容易导致声板变形过大，甚至掉落，使得立柱之间没有支撑构件来阻挡车辆侧倾，车辆就会直接碰撞立柱，从而发生因严重绊阻而无法顺利导出的情况，如图4.28所示。可见，声屏障的声板和立柱之间存在的刚度和强度差异是车辆绊阻的关键因素之一。然而，这种刚度和强度差异性是声屏障自身的结构特点，如果盲目增加声板的刚度和强度，虽然可以降低车辆绊阻概率（图4.29），但是会带来其他不利影响，如增加声屏障结构自重、造价成本及桥梁荷载等，且超越了声屏障作为降噪设施的既有功能定位。

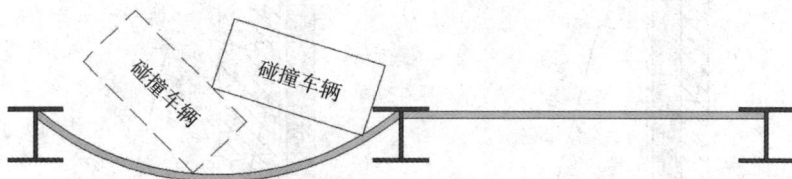

图 4.28 声屏障刚度较小，车辆碰撞后易在立柱处绊阻

图 4.29 声屏障刚度增加，车辆在立柱处绊阻程度降低

对于设置混凝土护栏的桥梁段，声屏障普遍直接安装于护栏的顶部。根据以往研究及试验经验，桥梁上常用SA/SS级混凝土护栏，护栏高度为1.0 m/1.1 m。大型车辆碰撞过程中，车头碰撞会先侵入护栏外侧，车辆甩尾时发生侧倾也会侵入护栏外侧，且车辆甩尾侧倾过程中侵入护栏外侧的距离更大，如图4.30所示。当声屏障设置于桥梁混凝土护栏顶部时，大型车辆侧倾后将侵入护栏外侧，进而碰撞护栏顶部的声屏障立柱，发生严重绊阻，威胁车辆驾乘人员安全。可见，大型车辆碰撞过程中的外倾也是车辆绊阻的关键因素之一。

（a）大型客车

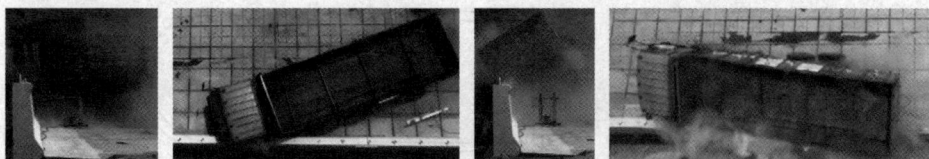

（b）大型货车

图 4.30 大型车辆碰撞过程中侵入护栏外侧

对此，声屏障与桥梁护栏的相对位置尤为关键。若声屏障设置于大型车辆侧倾区域内，则车辆碰撞护栏时会直接碰撞到声屏障立柱，发生绊阻；反之，若声屏障设置于大型车辆侧倾区域外，则车辆碰撞护栏时不会直接碰撞到声屏障立柱，也就不会发生绊阻，如图4.31所示。

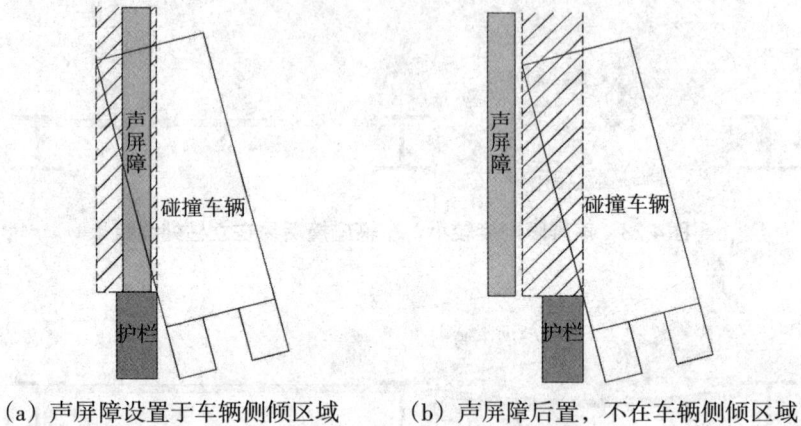

（a）声屏障设置于车辆侧倾区域　　　（b）声屏障后置，不在车辆侧倾区域

图4.31　声屏障立柱位置的影响关系

4.4　多孔铝声屏障结构研究、强度分析与设置安全评价

4.4.1　声屏障立柱结构

声屏障立柱是重要支撑构件，需要具有较优越的结构强度和刚度。下面通过理论分析、仿真受力计算等方法，研究确定声屏障立柱的截面形式、断面形式及基本尺寸。

4.4.1.1　立柱截面形式

常见的立柱截面形式包括H形立柱、方管立柱及圆管立柱，如图4.32所示。结合以往研究经验，H形立柱的抗弯强度最优，且便于声板安装与连接固定。

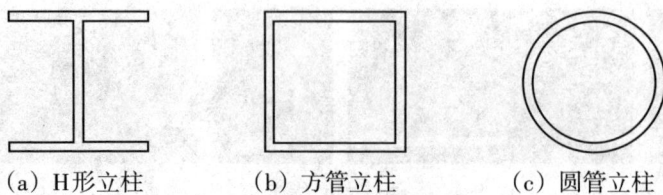

（a）H形立柱　　　　（b）方管立柱　　　　（c）圆管立柱

图4.32　立柱截面形式

4.4.1.2　立柱断面形式

根据《公路声屏障　第1部分：分类》（JT/T 646.1—2016）的规定，声屏障立柱断面形式主要包括直立式、直弧式及折板式三种。对此，基于H形立柱形式，采用有限元仿真技术，建立了不同断面形式的立柱结构仿真模型（图4.33），并从结构刚度和强度两方面进行了受力分析。

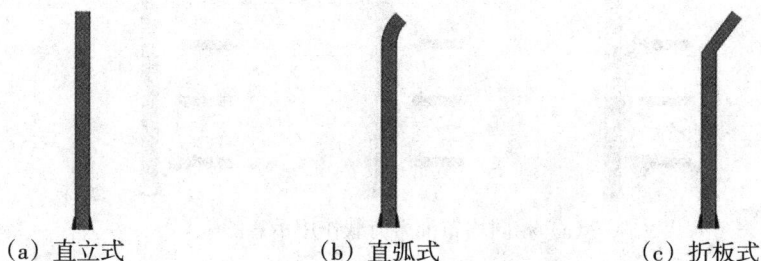

（a）直立式　　　　　　　（b）直弧式　　　　　　　（c）折板式

图4.33　声屏障立柱结构仿真模型

①为考察不同断面形式的立柱刚度，在立柱上设定了前后不同方向的均布推力荷载，以了解立柱变形情况。

图4.34为相同均布推力荷载作用在声屏障立柱前侧时，不同断面形式立柱的位移云图。可以看出，直立式立柱最大位移为−31.980 mm，直弧式立柱最大位移为−30.162 mm，折板式立柱最大位移为−37.005 mm。可见，直弧式立柱位移最小，结构刚度最大。

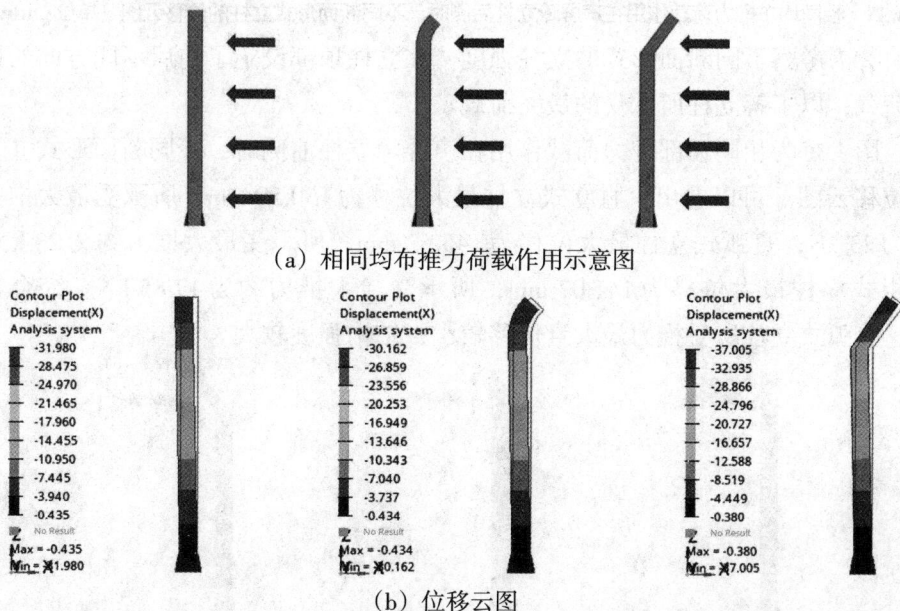

（a）相同均布推力荷载作用示意图

（b）位移云图

图4.34　相同均布推力荷载作用在声屏障立柱前侧时，不同断面形式立柱的位移云图（单位：mm）

图4.35为相同均布推力荷载作用在声屏障立柱后侧时，不同断面形式立柱的位移云图。可以看出，直立式立柱最大位移为32.075 mm，直弧式立柱最大位移为32.977 mm，折板式立柱最大位移为38.544 mm。这说明直立式立柱与直弧式立柱的最大位移基本相当，结构刚度较大。

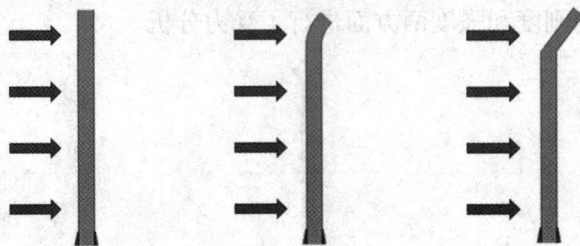

（a）相同均布推力荷载作用示意图

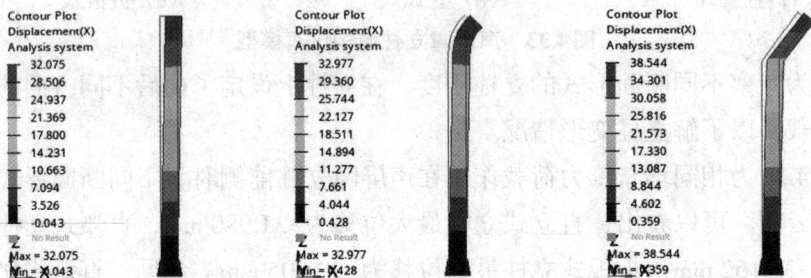

（b）位移云图

图4.35　相同均布推力荷载作用在声屏障立柱后侧时，不同断面形式立柱的位移云图（单位：mm）

②为考察不同断面形式的立柱强度，在立柱顶部设定了前后不同方向的推力荷载，以了解立柱所承受的最大荷载。

图4.36为相同顶部推力荷载作用在声屏障立柱前侧时，不同断面形式立柱的位移云图。可以看出，直立式立柱最大位移为150.59 mm，所承受最大推力约为23 kN；直弧式立柱最大位移为145.62 mm，所承受最大推力约为23 kN；折板式立柱最大位移为141.07 mm，所承受最大推力约为17.85 kN。综合比较，直弧式立柱所受推力最大且位移较小，结构强度较大。

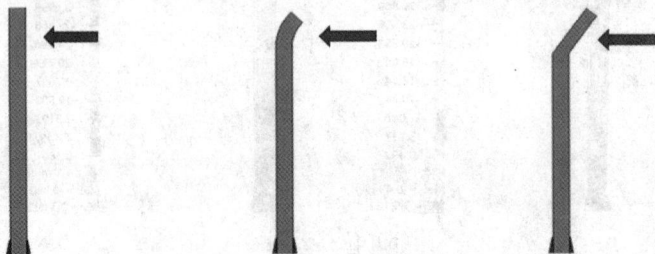

（a）相同顶部推力荷载示意图

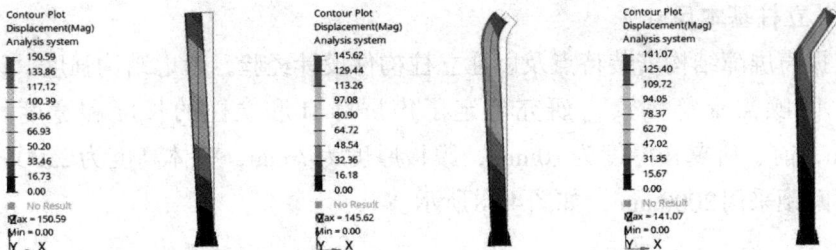

（b）位移云图

图4.36　相同顶部推力荷载作用在声屏障立柱前侧时，不同断面形式立柱的位移云图（单位：mm）

图4.37为相同顶部推力荷载作用在声屏障立柱后侧时，不同断面形式立柱的位移云图。可以看出，直立式立柱最大位移为345.49 mm，所承受最大推力约为26.5 kN；直弧式立柱最大位移为154.51 mm，所承受最大推力约为23.5 kN；折板式立柱最大位移为182.21 mm，所承受最大推力约为23.5 kN。综合比较，直弧式立柱所受推力较大且位移最小，结构强度较大。

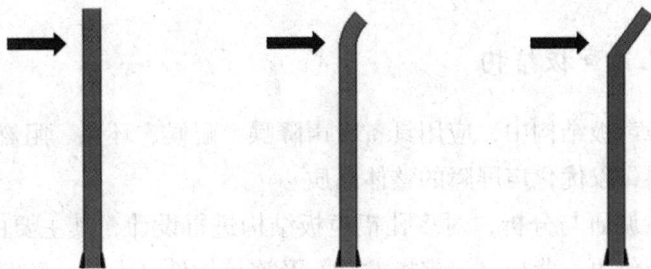

（a）相同顶部推力荷载示意图

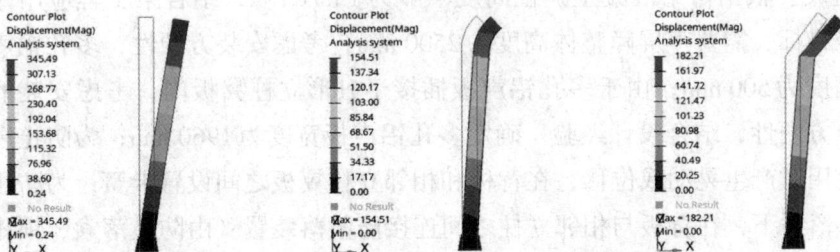

（b）位移云图

图4.37　相同顶部推力荷载作用在声屏障立柱后侧时，不同断面形式立柱的位移云图（单位：mm）

基于上述分析，可知直弧形立柱的刚度和强度最优。同时，直弧式声屏障上部采用立面弯曲的弧形结构，可以有效吸收下部声屏障直板反射的噪声，具有一定的隔音作用；弧形结构还能够有效阻止天空下落的雨水、粉尘等对声板的侵蚀，具有雨水导流的作用；直弧结构线形优美，不呆板，景观效果更优。

4.4.1.3 立柱基本尺寸

根据声屏障结构安装特点及以往立柱构件设计经验，考虑结构强度、设置条件、降噪需求等因素，研究确定了声屏障 H 形立柱的长度和宽度均为 150 mm，前、后翼板厚度为 10 mm，腹板厚度为 7 mm，整体高度为 2500 mm，且立柱间距采用 2000 mm，如图 4.38 所示。

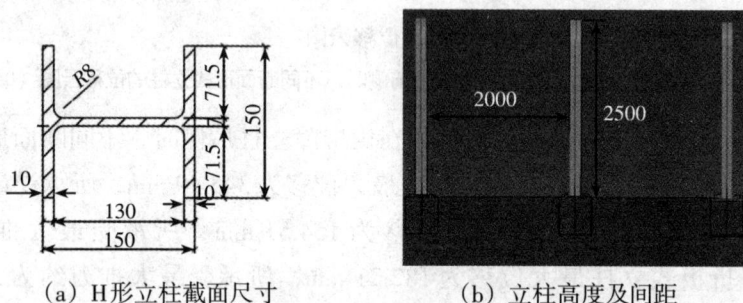

<table>
<tr><td>（a）H 形立柱截面尺寸</td><td>（b）立柱高度及间距</td></tr>
</table>

图 4.38　声屏障立柱基本尺寸（单位：mm）

4.4.2　多孔铝声板结构

在声屏障声板结构中，应用具备吸声降噪、耐候、环保、阻燃等优异性能的多孔铝材料，以优化声屏障的整体品质。

通过大量调研与分析，对多孔铝声板结构进行设计，其主要由多孔铝板、背腔、铝合金包边、背板（设支撑龙骨）及连接构件（卡簧、防脱落装置及螺栓）组成。根据桥梁混凝土护栏高度一般为 1 m/1.1 m，结合某工程应用路段的降噪目标，需要声屏障整体高度为 2500 mm，考虑安装方便性，多孔铝声板单元高度为 500 mm；由于多孔铝声板插接于 H 形立柱翼板内，考虑安装的可行性及方便性，结合设计经验，确定多孔铝声板宽度为 1960 mm；为防止声屏障在使用时产生晃动或位移，在背板和相邻立柱翼板之间设置卡簧；为防止声屏障坠落桥下，在背板与相邻立柱之间连接防坠落装置（由防坠落索、锁扣及锁扣固定件组成）。图 4.39 为多孔铝声板结构图。

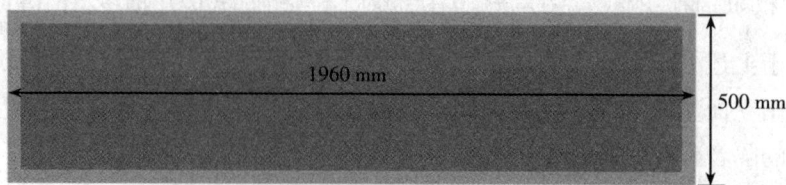

（a）单元图

（b）声板竖向设置图

图4.39 多孔铝声板结构图

4.4.3 声屏障基础连接结构

结合前文系统分析，对于声屏障基础连接结构，需要重点研究声屏障的合理设置位置，以及声屏障与桥梁护栏的基础连接结构方式，保证其安全可靠与安装方便。

4.4.3.1 明确后退距离

《公路交通安全设施设计规范》（JTG D81—2017）提出，需要对护栏外侧障碍物进行有效防护，并对护栏与障碍物的设置进行了明确规定。

第6.2.16条规定："选择护栏形式时，应首先考虑护栏受碰撞后的变形量。路侧或中央分隔带护栏面距防护的障碍物的距离，应大于护栏最大横向动态位移外延值（W）或车辆最大动态外倾当量值（VI_n）。"

第6.2.17条规定："护栏最大横向动态位移外延值（W）或车辆最大动态外倾当量值（VI_n）的选择应根据防护车型和障碍物来确定。当防护的障碍物低于护栏高度时，宜选择护栏最大横向动态位移外延值（W）；当防护的障碍物高于护栏高度、公路主要行驶车型为大型车辆时，应选择车辆最大动态外倾当量值（VI_n）。"

下面介绍护栏变形指标（D和W）及车辆外倾指标（VI和VI_n）。如图4.40所示，护栏最大动态变形值（D）是指车辆碰撞护栏过程中，护栏变形后迎撞面相对于其初始位置的最大横向水平位移；护栏最大横向动态位移外延值（W）是指车辆碰撞护栏过程中，护栏变形后最外边缘相对于护栏碰撞前最内边缘的最大横向水平距离；车辆最大动态外倾值（VI）是指大中型车辆（包括特大型客车）碰撞护栏过程中，外倾时车辆最外边缘相对于护栏碰撞前最内边缘的最大横向水平距离；车辆最大动态外倾当量值（VI_n）是指测出的车辆最大动态外倾值（VI）按照车辆总高（4.2 m）换算后的车辆最大动态外倾值，

其计算公式为 $VI_n = VI + (4.2 - V_H)\sin\alpha$，其中 V_H 为车辆总高（单位为 m），α 为车辆外倾角度〔单位为（°）〕。

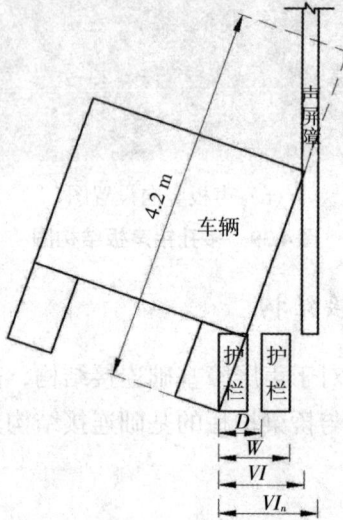

图 4.40　桥梁护栏变形指标及车辆外倾指标示意图

声屏障既是一种公路交通设施，也是一种障碍物，且声屏障普遍高于桥梁护栏。根据规范要求，考虑当前公路交通流特性及成果普适性，应以桥梁护栏的车辆最大动态外倾当量值为依据进行声屏障后退设计，实现声屏障和桥梁护栏的合理设置，不影响桥梁护栏对车辆的正常防护，且对声屏障进行有效保护。

针对常用的 SS 级桥梁混凝土护栏结构，北京华路安交通科技有限公司开展过实车足尺碰撞试验，采用 1.5 t 小型客车、18 t 大型客车及 33 t 大型货车进行系统评价，各项指标均满足要求，达到 SS 级防护等级。同时，根据试验数据记录，大型客车碰撞过程中的最大动态外倾当量值为 0.65 m，大型货车碰撞过程中的最大动态外倾当量值为 0.7 m。SS 级桥梁混凝土护栏碰撞试验如图 4.41 所示。

（a）试验护栏样品

（b）实车足尺碰撞试验

（c）大型车辆外倾情况

图4.41 SS级桥梁混凝土护栏碰撞试验示意图

因此，根据设计规范要求及碰撞试验数据，声屏障应置于桥梁护栏的后面，桥梁护栏迎撞面至声屏障立柱迎撞面的距离应大于0.7 m，如图4.42所示。

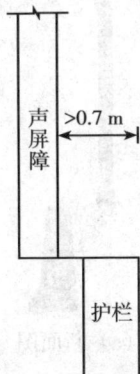

图4.42 声屏障后退距离示意图

4.4.3.2 初步结构设计

根据声屏障基础连接强度需求和实际工程条件，结合确定的后退距离及以往设计经验，研究提出钢结构形式的基础连接结构设计方案，其主要由支撑钢构件、立柱底板、连接螺栓等组成。如图4.43所示，支撑钢构件侧面为T形，由30 mm厚顶板（其上设有7个螺栓孔）、20 mm厚底板和背部撑板（其上设有

4个螺栓孔)、15 mm厚左侧板和右侧板及15 mm厚中间加强板组成,沿行车方向整体长度为425 mm、宽度为700 mm、高度为500 mm;立柱底板为350 mm(长)×280 mm(宽)×20 mm(厚)的矩形钢板,其上设有4个螺栓孔。同时,护栏顶面植入3个螺栓并与支撑钢构件顶板进行栓接固定,护栏背部植入4个螺栓并与支撑钢构件背部撑板进行栓接固定;钢构件均为Q235牌号钢,螺栓为M24的10.9级高强螺栓。

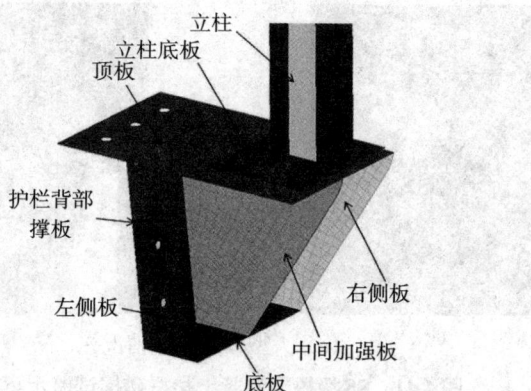

图4.43 基础连接结构图

图4.44为声屏障、桥梁护栏及支撑钢构件的组合设置结构图。

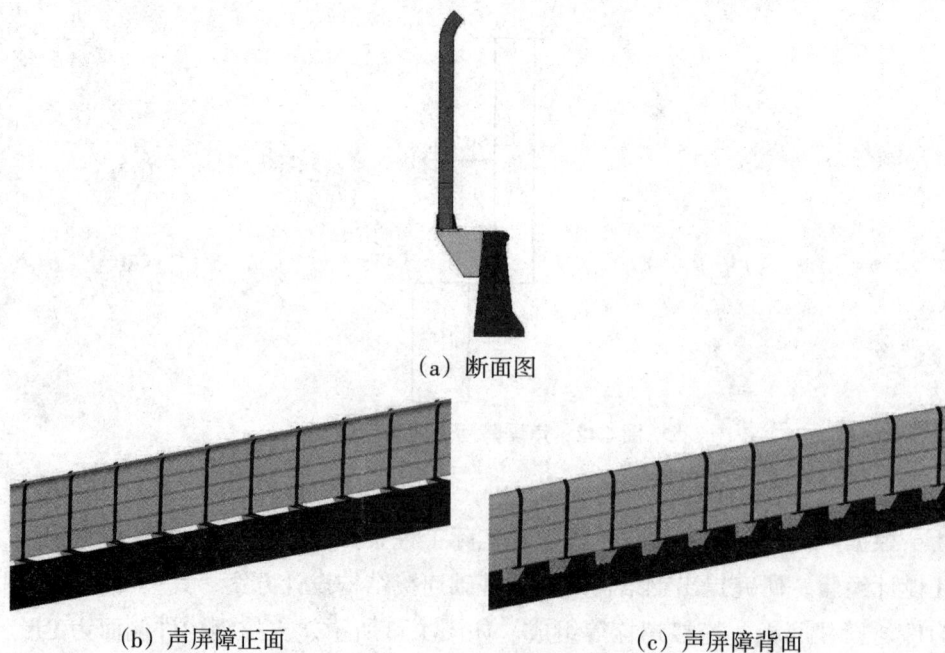

(a) 断面图

(b) 声屏障正面

(c) 声屏障背面

图4.44 声屏障、桥梁护栏及支撑钢构件的组合设置结构图

4.4.4 基于流–固耦合仿真计算方法的声屏障强度分析

为了保证声屏障结构设计的合理性及可靠性，早期多采用传统的理论计算方法，依据计算公式进行简化验证，难以准确直观地反映声屏障的受力及损坏情况。随着技术水平的不断提升，现将流–固耦合仿真模拟技术引入声屏障结构研究中，它可以对风荷载作用下声屏障的响应进行系统分析，通过建立声屏障、桥梁护栏及其周边环境的流场模型，指导声屏障的结构强度设计与验证。

4.4.4.1 流–固耦合仿真计算方法介绍

流–固耦合仿真计算方法是将流场计算与结构场计算相结合的一种计算机模拟方法。这种方法首先进行流场计算，提取流场中分析对象的压力分布；然后将压力分布耦合到结构场中进行结构场的强度分析。

4.4.4.2 声屏障流场模型建立

声屏障等设施的绕流形成一个完全开口的流场，但在应用计算流体力学（computational fluid dynamics，CFD）数值模拟计算时，需给定一个在声屏障周围的有限大小的计算区域。设定好计算区域后，还需要给出计算区域各个边界的边界条件，如固体壁面边界条件、出口边界条件和进口边界条件等。

①固体壁面边界条件：在声屏障模型表面及计算区域的底面、两侧和顶部采用无滑移且绝热的壁面边界条件。

②出口边界条件：设流动出口为压力输出口。

③进口边界条件：以风速作为进口边界条件。

图4.45为建立的声屏障设施流场分析模型，包括流场入风口、出风口、顶面、底面及侧面。桥梁断面宽度为44 m，流体域大小设为400 m×300 m×100 m，桥梁及声屏障系统距离入风口98 m、距离出风口258 m。

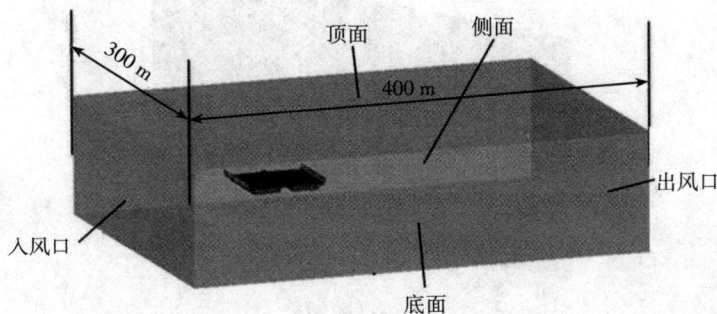

(a) 立体

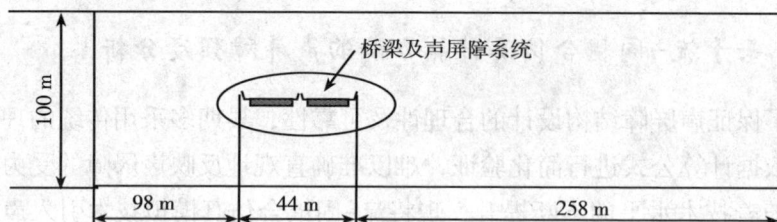

（b）断面

图4.45 声屏障设施流场分析模型

声屏障及邻近设施（桥梁主体、桥侧护栏）模型长度取40 m，足以排除两侧干扰，充分保证中间护栏标准段（长度4 m）结果的一致性。图4.46为流体分析模型，桥梁声屏障系统置于流体域中。

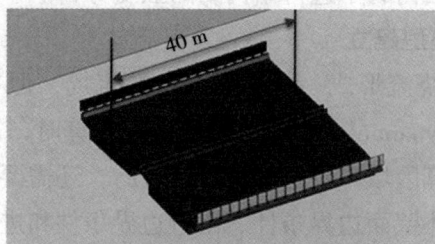

（a）流体域内声屏障设置长度

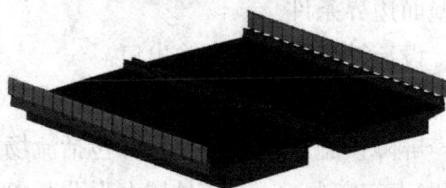

（b）桥梁主体、声屏障、桥侧护栏网格

（c）声屏障网格

图4.46 流体分析模型

4.4.4.3 控制方程

流场模拟采用微分雷诺应力方程模型（RMS），时均连续性方程、雷诺时均方程、雷诺应力输运方程、湍流动能（k）的方程与耗散率（ε）的方程共同构成了封闭的雷诺应力方程的控制方程组。

①时均连续性方程。

$$\frac{\partial p}{\partial t} + \frac{\partial(\rho u_i)}{\partial x_i} = 0 \tag{4.1}$$

②雷诺时均方程。

$$\frac{\partial(\rho u_i)}{\partial t} + \frac{\partial(\rho u_i u_j)}{x_i} = -\frac{\partial p}{\partial x_i} + \frac{\partial}{\partial x_j}\left(\mu\frac{\partial u_i}{\partial x_j} - \rho\overline{u_i'u_j'}\right) + S_i \tag{4.2}$$

③雷诺应力输运方程。

$$\frac{\partial\left(\rho\overline{u_i'u_j'}\right)}{\partial t} + \frac{\partial\left(\rho u_k\overline{u_i'u_j'}\right)}{\partial x_k} = \frac{\partial}{\partial x_k}\left(\frac{\mu_t}{\sigma_k}\frac{\partial\overline{u_i'u_j'}}{\partial x_k} + \mu\frac{\partial\overline{u_i'u_j'}}{\partial x_k}\right) - \rho\left(\overline{u_i'u_k'}\frac{\partial u_i}{\partial x_k} + \overline{u_j'u_k'}\frac{\partial u_j}{\partial x_k}\right) -$$
$$C_1\rho\frac{\varepsilon}{k}\left(\overline{u_i'u_j'} - \frac{2}{3}k\delta_{ij}\right) - C_2\left(P_{ij} - \frac{1}{3}P_{kk}\delta_{ij}\right) - \frac{2}{3}\rho\varepsilon\delta_{ij} \tag{4.3}$$

④雷诺应力输运方程中，包含湍流动能 k 和耗散率 ε。含 k 和 ε 的方程如下：

$$\frac{\partial(\rho k)}{\partial t} + \frac{\partial(\rho k u_i)}{\partial x_i} = \frac{\partial}{\partial x_j}\left[\left(\mu + \frac{\mu_t}{\sigma_k}\right)\frac{\partial k}{\partial x_j}\right] + \frac{1}{2}P_{ij} - \rho\varepsilon \tag{4.4}$$

$$\frac{\partial(\rho\varepsilon)}{\partial t} + \frac{\partial(\rho\varepsilon u_i)}{\partial x_i} = \frac{\partial}{\partial x_j}\left[\left(\mu + \frac{\mu_t}{\sigma_\varepsilon}\right)\frac{\partial\varepsilon}{\partial x_j}\right] + \frac{1}{2}C_{1\varepsilon}P_{ij} - C_{2\varepsilon}\rho\frac{\varepsilon^2}{k} \tag{4.5}$$

4.4.4.4 声屏障流场分析

对风速为 30 m/s 的入口风进行分析，得到流场分析流线（如图 4.47 所示）和断面流速矢量（如图 4.48 所示），迎风侧声屏障和非迎风侧声屏障附近流场情况有很大不同。桥梁主体、护栏、声屏障整个系统的压力分布云图如图 4.49 所示，压力分布断面云图如图 4.50 所示。迎风侧声屏障所受压力较大，从较不利角度出发，以此侧作为重点分析对象。

风速30 m/s

图4.47 流场分析流线图

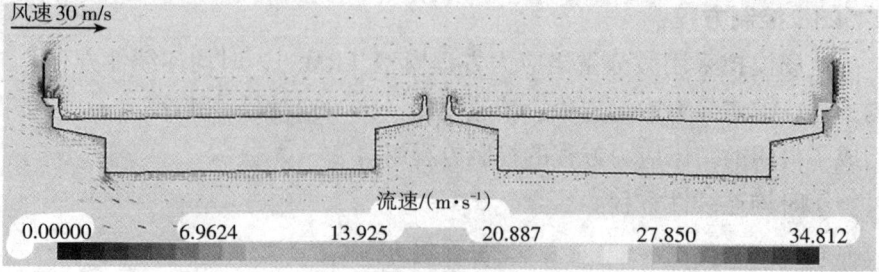

（a）完整断面

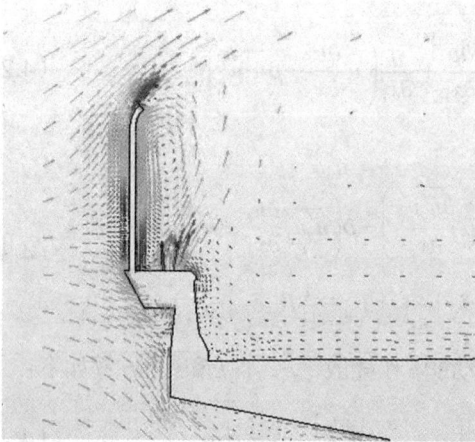

（b）迎风侧

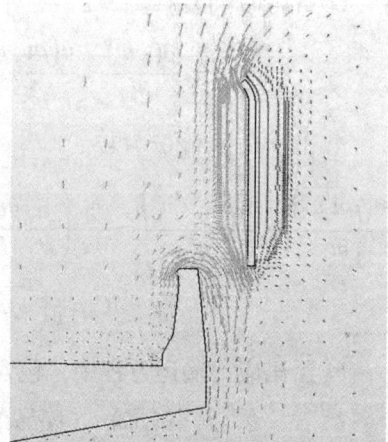

（c）非迎风侧

图4.48　断面流速矢量图

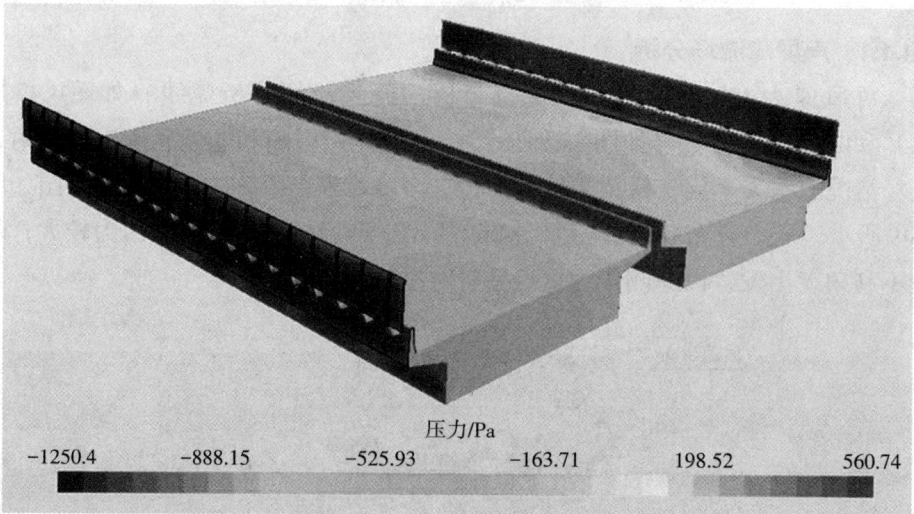

（a）迎风侧

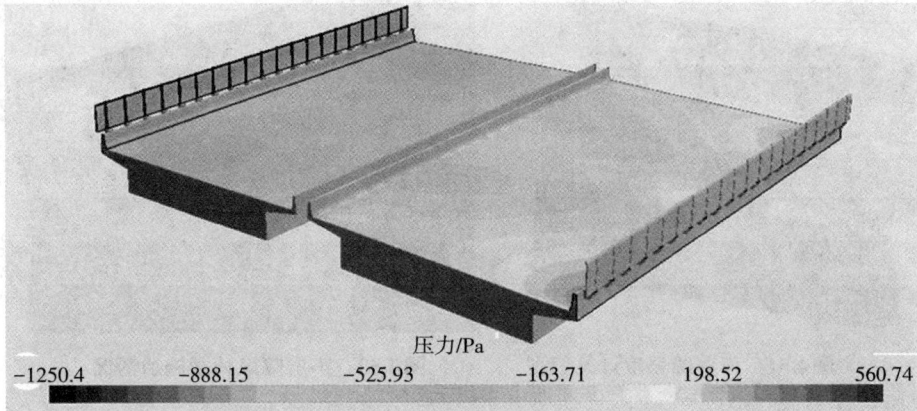

（b）非迎风侧

图4.49　压力分布云图

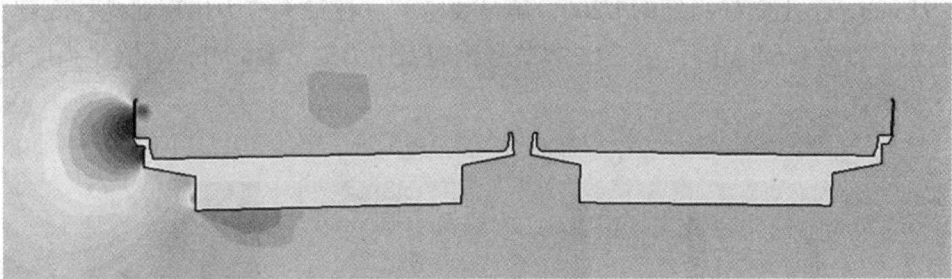

图4.50　压力分布断面云图

4.4.4.5　声屏障强度分析

声屏障立柱采用150 mm×150 mm×10 mm×7 mm的H形钢，材料为Q235，每个立柱底部法兰布置4个螺栓进行锚固，立柱按照2 m间距布置，立柱之间初步采用50 mm厚多孔铝板。从流场的计算结果可知，声屏障所受风压为非均布荷载，并且迎风面和背风面压力大小和方向均不相同。进行声屏障强度分析时，首先考虑重力影响，然后施加风荷载。声屏障强度计算模型如图4.51所示，风荷载施加情况如图4.52所示，风荷载分别施加在声屏障迎风面、背风面，其风压值和风压方向均来自流场的计算结果。

图4.51 声屏障强度计算模型

图4.52 声屏障风荷载施加情况

（1）立柱强度分析

图4.53为计算得到的立柱位移云图和应力云图。其中，立柱最大位移为5.91 mm，小于立柱高度的1/200，满足要求；立柱最大应力出现在立柱底部，最大应力为126.8 MPa，小于Q235牌号钢屈服应力值（235 MPa），满足强度设计要求。

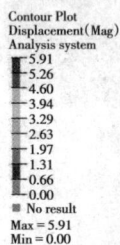

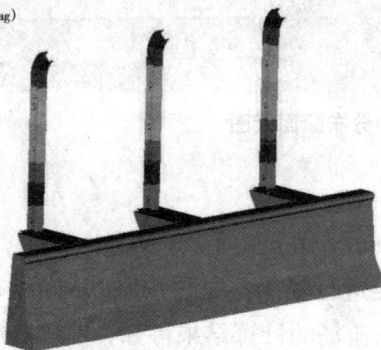

（a）位移云图（单位：mm） （b）应力云图（单位：MPa）

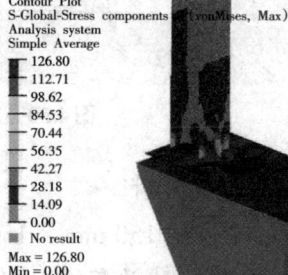

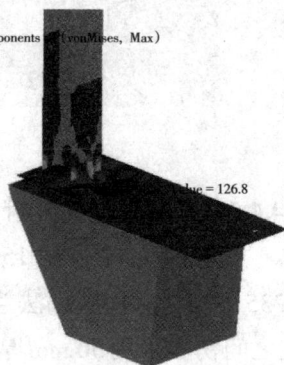

图4.53 立柱位移、应力云图

（2）多孔铝声板强度分析

图4.54为计算得到的多孔铝声板位移云图和应力云图。其中，最大位移出现在板面上部，为6.07 mm；最大压应力出现在板面下部，为-0.33 MPa，强度满足设计要求。

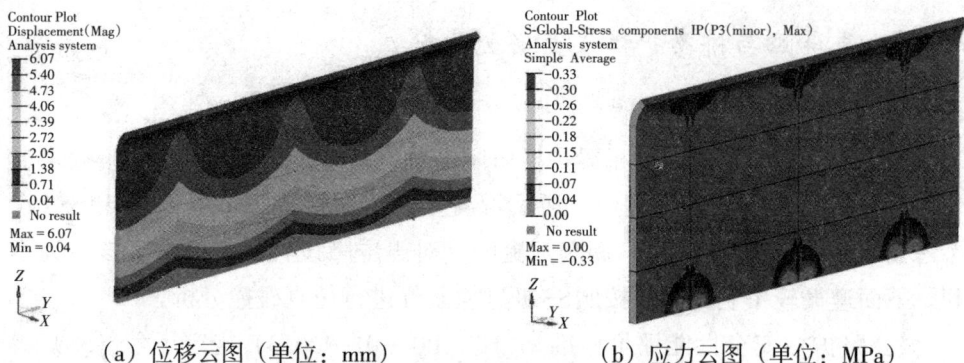

Contour Plot
Displacement(Mag)
Analysis system
- 6.07
- 5.40
- 4.73
- 4.06
- 3.39
- 2.72
- 2.05
- 1.38
- 0.71
- 0.04
■ No result
Max = 6.07
Min = 0.04

Contour Plot
S-Global-Stress components IP(P3(minor), Max)
Analysis system
Simple Average
- −0.33
- −0.30
- −0.26
- −0.22
- −0.18
- −0.15
- −0.11
- −0.07
- −0.04
- −0.00
■ No result
Max = 0.00
Min = −0.33

（a）位移云图（单位：mm）　　　　（b）应力云图（单位：MPa）

图4.54　多孔铝声板位移、应力云图

（3）锚固螺栓强度分析

提取锚固螺栓的螺栓力，受力最大螺栓位置如图4.55所示。其中，基础连接上部7个螺栓中，最大拉力为13.014 kN，最大剪力为4.197 kN；基础连接下部4个螺栓中，最大拉力为2.539 kN，最大剪力为0.886 kN。它们均小于10.9级M14高强螺栓受力极限（抗拉极限约为115 kN，抗剪极限约为69 kN），均满足强度要求。

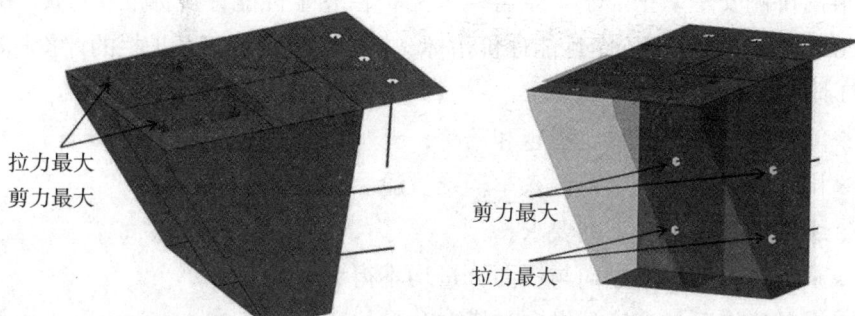

拉力最大
剪力最大

剪力最大

拉力最大

图4.55　受力最大螺栓位置

混凝土护栏应力云图如图4.56所示。其中，最大主压应力为−1.611 MPa，出现在螺栓锚固位置，满足强度要求。

Contour Plot
S-Global-Stress components IP(P3(minor).Max)
Analysis system
- −1.611
- −1.430
- −1.249
- −1.068
- −0.886
- −0.705
- −0.524
- −0.343
- −0.161
- −0.020
■ No result
Max = 0.020
Min = −1.611

图4.56　混凝土护栏应力云图

4.4.5 声屏障与桥梁护栏设置安全评价

4.4.5.1 碰撞条件与评价标准

声屏障设置于桥侧，与桥梁护栏协同设置，其碰撞条件与评价标准要求应与桥梁护栏一致。实际工程中，桥梁混凝土护栏防护等级包括SA级和SS级。考虑到SS级的碰撞能量及车辆侧倾更大，对声屏障设置的安全性考核更为不利。下面遵循较不利原则，按照SS级碰撞条件进行仿真碰撞分析。

《公路护栏安全性能评价标准》（JTG B05-01—2013）规定了六（SS）级护栏的碰撞条件，要求采用小型客车、大型客车、大型货车三种车型进行碰撞，具体碰撞条件见表4.1。

表4.1 六（SS）级护栏碰撞条件

碰撞车型	车辆总质量/t	碰撞速度/(km·h^{-1})	碰撞角度/(°)
小型客车	1.5	100	20
大型客车	18	80	20
大型货车	33	60	20

根据桥侧安全防护需求，结合《公路护栏安全性能评价标准》（JTG B05-01—2013）规定的护栏安全性能评价指标，提出桥侧声屏障及护栏的评价标准。

①阻挡功能应符合下列要求：

※能够阻挡车辆穿越、翻越和骑跨；

※构件及其脱离件不得侵入车辆乘员舱。

②缓冲功能应符合下列要求：

※乘员碰撞速度的纵向与横向分量均不得大于12 m/s；

※乘员碰撞后加速度的纵向与横向分量均不得大于200 m/s^2。

③导向功能应符合下列要求：

※车辆碰撞后不得翻车；

※车辆驶出驶离点后的轮迹经过图4.57所示的导向驶出框时，不得越出直线F。参数A和B的取值应符合表4.2的规定。

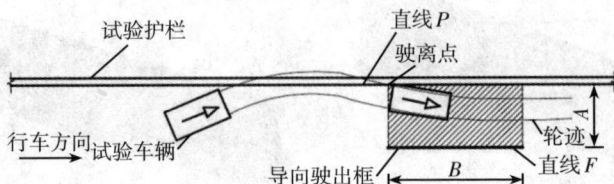

图4.57 护栏标准段、护栏过渡段和中央分隔带开口护栏的车辆轮迹导向驶出框图

注：1. 直线P为试验护栏撞前迎撞面最内边缘的地面投影线；

2. 直线F与直线P平行且间距为A；

3. 直线F的起点位于驶离点在直线F上的投影点，长度为B。

表4.2 参数A和B的取值

碰撞车型	A/m	B/m
小型客车	$2.2 + V_W + 0.16V_L$	10
大中型客车	$4.4 + V_W + 0.16V_L$	20
大中型货车		

注：表中V_W代表车辆总宽；V_L代表车辆总长。

④保护声屏障的功能应符合下列要求：

车体不得正碰声屏障，可以轻度剐蹭。

4.4.5.2 建立有限元仿真模型

图4.58为建立的车辆碰撞设有声屏障的桥侧混凝土护栏结构有限元模型。

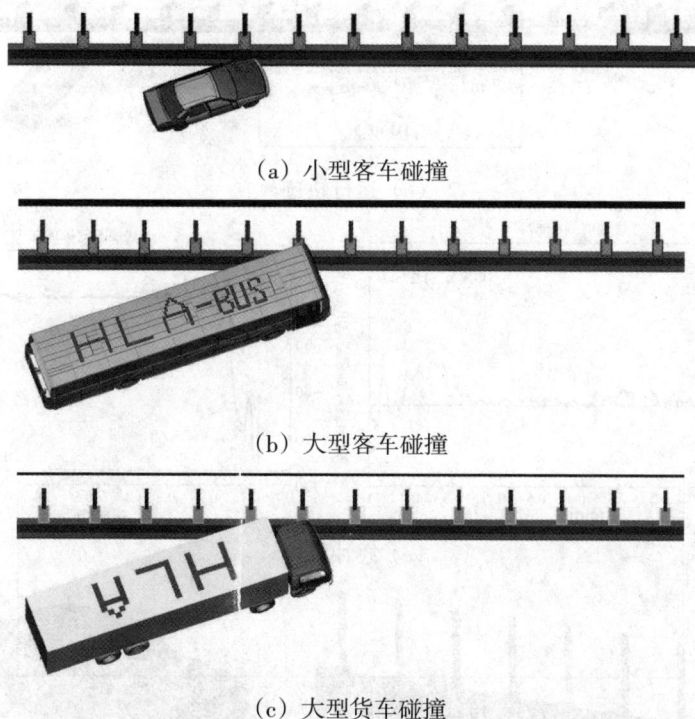

（a）小型客车碰撞

（b）大型客车碰撞

（c）大型货车碰撞

图4.58 建立的车辆碰撞设有声屏障的桥侧混凝土护栏结构有限元模型

4.4.5.3 安全性能仿真评价

小型客车碰撞设有声屏障的桥侧混凝土护栏结构计算结果如图4.59所示。

车辆碰撞后，没有穿越、翻越、骑跨现象，桥侧护栏及声屏障的构件及其脱离件没有侵入车辆乘员舱；乘员碰撞速度纵向和横向分量分别为 $v_x = 3.476$ m/s 和 $v_y = 7.410$ m/s，乘员碰撞后加速度纵向和横向分量分别为 $a_x = 51.27$ m/s^2 和 $a_y = 110.68$ m/s^2；车辆顺利导出，行驶姿态正常，没有发生翻车、横转、掉头现象，车辆轮迹满足导向驶出框要求，碰撞过程中，车体未碰撞到声屏障。由此可见，小型客车碰撞设有声屏障的桥侧混凝土护栏结构结果满足评价标准要求。

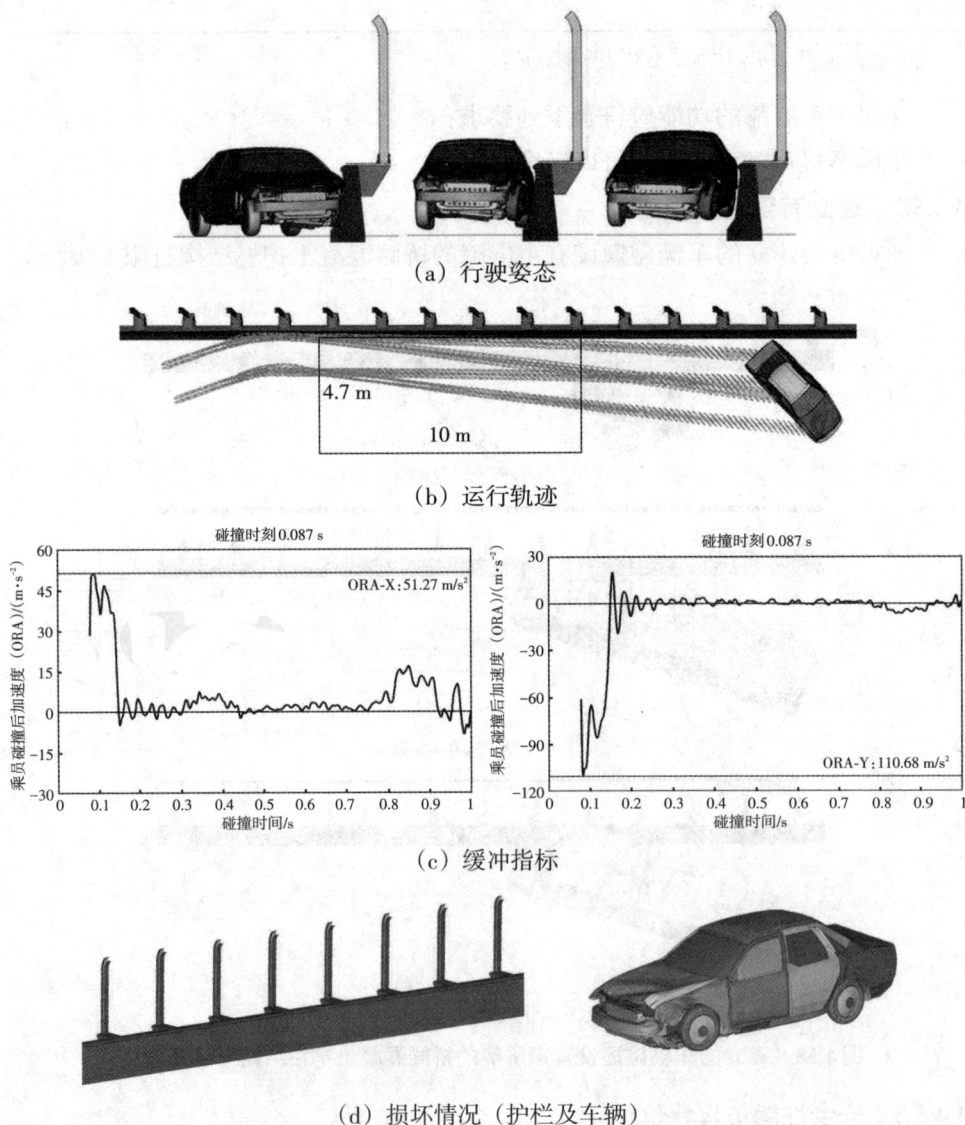

（a）行驶姿态

（b）运行轨迹

（c）缓冲指标

（d）损坏情况（护栏及车辆）

图 4.59　小型客车碰撞设有声屏障的桥侧混凝土护栏结构计算结果图

　　大型客车碰撞设有声屏障的桥侧混凝土护栏结构计算结果如图4.60所示。车辆碰撞后，没有穿越、翻越、骑跨现象，桥侧护栏及声屏障的构件及其脱离件没有侵入车辆乘员舱；车辆顺利导出，行驶姿态正常，没有发生翻车、横转、掉头现象，车辆轮迹满足导向驶出框要求；碰撞过程中，车体未碰撞到声屏障，乘员舱未受到严重挤压变形，基本完好。由此可见，大型客车碰撞设有声屏障的桥侧混凝土护栏结构结果满足评价标准要求。

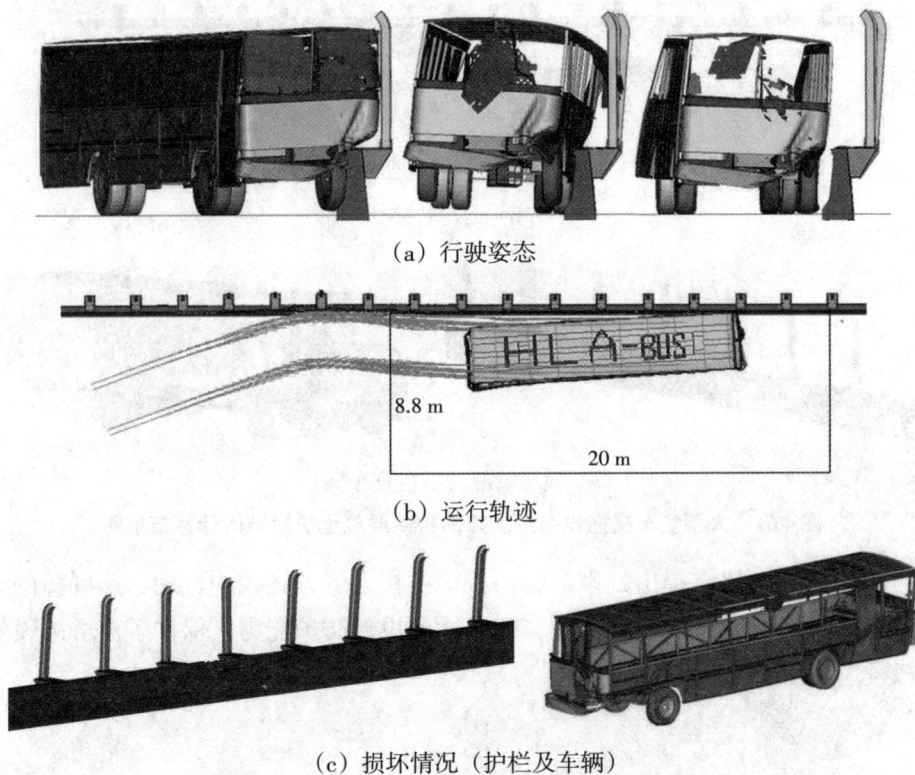

（a）行驶姿态

（b）运行轨迹

（c）损坏情况（护栏及车辆）

图4.60　大型客车碰撞设有声屏障的桥侧混凝土护栏结构计算结果图

　　大型货车碰撞设有声屏障的桥侧混凝土护栏结构计算结果如图4.61所示。车辆碰撞后，没有穿越、翻越、骑跨现象，桥侧护栏及声屏障的构件及其脱离件没有侵入车辆乘员舱；车辆顺利导出，行驶姿态正常，没有发生翻车、横转、掉头现象，车辆轮迹满足导向驶出框要求；碰撞过程中，车体未碰撞到声屏障，乘员舱未受到严重挤压变形，基本完好。由此可见，大型货车碰撞设有声屏障的桥侧混凝土护栏结构结果满足评价标准要求。

（a）行驶姿态

8.7 m

20 m

（b）运行轨迹

（c）损坏情况（护栏及车辆）

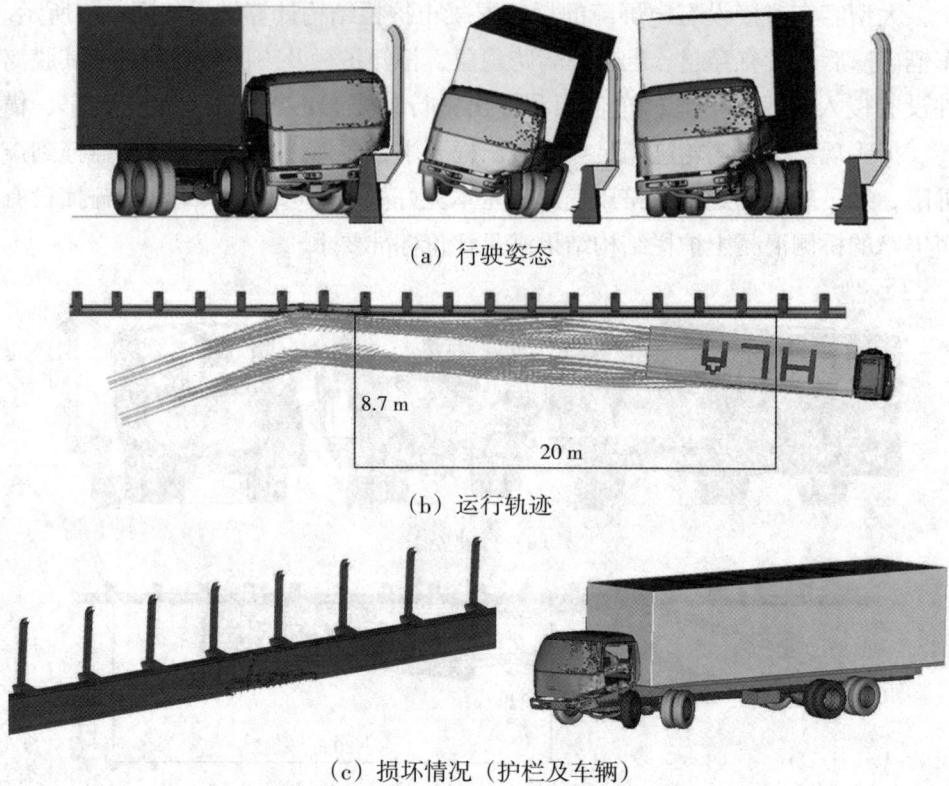

图4.61　大型货车碰撞设有声屏障的桥侧混凝土护栏结构计算结果图

综上所述，研究提出的声屏障与桥梁护栏设置方案较为合理，声屏障的设置没有对碰撞车辆带来不利影响，仍可达到设计防护能力，保护了声屏障设施的安全应用。

第5章 多孔铝材料在防撞垫上的应用

5.1 防撞垫设置意义与应用问题

公路交通分流处（图 5.1）或障碍物（如桥墩、收费站导流岛、隧道洞口等）前端是交通安全的薄弱位置。这是因为路线的转换、结构物的突现对驾驶员的驾驶行为提出严格要求，若驾驶员精力不集中，应急操作不当，极易发生交通事故。

图 5.1 公路交通分流处

通过调研发现，这些危险位置事故发生率很高，且车辆撞击后会产生严重的冲击伤害，若防护处置不当，会造成车毁人亡的事故后果，带来不可挽回的生命和财产损失，以及不良的社会影响。以下是三起典型的事故案例。

【事故案例 1】 2016 年 7 月 3 日上午 10 时 30 分左右，在机场专用高速咸阳往西安方向，一辆出租车不慎在分流三角端处碰撞护栏，车体发生严重变形，造成司机死亡的严重事故，如图 5.2 所示。

图 5.2 车辆碰撞分流端事故案例 1 现场照片

【事故案例2】 2015年8月5日，一辆越野车行至郑州西三环建设西路上桥匝道处时，因选择道路出口犹豫且车速较高，车辆直接撞到匝道分流处的护栏上。该匝道分流处并未设置缓冲设施，车辆在巨大碰撞力的作用下发生严重破损，造成车内一家人中三人死亡（母亲及其双胞胎孩子）、一人重伤的恶性交通事故，如图5.3所示。

图5.3　车辆碰撞分流端事故案例2现场照片

【事故案例3】 2013年11月1日，一辆小客车行至广济高速公路江西段交通分流处时，撞到公路分流处三角端的护栏上，虽然护栏端部前设置了装有沙土的防撞桶，但未能起到良好的缓冲吸能效果，造成车内一人死亡、一人重伤的恶性交通事故，如图5.4所示。

图5.4　车辆碰撞分流端事故案例3现场照片

图5.5为公路交通分流处的其他事故照片。

图5.5　公路交通分流处其他事故照片

　　针对公路交通分流处或障碍物前端的交通安全问题，需要对其采取可靠的防护处置措施。早期由于人们欠缺交通安全处置经验，对交通安全的认识深度与解决能力不足，因此多采用设置诱导警示标志或增设防撞桶（空桶或内部填充沙子等）的防护方式（如图5.6所示），但并未起到很好的防护效果，无法对车辆及乘员进行有效保护。

图5.6　公路交通分流处的早期处置方式

　　为解决上述问题，防撞垫（图5.7）应运而生。其主要功能如下：一方面，在车辆碰撞时，通过自体变形吸收碰撞能量，使碰撞车辆得到缓冲、减速并安全停驶，或者将车辆引导至正确的行驶方向，降低事故严重程度；另一方面，可通过防撞垫的表面颜色和图形符号起到警告和诱导作用，减少事故发生的概率。目前，防撞垫的功效已被世界各国公认，成为保障公路交通分流处或障碍物前端安全的一种重要防护设施。《公路交通安全设施设计规范》（JTG D81—2017）也明确规定，公路互通式立体交叉主线分流端、匝道分流端、未进行安全处理的隧道入口段洞口、孤立的上跨高速公路跨线桥中墩端部、刚性护栏端部及收费站导流岛端部等位置一般应设置防撞垫，如图5.8所示。

图 5.7　防撞垫

图 5.8　防撞垫工程应用示意图

近年来，我国交通行业相关部门及科研单位集中发力，在借鉴国外先进有效经验的基础上，结合我国国情制定了防撞垫评价标准，并研发了一些经碰撞试验验证的防撞垫设施成果，有效降低了应用路段的事故严重程度，取得了一定的积极效果。然而，时代在进步、环境在变化、政策在更新，通过调研与总结应用经验，发现现有防撞垫成果仍有继续优化的空间，其主要体现在以下四个方面。

①缓冲吸能方面。从实际碰撞事故中发现，部分防撞垫被事故车辆完全压扁，甚至脱离固定轨道（图 5.9），自身吸能限值不满足车辆碰撞能量要求。这说明防撞垫在缓冲吸能储备方面仍有优化需求。

图 5.9　一些防撞垫碰撞后被压扁，甚至脱离固定轨道

②结构尺寸方面。由于公路交通分流处或障碍物前端的可用区域普遍有限，为使现有防撞垫达到较高的防护性能，普遍采用较长的设计尺寸（图 5.10），工程适应性欠佳，且易对正常运营车辆造成不利影响。这说明防撞垫在结构尺寸方面

仍有优化需求。

图5.10 防撞垫普遍采用较长的设计尺寸

③绿色环保方面。当前，国家大力倡导绿色交通、碳中和及碳达峰等环保政策，而现有防撞垫普遍采用全钢材质（图5.11），且用钢量大。这说明防撞垫在材料环保方面仍有优化需求。

图5.11 全钢材质防撞垫

④端部过渡方面。在实际工程应用中，发现一些路段防撞垫基础连接不牢或未与防撞垫后部护栏端部或其他固定物相连，有可能发生防撞垫被车辆撞到行车道上的情况，影响正常行车安全；或是车辆碰撞防撞垫端部与护栏间的空隙，形成事故隐患点，如图5.12所示。这说明防撞垫在基础连接和端部过渡方面仍有优化需求。

图5.12 一些路段防撞垫基础连接不牢或端部过渡处理不当

由于防撞垫普遍采用金属框架结构，因此主要依靠金属材料的变形及框架空间进行缓冲吸能，其吸能效果和溃缩距离依赖于金属的压缩性能及空间的大小。而多孔铝是一种十分理想的缓冲吸能材料，吸能密度可达 $4\sim20$ J/cm^3，且具有宽而平的应力平台，在压缩全过程可以持续吸能，压缩应变可达70%左右，比传统金属材料要好，如图5.13所示。在高强度防撞缓冲领域，多孔铝拥有不可替代的优越性能，且具有环保耐久特性，可以优化提升防撞垫设施的综合性能。

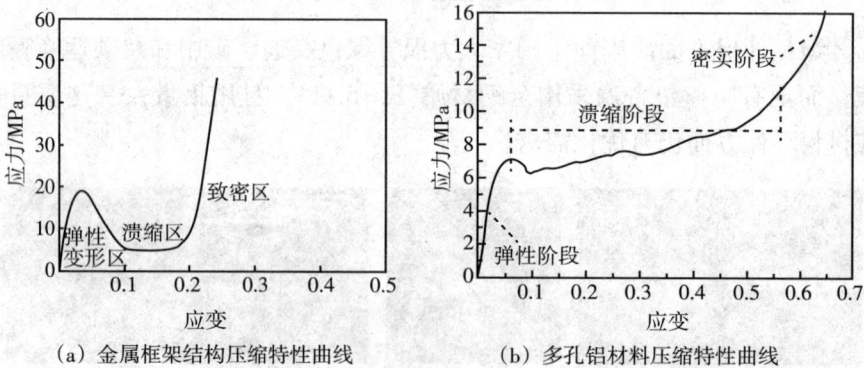

（a）金属框架结构压缩特性曲线　　　　（b）多孔铝材料压缩特性曲线

图5.13　金属框架结构压缩特性曲线与多孔铝材料压缩特性曲线图

可见，当前我国公路市场对防撞垫成果仍有优化提升需求，将多孔铝材料应用在防撞垫结构中，将大大提升防撞垫的综合性能，填补市场空白，优化设施品质，意义重大。

5.2　防撞垫国内外研究现状

5.2.1　防撞垫国外研究现状

国外关于防撞垫的研究起步较早，拥有较为完善的设计规范和评价标准，以及多样化的防撞垫技术成果。

在防撞垫评价标准方面，美国的 *Manual for Assessing Safety Hardware*（以下简称MASH）和欧盟的EN1317均给出了防撞垫的安全性能评价指标及试验方法，但与《公路护栏安全性能评价标准》（JTG B05-01—2013）有较大区别。它们的主要区别在于试验碰撞条件不同：MASH规定防撞垫的碰撞车型包括1.1 t小型客车、1.5 t小型客车、2.27 t皮卡车三种，碰撞速度包括50，70，100 km/h三种，碰撞角度包括0°，5°，15°，25°四种，不同防护等级采用相应的碰撞条件；EN1317规定碰撞车型包括0.9 t小型客车、1.3 t小型客车、1.5 t小型客车三种，碰撞速度包括50，80，100，110 km/h四种，碰撞角度包括0°和15°两种；我国《公路护栏安全性能评价标准》（JTG B05-01—2013）规定防撞垫的碰撞车型为1.5 t小型客车一种，碰撞速度包括60，80，100 km/h三种，碰撞角度包括0°，15°，20°三种。由此可见，国外对防撞垫防护等级划分较细，且碰撞条件更符合国外道路环境。

在防撞垫设施成果方面，国外按照MASH，NCHRP Report 350，EN1317等评价标准，研发了多种形式及材质的防撞垫，其可依据作用特性大致分为惯量传递型和压缩型两种。惯量传递型防撞垫通过将碰撞车辆的惯量传递给其他物质来消能，压缩型防撞垫通过防撞垫本身的变形或破碎来吸收能量。

①ADIEM350式混凝土防撞垫（图5.14）采用上、下两层叠合在一起的楔形混凝土块制造，当碰撞车辆与其上边的混凝土碰撞时，该特殊混凝土材料可以被撞碎以消能，同时碰撞车辆可沿下边斜面基础爬升消能。该防撞垫部分可回收利用，用于中分带、路肩或出口三角端安装，但其仅适用于较窄的障碍物前，存在一定局限性，同时该防撞垫所用的特殊混凝土材料易受环境与时间影响，性能会降低。

图5.14 ADIEM350式混凝土防撞垫

②ABSORB350式充水防撞垫（图5.15）的宽度仅为54 cm，是在作业区域中使用的便携式防撞垫，无须地面锚固，可在多种车速条件下使用，既可作为临时屏障，也可作为永久设施使用。该防撞垫仅包含三个部件，部署简单便捷，受撞击后便于维修，但其防护能力较低，若想达到高防护等级，该防撞垫设置长度会更长，造成适应性受限。

图5.15 ABSORB350式充水防撞垫

③REACT350式防撞垫（图5.16）是将特殊塑料材质制作成多个大尺寸圆

桶捆绑在一起的结构，总长约10 m，总宽约1 m，因圆桶的排列可以改变，所以可适应不同的车速及安装场地条件，宽、窄、中分带均可防护，且可导向并阻止碰撞车辆穿越。这种防撞垫容易安装与维护，可重复使用。但因其自身尺寸大、质量重，运输不方便，所以适用性受到限制，同时该产品属于惯性传递吸能型结构，车辆碰撞后，砂桶的损坏易对正常行驶车辆带来不利影响。

图5.16　REACT350式防撞垫

④TAU-Ⅱ FAMILY系列防撞垫（图5.17）采用连续可压缩球型结构，符合NCHRP Report 350标准，有TL-1/2/3三种等级，长度可调节，在50~113 km/h速度碰撞下均能使用。TL-3等级防撞垫长8.1~9.5 m，宽0.7~2.6 m，高0.8 m，重1225 kg，最大能承受2 t皮卡或0.82 t汽车以100 km/h速度的碰撞；但该防撞垫结构较为复杂，加工成本高，用钢量大。

图5.17　TAU-Ⅱ FAMILY系列防撞垫

可见，国外公路防撞垫形式较为多样，所用材质包括混凝土、特殊塑料及钢材等。目前，全钢材质的压缩型防撞垫应用较为普遍，但尚未看到关于充分发挥多孔铝材料压缩吸能特性的防撞垫成果的记载。

5.2.2　防撞垫国内研究现状

我国公路防撞垫研究起步较晚，早期没有标准规范可依，防撞垫设施防护性能参差不齐，直到2013年12月1日，交通运输部实施了《公路护栏安全性能评价标准》（JTG B05-01—2013）。该标准根据国内道路交通条件（车型、限速）与事故特点，确定了更适用于我国的防撞垫防护等级、碰撞条件、评价指标要求及试验检测方法，并明确规定了防撞垫应采用实车足尺碰撞试验进行评价。2018年1月1日，我国交通运输部实施了《公路交通安全设施设计规范》（JTG D81—2017）。该规范明确了防撞垫的设置原则及防护等级适用条件（表5.1），要求高速公路分流端、匝道出口、收费站分流岛等位置一般均应设置防撞垫，其余位置根据具体情况，有条件时设置防撞垫；防撞垫防护等级应根据公路的设计速度进行选取，因运行速度、交通量等因素易造成更严重碰撞后果的路段，应结合实际防护需求提高防撞垫的防护等级；防撞垫放置在护栏端部时，要考虑防撞垫导向作用的发挥，并不造成新的安全隐患，要求防撞垫导向结构与护栏连接顺畅。此外，2018年1月1日交通运输部实施了《公路交通安全设施设计细则》（JTG/T D81—2017）。该细则规定防撞垫的平面布设应与公路线形相一致，设置于主线分流端、匝道出口或收费站导流岛前端时，防撞垫的轴线宜与防撞垫两侧公路路线交角的中心线相重叠，并与所在位置的其他公路交通设施相协调；规定防撞垫形式选择时应考虑的因素（防护性能、碰撞变形、所在位置的现场条件、环境因素）及基本构造。可见，防撞垫相关标准及规范（图5.18）的完善，更好地保障了实际工程中防撞垫应用的安全性、设置的合理性，提高了公路运营的安全水平。

表5.1 防撞垫防护等级适用条件

设计速度/(km·h⁻¹)	设计防护速度/(km·h⁻¹)	防护等级
120	100	三（TS）级
100	80	二（TA）级
80	60	一（TB）级

（a）B05评价标准　　（b）D81设计规范　　（c）D81设计细则

图5.18 防撞垫的评价标准及设计规范

随着标准规范的修订完善，我国防撞垫设施研究与应用正式步入规范化。就此，科研单位在防撞垫开发方面集中发力，取得了一些经碰撞试验验证的防撞垫成果，降低了应用路段的事故严重程度。图5.19为山东高速股份有限公司和北京华路安交通科技有限公司联合研发的TS级可导向防撞垫成果，经实车足尺碰撞试验验证，各项指标均满足《公路护栏安全性能评价标准》（JTG B05-01—2013）要求，取得了合格的检测报告，安全防护性能可靠，实际工程中应用效果良好。

（a）整体结构

正碰

偏碰

斜碰

正向侧碰

（b）实车足尺碰撞试验评价

图5.19 合格的防撞垫成果

可见，我国公路防撞垫成果普遍采用全钢材质的框架结构，依靠金属材料的变形及框架空间进行缓冲吸能，但尚未看到关于充分发挥多孔铝材料压缩吸能特性的防撞垫结构的记载。本章所述多孔铝材料在防撞垫上的应用可在一定程度上填补相关技术空白。

5.3 防撞垫需求分析及多孔铝材料应用

目前，防撞垫多采用全钢材质的框架结构，在设施性能优化方面遇到了一些技术瓶颈，迫切需要科研人员进行突破。近年来，随着材料不断推陈出新，材料性能得到不断提升，而多孔铝材料是一种全新型战略功能结构材料，其压缩性好，在高强度防撞缓冲领域拥有不可替代的优越性能，且耐候耐久，环保无污染。本章将多孔铝材料应用在防撞垫结构中，通过充分发挥多孔铝材料的优异性能，结合多样化手段的系统研究与合理设计，得到高性能防撞垫吸能缓冲设施，以提高防撞垫应用路段的安全防护水平。

5.3.1 防撞垫碰撞条件与评价标准

5.3.1.1 防护等级

《公路护栏安全性能评价标准》（JTG B05-01—2013）规定，防撞垫按照防护等级分为TB，TA，TS三级，其设计防护速度分别为60，80，100 km/h，见表5.2。

表5.2 防撞垫的防护等级

防护等级	一	二	三
代码	TB	TA	TS
设计防护速度/(km·h⁻¹)	60	80	100

《公路交通安全设施设计规范》（JTG D81—2017）规定，TB，TA，TS防护等级防撞垫适用的公路设计速度分别为80，100，120 km/h，见表5.1。防撞垫的防护等级主要依据车辆正面碰撞的速度来确定，设计速度越高的公路，车辆撞击防撞垫的车速也越高，因而所采用的防护等级也应该越高。

考虑到我国公路类型（高速公路、一级公路、二级公路等）多样化、公路设计速度（80，100，120 km/h等）多样化、防护位置（交通分流处、隧道洞口、刚性护栏端部等）多样化的情况，为更好地满足实际工程多样化的防护需求，下面将基于多孔铝材料，开展TB，TA，TS三级防撞垫的综合研发。

5.3.1.2 碰撞条件

按照《公路护栏安全性能评价标准》（JTG B05-01—2013）要求，防撞垫的碰撞车型为1.5 t小型客车；碰撞类型为正碰（碰撞角度为0°）、斜碰（碰撞角度为15°）、偏碰（碰撞角度为0°）、正向侧碰（碰撞角度为20°）、反向侧碰（碰撞角度为20°），如图5.20所示，因无反向侧碰要求，可不进行反向侧碰；碰撞速度为60，80，100 km/h。综上，TB，TA，TS三级防撞垫的具体碰撞条件如表5.3所列。

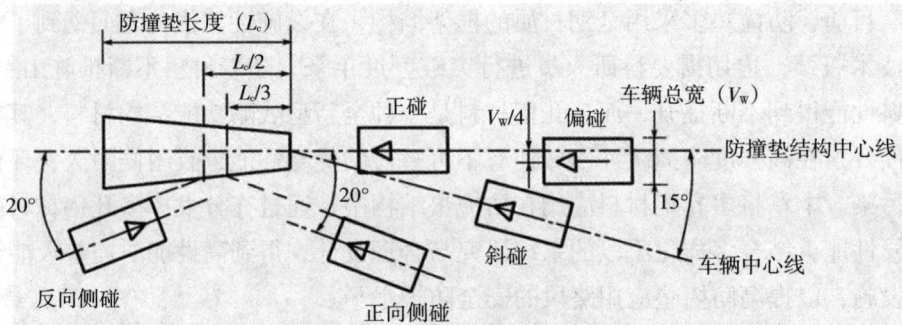

图5.20　防撞垫碰撞类型

表5.3　防撞垫碰撞条件

防护等级	碰撞类型	碰撞车型	车辆总质量/t	碰撞速度/(km·h⁻¹)	碰撞角度/(°)
TB级	正碰	小型客车	1.5	60	0
	斜碰				15
	偏碰				0
	正向侧碰				20
TA级	正碰	小型客车	1.5	80	0
	斜碰				15
	偏碰				0
	正向侧碰				20
TS级	正碰	小型客车	1.5	100	0
	斜碰				15
	偏碰				0
	正向侧碰				20

5.3.1.3 评价标准

（1）安全性评价标准

按照《公路护栏安全性能评价标准》（JTG B05-01—2013）要求，防撞垫应符合阻挡功能、缓冲功能和导向功能方面的安全性要求，具体评价标准如下。

①阻挡功能应符合的要求。

※防撞垫构件及其脱离件不得侵入车辆乘员舱。

※当质量大于2 kg的防撞垫脱离件散落时，散落位置应位于图5.21所示的直线 A_a 和直线 A_d 之间；直线 A_a 和直线 A_d 均应与防撞垫侧边平行，且间距均应为0.5 m。

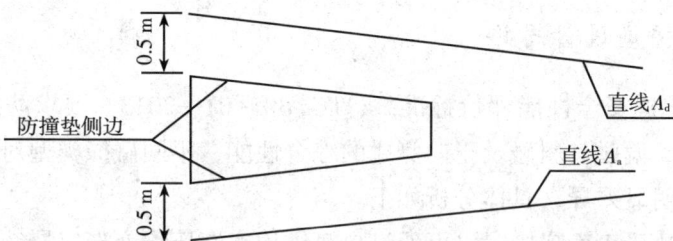

图5.21　质量大于2 kg的防撞垫脱离件的散落位置限制区域

②缓冲功能应符合的要求。

※乘员碰撞速度的纵向与横向分量均不得大于12 m/s。

※乘员碰撞后加速度的纵向与横向分量均不得大于200 m/s²。

③导向功能应符合的要求。

※车辆碰撞后不得翻车。

※车辆正碰防撞垫后，车辆轮迹越出图5.22所示的导向驶出框的直线 F、直线 D、直线 A 或直线 R 时，车辆重心处速度不得大于碰撞速度的10%。

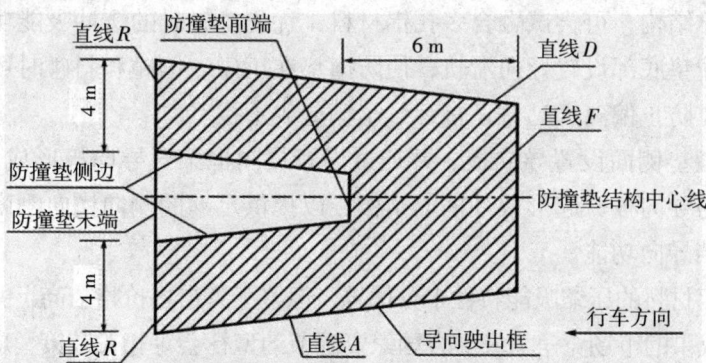

图5.22　防撞垫的车辆轮迹导向驶出框

※车辆偏碰、斜碰和正向侧碰防撞垫后，车辆轮迹越出图5.22所示的导向驶出框的直线 F、直线 D 或直线 A 时，车辆重心处速度不得大于碰撞速度的10%。

（2）应用性评价标准

为了适应工程应用情况，并便于所研发防撞垫的推广应用，针对我国公路相应路段的实际设置条件，提出了防撞垫的应用性评价标准。

①防撞垫占用空间小、工程适用性好。

②防撞垫施工维护方便、安装拆卸快捷。

③防撞垫可局部更换、重复利用。

5.3.2 防撞垫设计思路

《公路护栏安全性能评价标准》（JTG B05-01—2013）要求防撞垫具有防护车辆正碰、偏碰、斜碰及正向侧碰的综合性能，不同碰撞类型对防撞垫的功能要求存在明显差异，具体分析如下。

①防撞垫受正面碰撞时，可通过自身结构逐渐压缩变形以持续吸收碰撞能量，实现对碰撞车辆的缓冲吸能，最终使车辆停驶。

②防撞垫受偏碰和斜碰时，在对碰撞车辆缓冲吸能的基础上，考虑车辆碰撞防撞垫不同位置时的车辆姿态，最大限度地减少对其他正常行驶车辆的影响。

③侧碰过程中，防撞垫应提供足够的横向刚度，实现对碰撞车辆的阻挡导向功能，避免绊阻。

基于以上功能要求，结合多孔铝材料压缩全过程持续吸能的特点，提出多孔铝防撞垫结构的设计思路。

①防撞垫内部设置可压缩吸收碰撞能量的吸能单元，末端设置可压缩吸能的锚固支撑结构，可尝试融合多孔铝材料，优化正碰时的缓冲吸能功能。

②防撞垫底部设置导向滑轨，使防撞垫在正碰、偏碰和斜碰时可沿着一定轨迹移动，防止偏离太远对正常运行车辆造成干扰。

③防撞垫侧面设置导向板，并通过设置横向框架对导向板形成可靠支撑，横向框架与导向板一起形成外框架结构，以提供足够的侧向横向刚度，实现侧碰时的阻挡导向功能。

多孔铝材料的压缩吸能特性十分优越，但鉴于其市场价格较高，并考虑到防撞垫开发成果的市场竞争力及契合国家资源节约型社会等相关政策，应对多孔铝材料在防撞垫中发挥的功能作用进行合理定位。俗话说"好钢用在刀刃上"，针对5.1节中提到的防撞垫在缓冲吸能储备方面的优化需求，将多孔铝材料作为安全储备应用在防撞垫结构中最为合适。这样，既提升了防撞垫的安全储备，更好地防护事故车辆，又未大幅增加防撞垫的造价成本，具有较好的市场竞争力。

5.3.3　防撞垫基本尺寸与结构形式

5.3.3.1　基本尺寸

防撞垫基本尺寸主要包括长度、宽度、高度三部分，具体如下。

（1）防撞垫的长度

防撞垫的长度主要取决于设置位置的容许空间，因互通区防撞垫应用最为广泛，且对设置空间有明确要求，故将互通区分流鼻端构造作为防撞垫长度设计的主要考虑因素。

《公路立体交叉设计细则》（JTG/T D21—2014）中，第10.9.2条规定，当分流鼻端位于路基段，且土路肩上设置防撞护栏时，护栏端部距分流鼻端之间的距离应大于6 m，在分流鼻端与护栏端部之间应安装防撞垫等缓冲设施，如图5.23（a）所示；第10.9.3条规定，当分流鼻端位于构造物路段，或路面外缘设置刚性护栏时，护栏端部应从常规分流鼻端位置后移6～10 m，并应在分流鼻端与护栏端部之间安装防撞垫等缓冲设施，如图5.23（b）所示。这说明防撞垫长度不大于6 m时，可满足所有公路分流鼻端的设置要求，成果适应性更好。

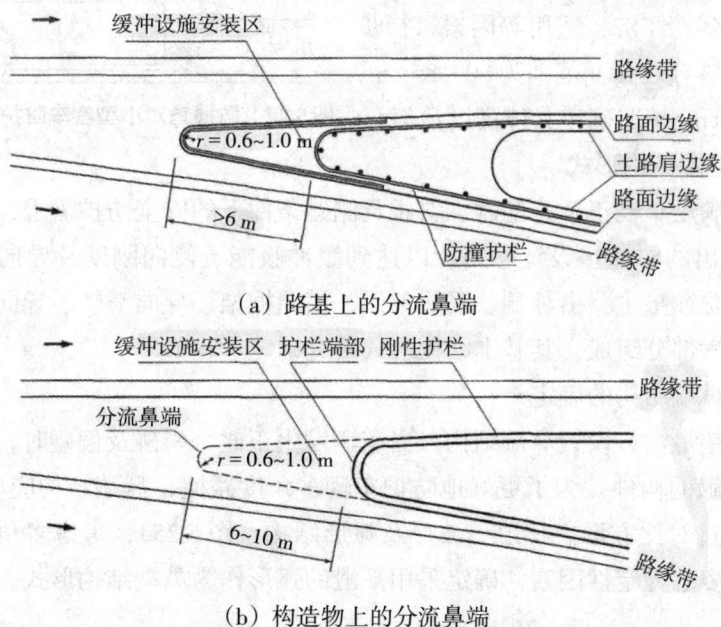

（a）路基上的分流鼻端

（b）构造物上的分流鼻端

图5.23　分流鼻端构造示意图

对于TB，TA，TS三级防撞垫来说，在同等吸能效率的基础上，防护速度越高，所需缓冲吸能长度越长，结合相关研究经验、结构组成及工程适应性，初步确定TB级防撞垫长度范围为2～3 m，TA级防撞垫长度范围为4～5 m，TS

级防撞垫长度约为6 m，后续根据研究情况确定防撞垫长度的具体数值。

（2）防撞垫的宽度

防撞垫的宽度主要依据互通区分流鼻端构造进行确定。《公路立体交叉设计细则》（JTG/T D21—2014）中第10.9.1条规定，"分流鼻端圆弧半径宜采用0.6~1.0 m"，如图5.23所示。这说明防撞垫宽度不得超过2 m，且当防撞垫宽度不大于1.2 m时，才可满足所有公路分流鼻端的设置要求，工程适应性更好。同时，考虑到防撞垫内部吸能单元的放置，结合以往经验，初步确定防撞垫宽度为1 m。

（3）防撞垫的高度

由于防撞垫的主要防护对象为小型客车，而车辆前发动机盖边缘以下（含保险杠和重心）为重点防护部位，如图5.24所示。结合以往实车足尺碰撞试验与相关事故统计结果，小型客车前发动机盖边缘至路面高度一般为75~85 cm；同时，《公路交通安全设施设计细则》（JTG/T D81—2017）中第6.5.4条规定，防撞垫从路面到防撞垫顶面的高度宜为80~110 cm。从满足规范角度出发，综合考虑安全、经济、适用等因素，初步确定防撞垫有效高度范围为80~85 cm，后续根据研究情况确定具体高度数值。

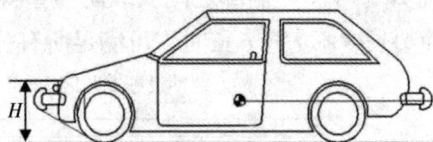

图5.24 防撞垫对小型客车防护高度示意图

5.3.3.2 基本结构形式

为了满足车辆正碰、偏碰、斜碰及侧碰条件下的安全防护需求，结合本书5.3.2节提出的防撞垫设计思路，以达到缓冲吸能、侧向刚度及导向性能为目标，确定防撞垫主要由鼻端、吸能单元、横向框架、导向滑轨、导向板及端部锚固支架六部分组成，其基本结构形式研究确定过程如下。

（1）鼻端结构的确定

防撞垫最前方设置鼻端结构，当车辆发生正碰、斜碰及偏碰时，鼻端是车辆最先接触的构件。为了更好地防护车辆多角度碰撞，鼻端结构应尽量平顺、光滑。通过对比方形、梯形、波形及弧形结构（图5.25），考虑多角度碰撞吸能及车辆姿态稳定性因素，确定采用平滑的弧形作为鼻端结构形式。

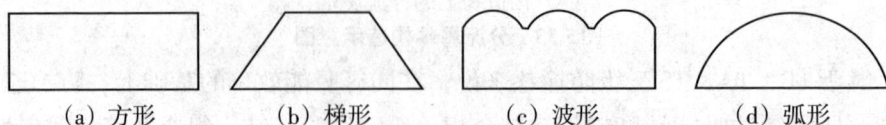

（a）方形　　　（b）梯形　　　（c）波形　　　（d）弧形

图5.25 不同鼻端结构造型

为了达到更好的缓冲吸能效果，经研究分析，在鼻端弧形结构基础上，提出纯弧形板、弧形板加吸能肋板、弧形板加方管肋和吸能肋板等多种鼻端结构形式，如图5.26所示。为了验证吸能效果，采用计算机仿真方法进行单元受力分析，发现弧形板加方管肋和吸能肋板的鼻端结构形式的单位质量吸能效率最高（如图5.27所示），进而确定了防撞垫的鼻端结构。

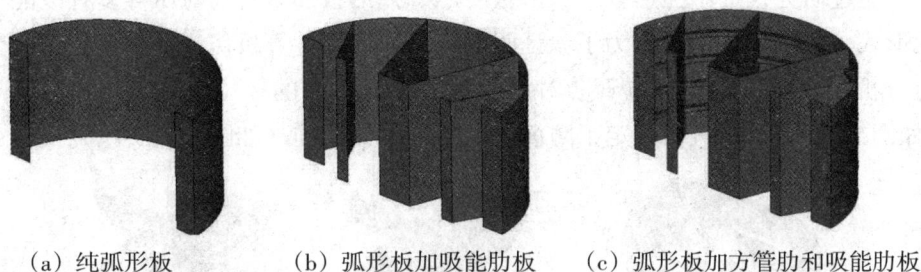

（a）纯弧形板　　　（b）弧形板加吸能肋板　　　（c）弧形板加方管肋和吸能肋板

图5.26　鼻端结构初步方案

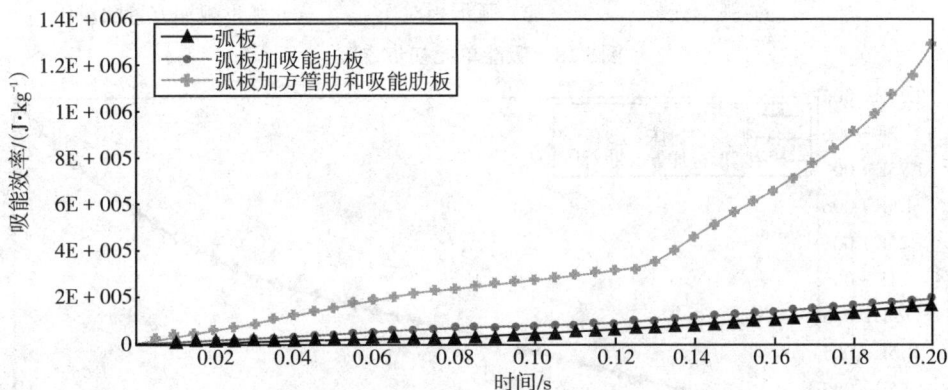

图5.27　鼻端不同方案的吸能效率对比

（2）吸能单元的确定

防撞垫沿长度方向需要设置多个吸能单元，以实现良好的缓冲吸能特性，属于防撞垫研发的核心。通过调研，吸能方式主要有摩擦吸能、弹性变形吸能、材料撕裂吸能、塑性变形吸能等。其中，摩擦吸能方式的吸能效果依赖于摩擦面的预紧力，而预紧力一般会随着环境温度的变化而变化，导致防撞垫的环境依赖性较强，适用性差；弹性吸能方式最典型的是采用弹簧作为吸能单元，这种吸能方式的特点是吸能后的回弹变形量与吸能时压缩的变形量相当，导致车辆碰撞后回弹量大，易对正常行驶的车辆造成影响；材料撕裂吸能方式主要通过碰撞过程中撕裂或者切割预设的特定材料来吸收碰撞能量，这种吸能方式在很大程度上依赖于所撕裂或切割材料的稳定性及撕裂或切割的方向，可控性较差；塑性变形吸能是在碰撞过程中使吸能材料产生塑性变形，将车辆的动能转换为材料的变形能，最终使碰撞车辆缓慢停驶，这种吸能方式稳定性较好，受环境影响小。因此，综合考虑吸能稳定性及适应性，防撞垫吸能单元采用塑性变形吸能方式。

通过研究，提出弧形板、弧形板对压、弧形板加方管肋对压等多种吸能单元形式，如图5.28所示。为了验证吸能效果，采用计算机仿真方法进行单元受力分析，发现弧形板加方管肋对压的吸能单元形式的单位质量吸能效率最高（如图5.29所示），进而确定了防撞垫的吸能单元结构（如图5.30所示）。

（a）弧形板　　　　（b）弧形板对压　　　（c）弧形板加方管肋对压

图5.28　吸能单元初步方案

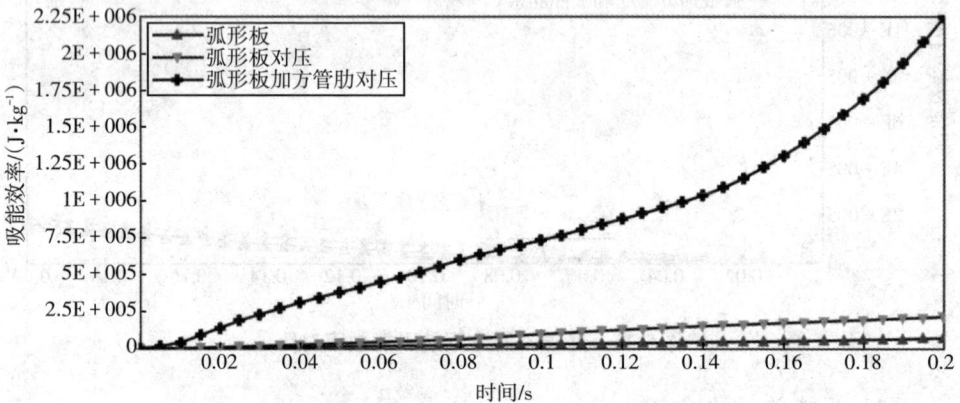

图5.29　吸能单元不同方案的吸能效率对比

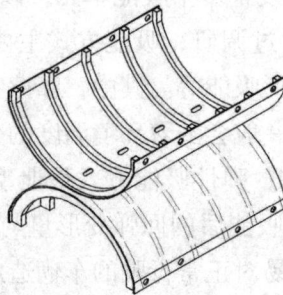

图5.30　最终确定的防撞垫吸能单元结构

（3）横向框架的确定

防撞垫沿长度方向需要设置多个横向支撑，这是因为：一方面，可以在车辆侧碰条件下对防撞垫整体结构起到横向支撑作用，为防撞垫提供较大的横向刚度，以满足阻挡和导向功能的要求；另一方面，可以对吸能单元起到承接固定作用。

根据以往研究经验，桁架结构是由一系列只受同向拉力或压力的杆件连接而成的结构，其优势在于把整体受弯和受剪转化为局部构件的受压或受拉，从而充分发挥出材料的潜力并增大结构的刚度，因此防撞垫横向框架采用桁架结构。

通过研究，确定了横向框架由槽钢焊接的桁架结构；同时为了满足车辆侧碰时的刚度要求，采用槽钢焊接形成横向框架；并考虑滑行功能，在横向框架根部焊接用于固定导向轨道的方管，且在底部焊接滑行钢板，如图5.31所示。

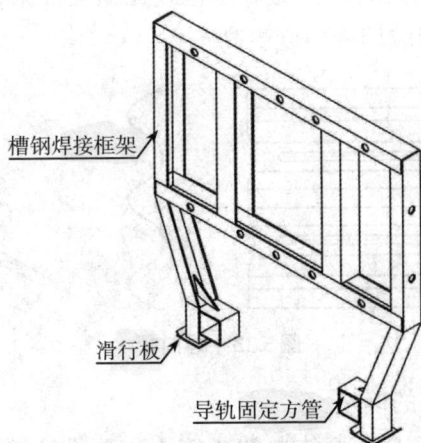

图5.31 横向框架结构

（4）导向滑轨的确定

防撞垫底部设置导向滑轨，横向框架套设于滑轨上，车辆碰撞时可约束防撞垫的压缩变形轨迹，避免防撞垫偏离设置区域，影响正常运行车辆行驶。关于导向滑轨，为了实现更好的滑动功能，以及方便车辆侧碰时顺利导向，采用光滑的钢管结构，如图5.32（a）所示；同时，导轨设置方式包括中心单道和两侧双道，考虑到防撞垫吸能方式及结构稳定性，确定采用两侧双道导轨设置方式，如图5.32（b）所示；此外，导轨前端和末端均做固定约束处理，且防撞垫末端横向框架也要做固定约束处理，从而起到更好的支撑作用。

（a）钢管结构

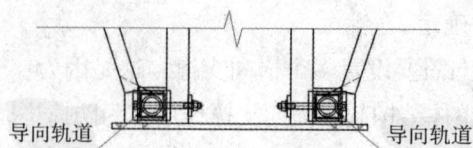

（b）两侧双道设置

图5.32　导向滑轨结构及设置

（5）导向板的选择

防撞垫导向板设置在左右两侧，需要具有一定的结构刚度和吸能特性，车辆侧碰时可以起到良好的导向作用。因此，综合考虑导向板的功能需求，结合以往的研究经验，采用三波梁板最为合适，如图5.33所示。这种导向板不仅可以导向吸能，而且可以在高度上更好地包裹住横向框架，降低车辆绊阻风险，且加工安装方便，工程应用成熟度更高。

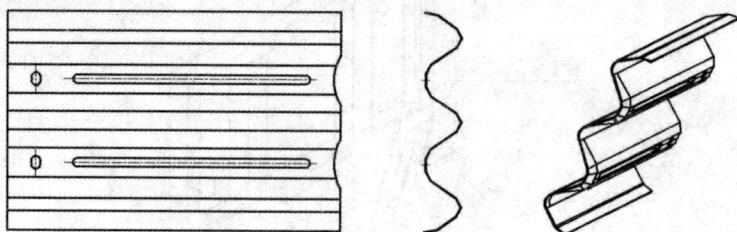

图5.33　导向板

（6）端部锚固支架的确定

为了抵抗吸能单元变形而传递的碰撞力，要求防撞垫末端具有足够的刚度，因此需设置端部锚固支架，并根植于路面内，作为防撞垫的基础。通过初步分析，端部锚固支架由底板、竖向方管、斜撑方管及连接件组成，如图5.34所示。

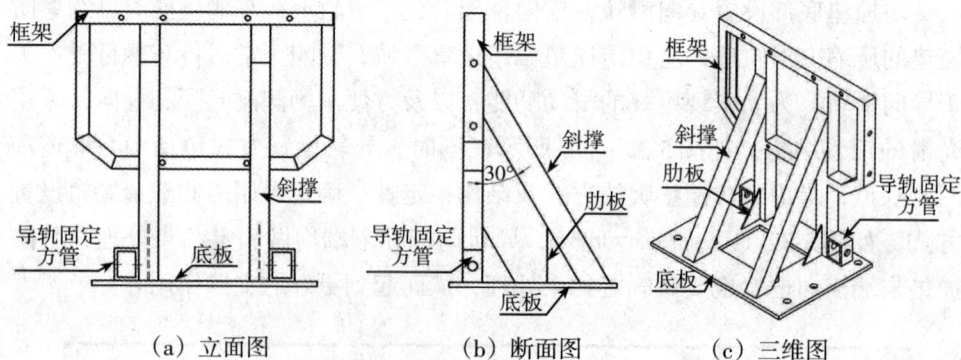

（a）立面图　　　　　　　（b）断面图　　　　　　　（c）三维图

图5.34　端部锚固支架

5.3.4 防撞垫整体结构方案

基于上述研究，采用理论分析、有限元仿真计算等技术手段，通过多次迭代优化，得到TB，TA，TS级防撞垫整体结构方案，并按照规定的碰撞条件与评价标准要求（5.3.1节），对防撞垫安全性能进行了系统评价，下面进行详细介绍。

5.3.4.1 TB级防撞垫整体结构及安全性能评价

（1）TB级防撞垫整体结构

TB级防撞垫整体结构主要由鼻端、3个吸能单元、3个横向框架、1个端部锚固支架、双道导向滑轨、双侧导向板、前后基础锚固及拼接连接构件组成，整体长度为2565 mm，整体宽度为1000 mm，路面以上整体高度为850 mm，如图5.35所示。

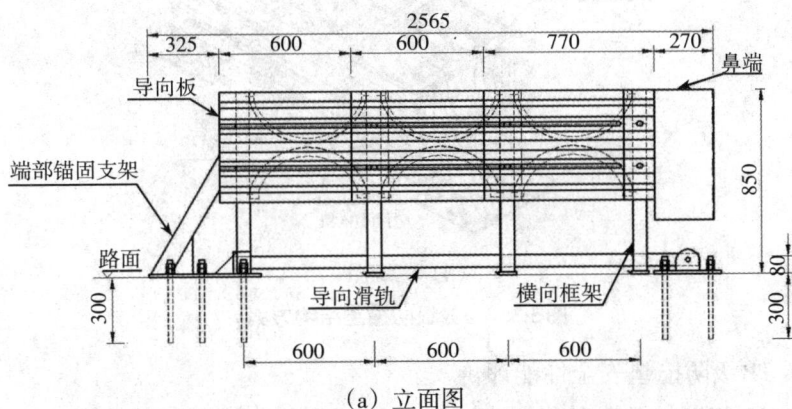

（a）立面图

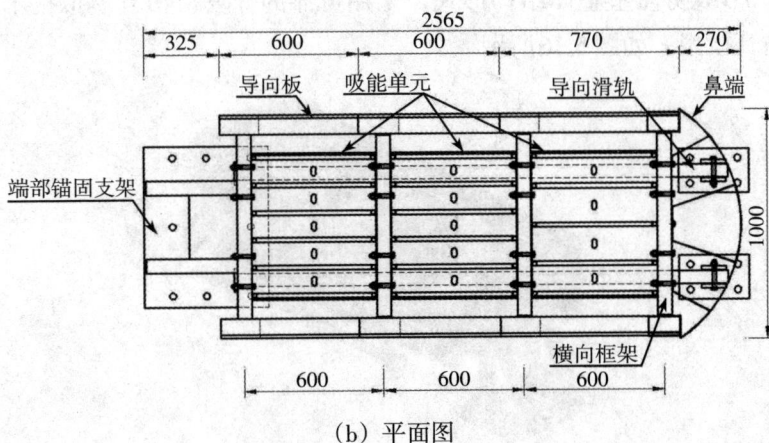

（b）平面图

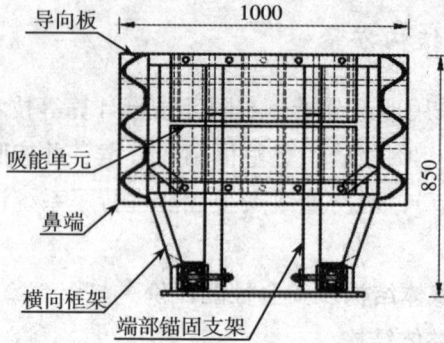

（c）侧面图

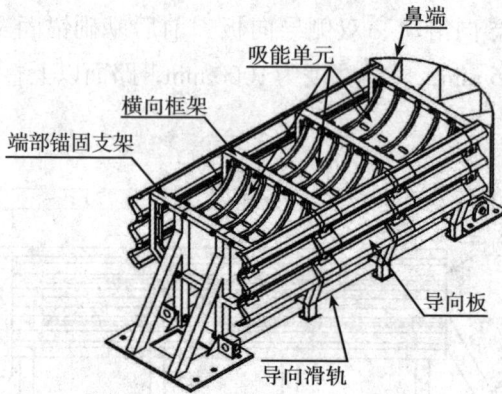

（d）三维图

图5.35 TB级防撞垫结构方案

（2）TB级防撞垫安全性能评价

基于TB级防撞垫整体结构形式，采用可靠的计算机仿真模拟技术，建立防撞垫仿真模型，如图5.36所示。

图5.36 TB级防撞垫整体结构仿真模型

按照《公路护栏安全性能评价标准》（JTG B05-01—2013）的要求，对 TB 级防撞垫整体结构采用 1.5 t 的小型客车，以 60 km/h 的碰撞速度，进行正碰、偏碰、斜碰、正向侧碰四种碰撞类型的仿真碰撞分析，评价其整体结构的安全性能，如图 5.37 所示。碰撞条件及评价标准见本书 5.3.1.2 节和 5.3.1.3 节。

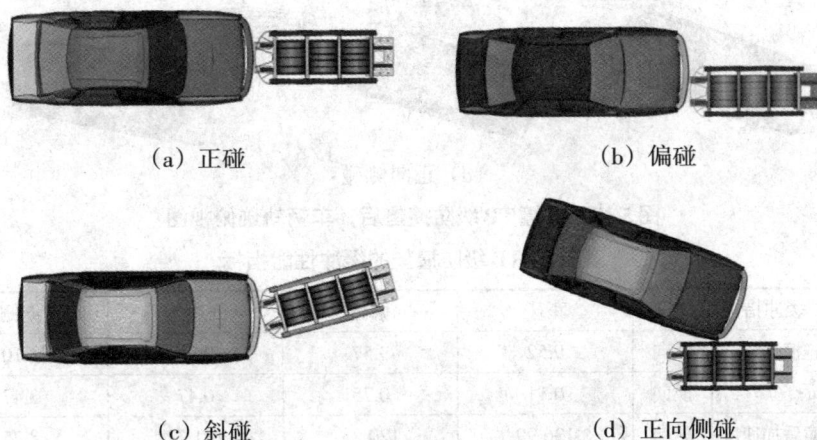

（a）正碰 　　　　　　　　　　　　（b）偏碰

（c）斜碰 　　　　　　　　　　　　（d）正向侧碰

图 5.37　小型客车多角度碰撞 TB 级防撞垫的仿真模型

以下为 TB 级防撞垫的仿真碰撞结果。当小型客车多角度碰撞后，防撞垫构件及其脱离件没有侵入车辆乘员舱且无散落现象，阻挡功能满足要求，如图 5.38 所示；乘员碰撞速度和乘员碰撞后加速度指标见表 5.4，其中乘员碰撞速度均小于 12 m/s，乘员碰撞后加速度均小于 200 m/s²，缓冲功能满足要求；车辆碰撞后没有翻车，且车辆轮迹没有越出导向驶出框所标识的直线 F、直线 D、直线 A、直线 R，导向功能满足要求，如图 5.39 所示；多角度碰撞后，防撞垫变形损坏情况如图 5.40 所示。

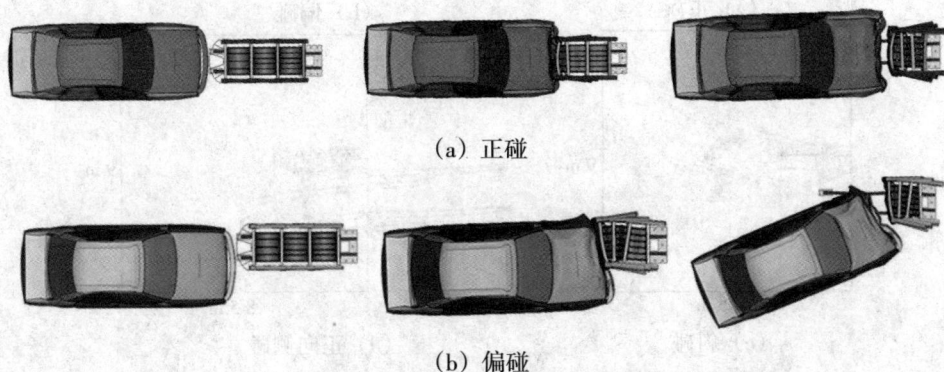

（a）正碰

（b）偏碰

（c）斜碰

（d）正向侧碰

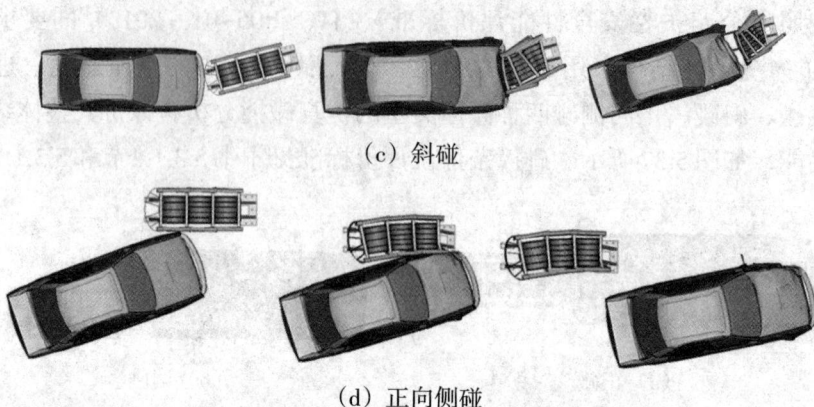

图5.38 碰撞TB级防撞垫后，车辆轨迹俯视图

表5.4 TB级防撞垫的缓冲性能指标

缓冲指标		正碰	偏碰	斜碰	正向侧碰
乘员碰撞速度	纵向	9.52	9.57	9.99	6.10
/(m·s⁻¹)	横向	0.11	0.75	0.47	3.47
乘员碰撞后加速度	纵向	136.99	120.23	131.72	8.75
/(m·s⁻²)	横向	33.39	27.08	42.93	10.09
评价结论		合格	合格	合格	合格

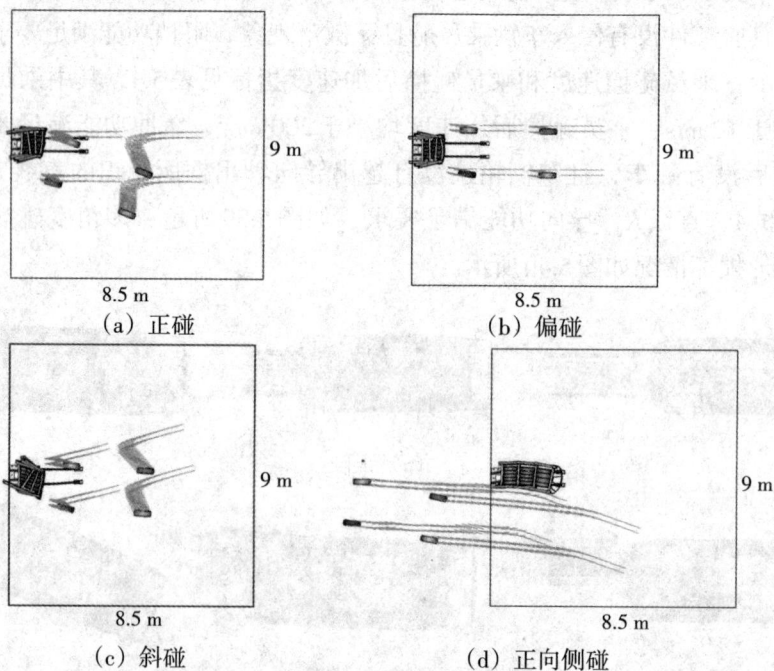

9 m

8.5 m

（a）正碰

9 m

8.5 m

（b）偏碰

9 m

8.5 m

（c）斜碰

9 m

8.5 m

（d）正向侧碰

图5.39 碰撞TB级防撞垫后，导向驶出框及车辆位置

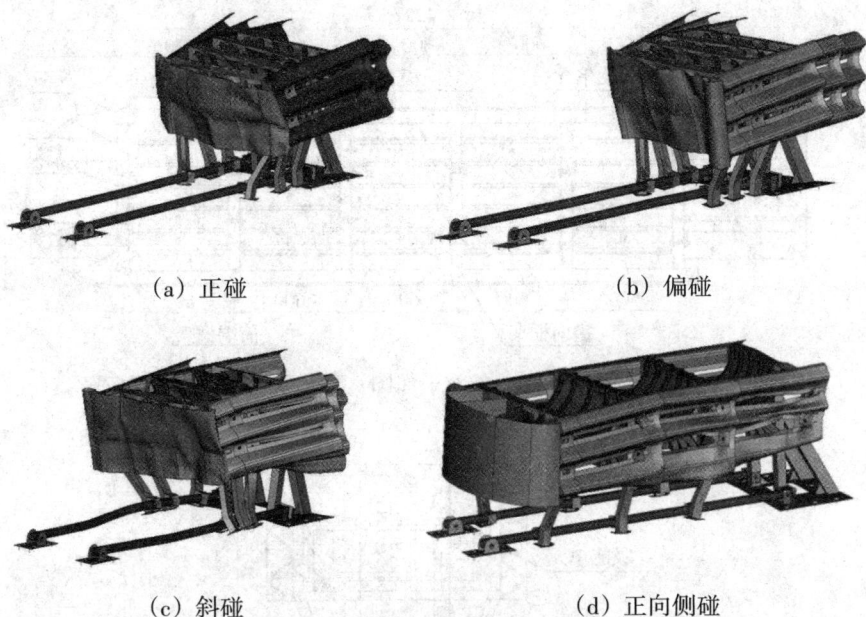

(a) 正碰　　　　　　　　　　　　　　(b) 偏碰

(c) 斜碰　　　　　　　　　　　　　　(d) 正向侧碰

图5.40　碰撞TB级防撞垫后，防撞垫变形损坏情况

5.3.4.2　TA级防撞垫整体结构及安全性能评价

（1）TA级防撞垫整体结构

TA级防撞垫整体结构主要由鼻端、5个吸能单元、5个横向框架、1个端部锚固支架、双道导向滑轨、双侧导向板、前后基础锚固及拼接连接构件组成，整体长度为4227 mm，整体宽度为996 mm，路面以上整体高度为850 mm，如图5.41所示。

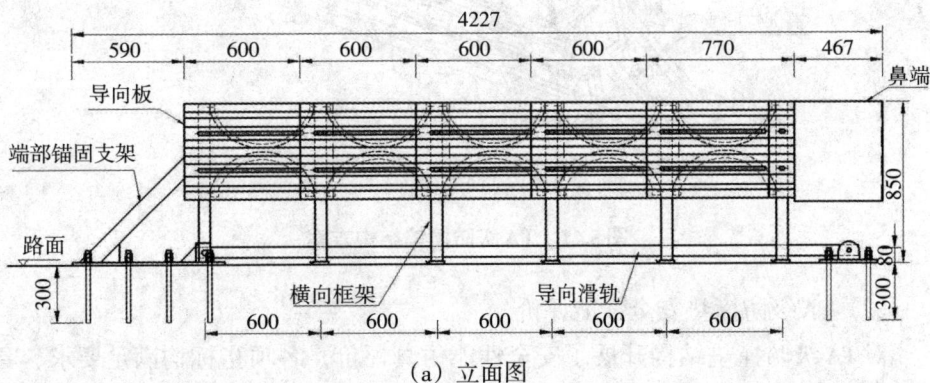

（a）立面图

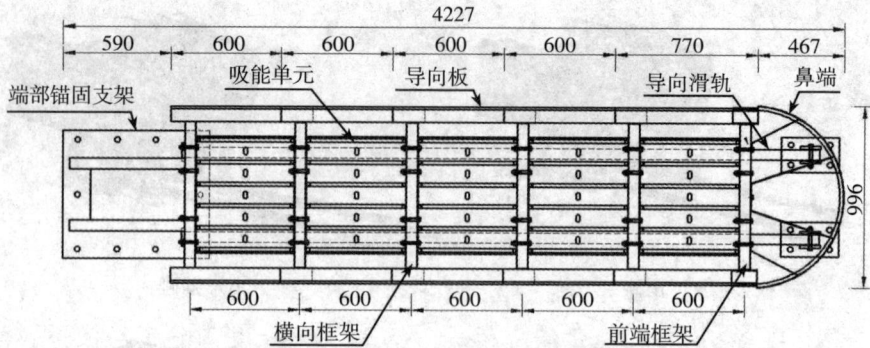

（b）平面图

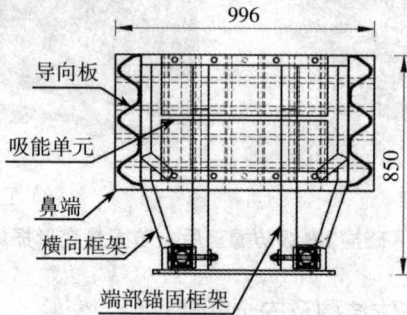

（c）侧面图

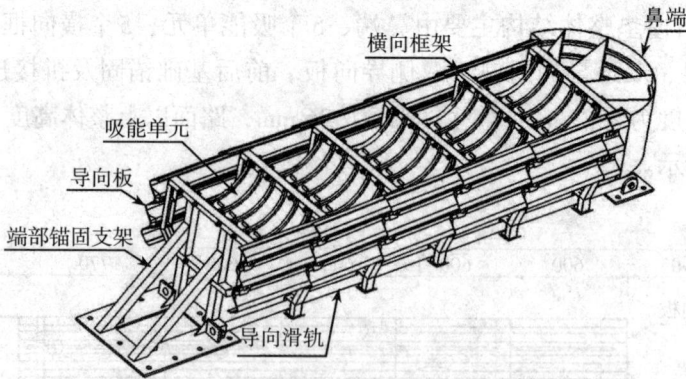

（d）三维图

图5.41　TA级防撞垫结构方案

（2）TA级防撞垫安全性能评价

对TA级防撞垫结构开展了安全性能仿真评价，各项指标均满足要求，具备达到TA级防护能力，为实车足尺碰撞试验奠定了坚实基础。关于TA级防撞垫安全性能仿真评价的详细过程不再赘述，下面着重介绍TA级防撞垫采用实车足尺碰撞试验方法的评价过程与结果。

根据TA级防撞垫结构设计图纸,按照1:1的比例加工制作试验样品(图5.42),并在试验场地进行施工安装。准备的试验用小型客车,其各项技术参数均满足《公路护栏安全性能评价标准》(JTG B05-01—2013)的要求。按照《公路护栏安全性能评价标准》(JTG B05-01—2013)的要求,组织开展了四种碰撞类型的试验,评价TA级防撞垫结构的安全性能,试验碰撞条件见表5.5,评价标准见本书5.3.1.3节。

图5.42 TA级防撞垫试验样品

表5.5 TA级防撞垫试验碰撞条件

碰撞类型	碰撞车型	车辆总质量/kg	碰撞速度/(km·h⁻¹)	碰撞角度/(°)
正碰	小型客车	1460	81	0
斜碰		1480	82	15
偏碰		1470	82	0
正向侧碰		1490	81	20

以下为TA级防撞垫的仿真碰撞结果。当小型客车多角度碰撞后,防撞垫构件及其脱离件没有侵入车辆乘员舱且无散落现象,阻挡功能满足要求,如图5.43所示;乘员碰撞速度均小于12 m/s,乘员碰撞后加速度均小于200 m/s²,缓冲功能满足要求,见表5.6;车辆碰撞后没有翻车,且车辆轮迹没有越出导向驶出框所标识的直线F、直线D、直线A、直线R,导向功能满足要求,如图5.44所示。

(a)正碰

（b）偏碰

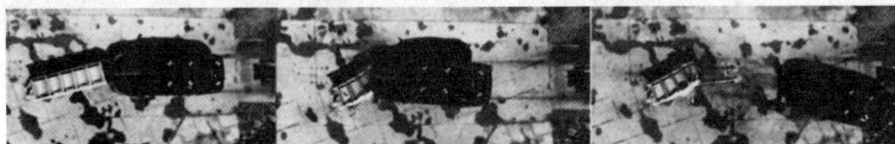

（c）斜碰

（d）正向侧碰

图5.43 碰撞TA级防撞垫后，车辆运行过程图

表5.6 TA级防撞垫的缓冲性能指标

缓冲指标		正碰	偏碰	斜碰	正向侧碰
乘员碰撞速度 /(m·s⁻¹)	纵向	7.30	7.40	9.60	3.70
	横向	1.50	6.30	1.80	2.40
乘员碰撞后加速度 /(m·s⁻²)	纵向	82.98	130.62	98.12	16.95
	横向	9.04	154.90	9.28	9.65
评价结论		合格	合格	合格	合格

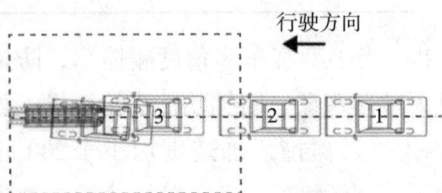

（a）正碰

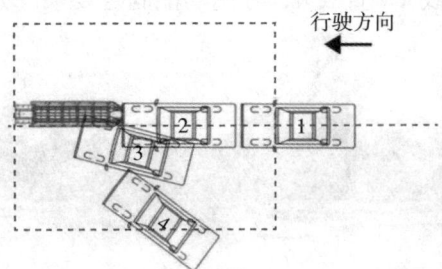

（b）偏碰

行驶方向

15°

3 2 1

4

（c）斜碰

行驶方向

20° 20°

4 3 2 1

（d）正向侧碰

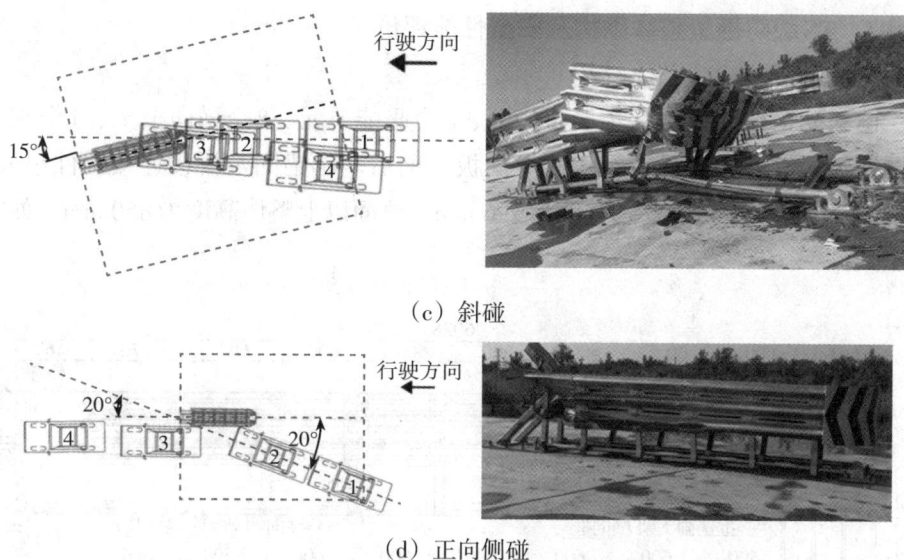

图5.44 碰撞TA级防撞垫后，导向驶出框及防撞垫损坏情况

上述TA级防撞垫的实车足尺碰撞试验的各项指标的检测结论见表5.7。根据正碰、偏碰、斜碰和正向侧碰四次实车足尺碰撞试验检测结果，可知TA级防撞垫各项指标均满足《公路护栏安全性能评价标准》（JTG B05-01—2013）的要求，防护能力达到TA级水平。

表5.7 车辆碰撞TA级防撞垫各项指标的检测结论

评价项目		正碰		偏碰		斜碰		正向侧碰	
		测试结果	是否合格	测试结果	是否合格	测试结果	是否合格	测试结果	是否合格
阻挡功能	试验护栏构件及其脱离件是否侵入车辆乘员舱	否	合格	否	合格	否	合格	否	合格
	质量大于2 kg的试验护栏脱离构件的散落位置是否满足要求	是	合格	是	合格	是	合格	是	合格
导向功能	车辆碰撞后是否翻车	否	合格	否	合格	否	合格	否	合格
	车辆碰撞后的轮迹是否满足导向驶出框要求	满足	合格	满足	合格	满足	合格	满足	合格
缓冲功能	乘员碰撞速度 /$(m \cdot s^{-1})$ 纵向	7.30	合格	7.40	合格	9.60	合格	3.70	合格
	横向	1.50	合格	6.30	合格	1.80	合格	2.40	合格
	乘员碰撞后加速度 /$(m \cdot s^{-2})$ 纵向	82.98	合格	130.62	合格	98.12	合格	16.95	合格
	横向	9.04	合格	154.90	合格	9.28	合格	9.65	合格

5.3.4.3 TS级防撞垫整体结构及安全性能评价

（1）TS级防撞垫整体结构

TS级防撞垫整体结构主要由鼻端、8个吸能单元、8个横向框架、1个端部锚固支架、双道导向滑轨、双侧导向板、前后基础锚固及拼接连接构件组成，整体长度为6028 mm，整体宽度为996 mm，路面以上整体高度为850 mm，如图5.45所示。

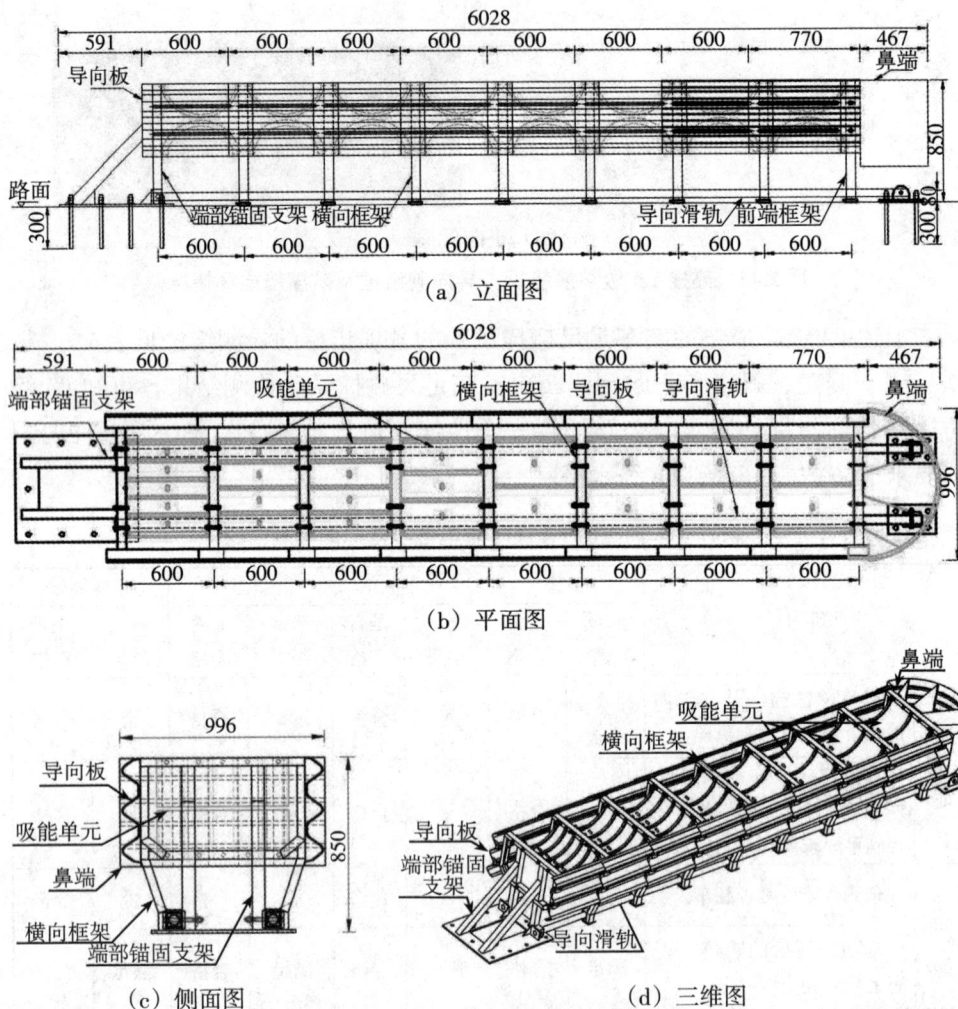

（a）立面图

（b）平面图

（c）侧面图　　　　（d）三维图

图5.45　TS级防撞垫结构方案

（2）TS级防撞垫安全性能评价

对TS级防撞垫结构开展了安全性能仿真评价，各项指标均满足要求，具备达到TS级防护能力，为实车足尺碰撞试验奠定了坚实基础。关于TS级防撞垫安全性能仿真评价的详细过程不再赘述，下面着重介绍TS级防撞垫采用实车足尺碰撞试验方法的评价过程与结果。

根据TS级防撞垫结构设计图纸，按照1∶1的比例加工制作试验样品（图5.46），并在试验场地进行施工安装准备的试验用小型客车，其各项技术参数均满足《公路护栏安全性能评价标准》（JTG B05-01—2013）的要求。按照《公路护栏安全性能评价标准》（JTG B05-01—2013）的要求，组织开展了四种碰撞类型的试验，评价TS级防撞垫结构的安全性能，试验碰撞条件见表5.8，评价标准见本书5.3.1.3节。

图5.46 TS级防撞垫试验样品

表5.8 TS级防撞垫试验碰撞条件

碰撞类型	碰撞车型	车辆总质量/kg	碰撞速度/(km·h⁻¹)	碰撞角度/(°)
正碰	小型客车	1486	100.4	0.4
斜碰		1430	100.7	15.0
偏碰		1466	100.9	0.2
正向侧碰		1470	101.5	19.6

以下为TS级防撞垫的碰撞试验结果。当小型客车多角度碰撞后，防撞垫构件及其脱离件没有侵入车辆乘员舱且无散落现象，阻挡功能满足要求，如图5.47所示；乘员碰撞速度均小于12 m/s，乘员碰撞后加速度均小于200 m/s²，缓冲功能满足要求，见表5.9；车辆碰撞后没有翻车，且车辆轮迹没有越出导向驶出框所标识的直线F、直线D、直线A、直线R，导向功能满足要求，如图5.48所示。

（a）正碰

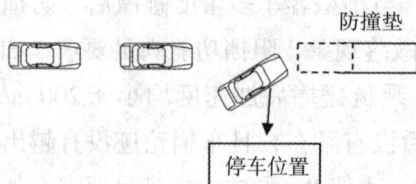

（b）偏碰

（c）斜碰

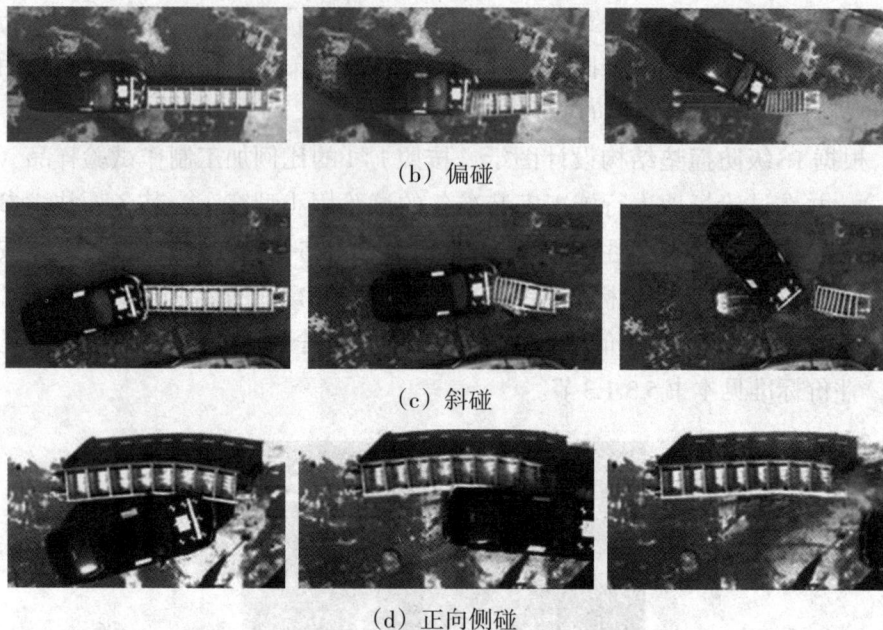

（d）正向侧碰

图5.47　碰撞TS级防撞垫后，车辆轨迹俯视图

表5.9　TS级防撞垫的缓冲性能指标

缓冲指标		正碰	偏碰	斜碰	正向侧碰
乘员碰撞速度 /(m·s⁻¹)	纵向	9.3	8.4	9.3	2.9
	横向	1.3	1.7	0.4	3.2
乘员碰撞后加速度 /(m·s⁻²)	纵向	149.3	185.0	110.7	35.4
	横向	115.8	53.8	31.9	135.0
评价结论		合格	合格	合格	合格

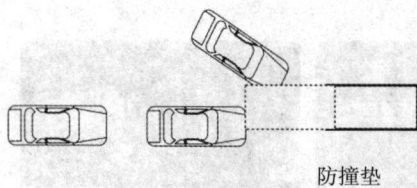

（a）正碰

（b）偏碰

（c）斜碰

（d）正向侧碰

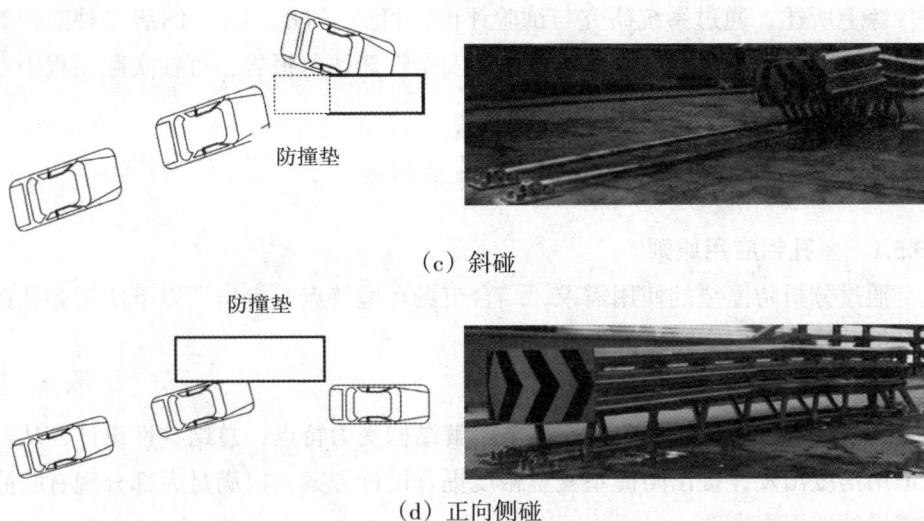

图5.48 碰撞TS级防撞垫后，导向驶出框、车辆位置及防撞垫损坏情况

上述 TS 级防撞垫的实车足尺碰撞试验的各项指标的检测结论见表5.10。根据正碰、偏碰、斜碰和正向侧碰四次实车足尺碰撞试验检测结果，可知 TS 级防撞垫各项指标均满足《公路护栏安全性能评价标准》（JTG B05-01—2013）的要求，防护能力达到 TS 级水平。

表5.10 车辆碰撞TS级防撞垫各项指标的检测结论

评价项目		正碰		偏碰		斜碰		正向侧碰	
		测试结果	是否合格	测试结果	是否合格	测试结果	是否合格	测试结果	是否合格
阻挡功能	试验护栏构件及其脱离件是否侵入车辆乘员舱	否	合格	否	合格	否	合格	否	合格
	质量大于2 kg的试验护栏脱离构件的散落位置是否满足要求	是	合格	是	合格	是	合格	是	合格
导向功能	车辆碰撞后是否翻车	否	合格	否	合格	否	合格	否	合格
	车辆碰撞后的轮迹是否满足导向驶出框要求	满足	合格	满足	合格	满足	合格	满足	合格
缓冲功能	乘员碰撞速度 /(m·s⁻¹) 纵向	9.3	合格	8.4	合格	9.3	合格	2.9	合格
	横向	1.3	合格	1.7	合格	0.4	合格	3.2	合格
	乘员碰撞后加速度 /(m·s⁻²) 纵向	149.3	合格	185.0	合格	110.7	合格	35.4	合格
	横向	115.8	合格	53.8	合格	31.9	合格	135.0	合格

综上所述，通过系统研究与试验评价，得到了TB，TA，TS级三种防护等级的防撞垫技术成果，并取得了合格的安全性能评价报告，可在实际工程中安全合法应用。

5.3.5 多孔铝在防撞垫结构中的应用研究

5.3.5.1 多孔铝应用原则

通过分析防撞垫的使用需求，结合市场环境特点，提出了以下应用多孔铝材料提升防撞垫安全裕度的设计原则。

（1）普遍适用

现有防撞垫成果较为丰富，需要了解结构受力特点，总结共性设计，从普遍适用角度出发，提出防撞垫安全裕度提升设计方案，以满足大部分现有防撞垫成果的使用需求。

（2）微调高效

防撞垫结构组成构件较多，从实施方便性角度出发，不应对防撞垫结构做大面积改动，可利用新理念、新材料、新方式，通过小范围结构调整，有效地实现安全裕度提升目标。

（3）安全可靠

从安全性和规范符合性角度出发，对现有防撞垫进行安全裕度提升设计后，需要依据技术规程采用仿真手段对其安全性能做进一步评价，保证工程应用的可靠性。

（4）造价合理

在提升防撞垫安全裕度的同时，不应大幅增加防撞垫的造价成本，既应符合市场需求，也应契合经济节约型社会的政策指导。

（5）工艺简便

防撞垫安全裕度提升设计不应过于复杂，需要具有较好的加工和施工方便性，易于控制产品质量，以及满足批量化生产的需求。

5.3.5.2 多孔铝应用方式比选

目前，防撞垫成果的差异化主要体现在吸能单元结构上，而鼻端、横向框架、端部锚固支架多为共性设计构件，如图5.49所示。

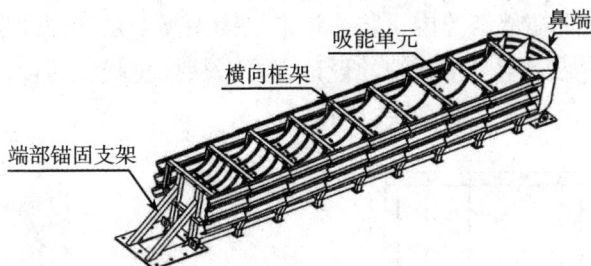

图5.49 防撞垫共性设计构件

　　根据防撞垫结构受力特点，结合成果普遍适用的需求，将共性设计构件作为防撞垫安全裕度提升设计的载体，进而利用多孔铝材料优异的压缩吸能特性，考虑优化吸能、造价合理、工艺可行等因素，以提升防撞垫安全裕度为目标，提出三种多孔铝应用方案，具体如下。

　　①多孔铝设于鼻端吸能盒内：防撞垫鼻端是车辆在正碰、偏碰、斜碰过程中最先接触的吸能构件，根据防撞垫鼻端特点，尝试将多孔铝材料填充于鼻端中间的类梯形吸能盒内，如图5.50所示。

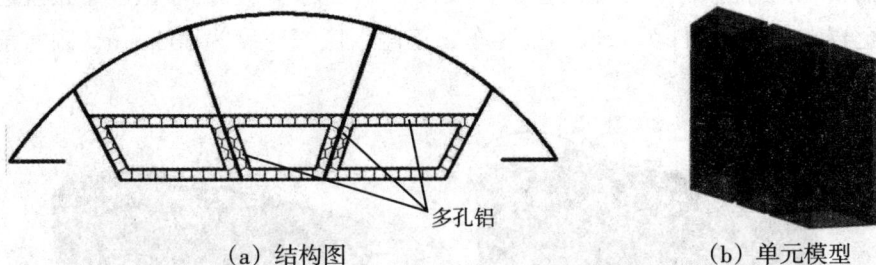

（a）结构图　　　　　　　　　　　（b）单元模型

图5.50 多孔铝设于鼻端吸能盒内

　　②多孔铝设于横向框架内：防撞垫沿纵向设置多个横向框架，车辆在碰撞过程中，横向框架受吸能单元或导向板挤压，从优化吸能角度，尝试将多孔铝材料填充于横向框架内，如图5.51所示。

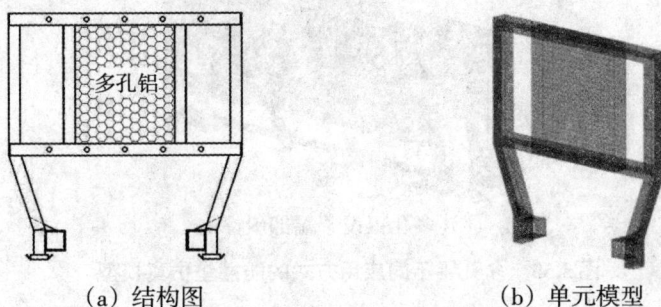

（a）结构图　　　　　　　　　　　（b）单元模型

图5.51 多孔铝设于横向框架内

③多孔铝设于端部斜撑内：防撞垫末端锚固支架是碰撞能量的终端承载结构，结合端部支架采用三角斜撑的设计方式，从优化吸能角度，尝试将多孔铝材料填充于端部斜撑内，如图5.52所示。

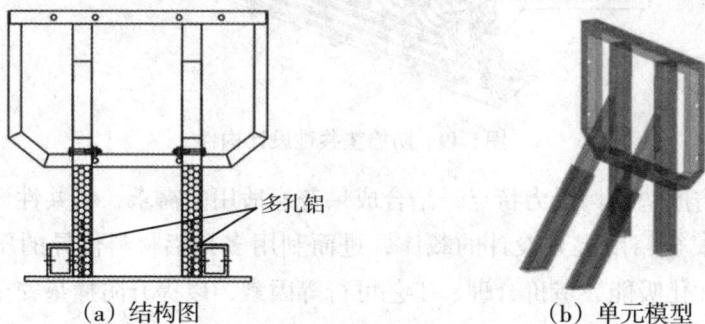

（a）结构图　　　　　　　　　　　　　（b）单元模型

图5.52　多孔铝设于端部斜撑内

针对上述三种多孔铝在防撞垫结构中的应用方式，以TB级防撞垫为例，分别建立了对应防撞垫结构的仿真模型，如图5.53所示。为了更显著地表征多孔铝材料的吸能效率，采用碰撞能量吸收更多且更为均衡的小型客车正碰进行仿真分析，碰撞条件为1.5 t小型客车、正碰、碰撞速度为60 km/h、碰撞角度为0°。

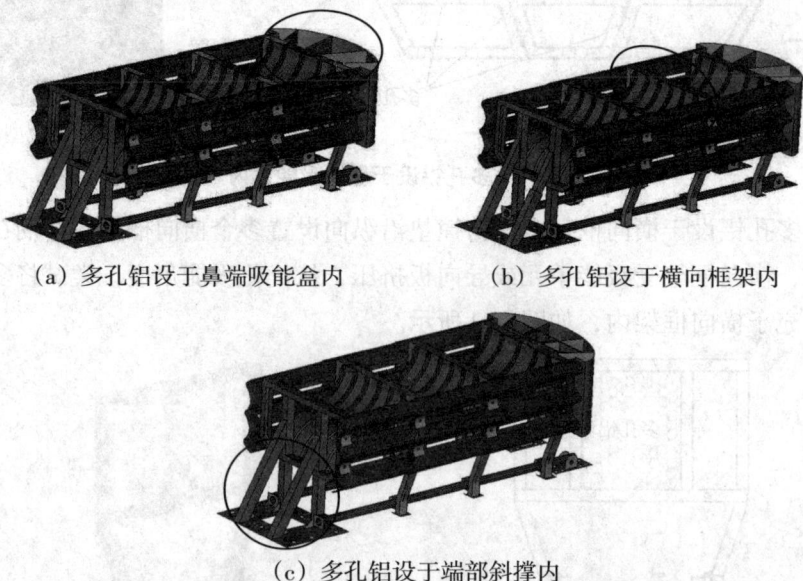

（a）多孔铝设于鼻端吸能盒内　　　　　（b）多孔铝设于横向框架内

（c）多孔铝设于端部斜撑内

图5.53　多孔铝不同应用方式的防撞垫仿真模型

从仿真结果来看，车辆碰撞后，鼻端和横向框架内的多孔铝结构变形并不明显，端部斜撑内的多孔铝则发生明显压缩变形，如图5.54所示。

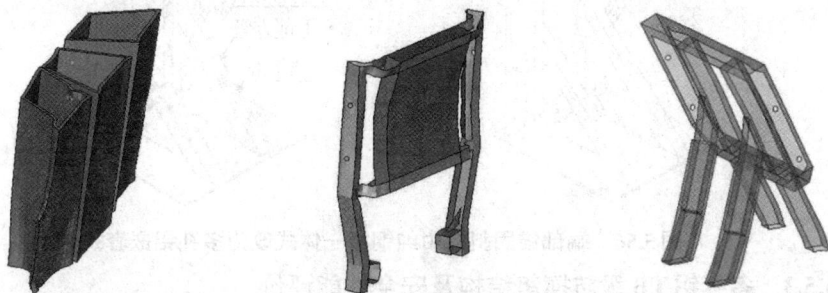

（a）多孔铝设于鼻端吸能盒内　（b）多孔铝设于横向框架内　（c）多孔铝设于端部斜撑内

图5.54　车辆碰撞后，多孔铝不同应用方式的变形情况

通过对仿真碰撞数据的处理与分析得出，小型客车碰撞后，同一时刻（0.3 s）条件下，鼻端吸能盒内多孔铝材料的吸能效率为183452 kJ/m³，横向框架内多孔铝材料的吸能效率为47590 kJ/m³；端部锚固支架内多孔铝材料的吸能效率为4678250 kJ/m³。图5.55为多孔铝不同应用方式的吸能效率对比曲线图，说明端部锚固支架内设置多孔铝的方式最优。

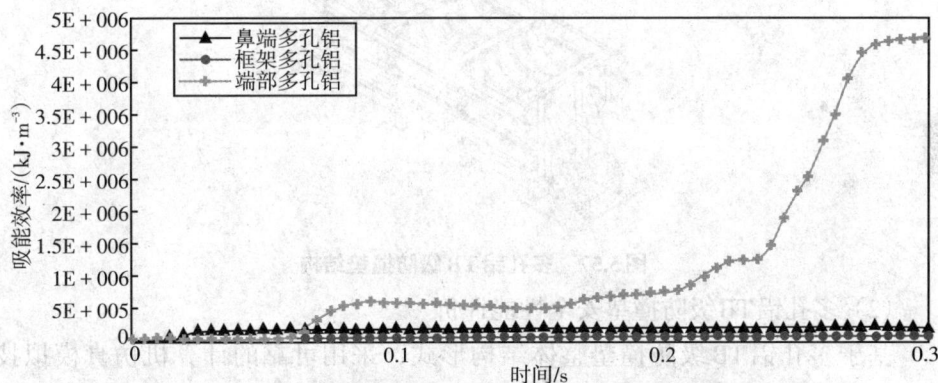

图5.55　多孔铝不同应用方式的吸能效率对比曲线图

基于上述分析，在防撞垫基本结构的基础上，将端部锚固支架的斜撑从一体式结构改为多孔铝嵌套式结构（图5.56），该结构由上部方管、下部方管、多孔铝、连接螺栓组成。其中，多孔铝填充在下部方管内，上部方管的底封板与多孔铝呈面接触。在碰撞过程中，通过上部方管的两侧长孔和连接螺栓进行滑动，使上部方管对多孔铝材料实现定向压缩，进而增加对碰撞能量的吸收。

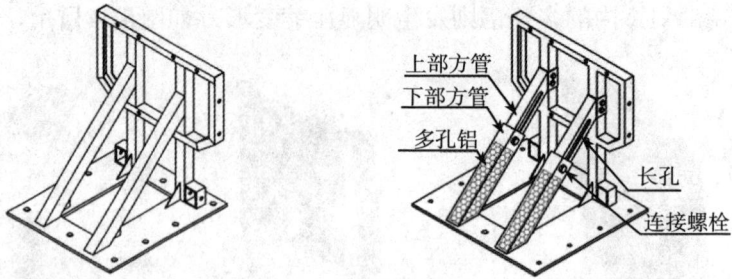

上部方管
下部方管
多孔铝
长孔
连接螺栓

图5.56　端部锚固斜撑由纯钢材一体式改为多孔铝嵌套式

5.3.5.3　多孔铝TB级防撞垫结构及安全性能评价

（1）多孔铝TB级防撞垫结构

根据确定的多孔铝材料应用方式，提出了多孔铝TB级防撞垫结构形式，如图5.57所示。其主要由鼻端、3个吸能单元、3个横向框架、1个端部锚固支架、双道导向滑轨、双侧导向三波梁板、前后基础锚固及拼接连接构件组成，整体长度为2565 mm，整体宽度为1000 mm，路面以上整体高度为850 mm。其中，端部锚固支架内多孔铝尺寸为40 mm×60 mm×280 mm。

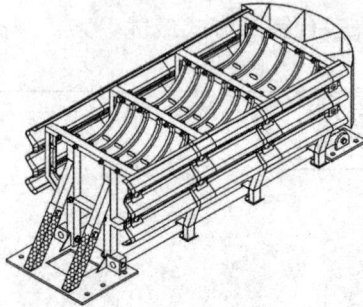

图5.57　多孔铝TB级防撞垫结构

（2）多孔铝TB级防撞垫安全性能评价

基于多孔铝TB级防撞垫整体结构形式，采用可靠的计算机仿真模拟技术，建立防撞垫仿真模型，如图5.58所示。

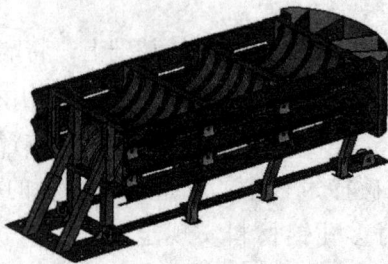

图5.58　多孔铝TB级防撞垫整体结构仿真模型

按照《公路护栏安全性能评价标准》（JTG B05-01—2013）的要求，对多孔铝TB级防撞垫整体结构采用1.5 t的小型客车，以60 km/h的碰撞速度，进行正碰、偏碰、斜碰、正向侧碰四种碰撞类型的仿真碰撞分析，评价其整体结构的安全性能，如图5.59所示。碰撞条件及评价标准见本书5.3.1.2节和5.3.1.3节。

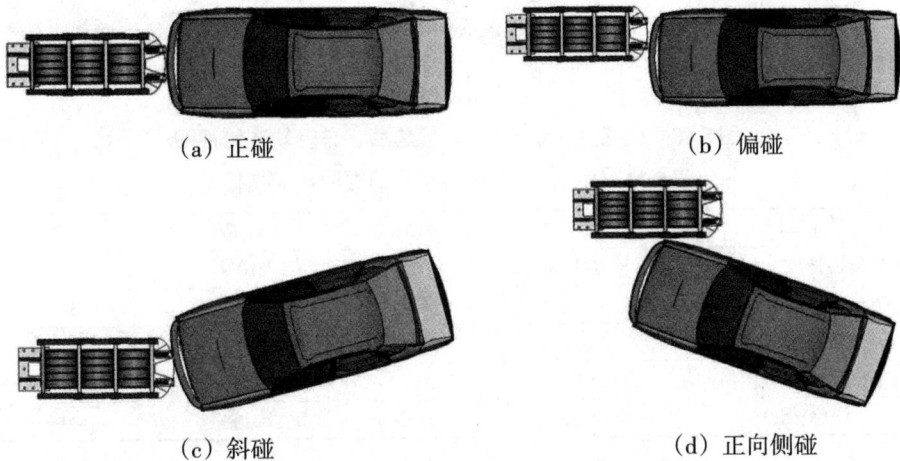

（a）正碰　　　　　　　　　　　　　　（b）偏碰

（c）斜碰　　　　　　　　　　　　　　（d）正向侧碰

图5.59　小型客车多角度碰撞多孔铝TB级防撞垫的仿真模型

以下为多孔铝TB级防撞垫的仿真碰撞结果。当小型客车多角度碰撞后，防撞垫构件及其脱离件没有侵入车辆乘员舱且无散落现象，阻挡功能满足要求，如图5.60所示；乘员碰撞速度和乘员碰撞后加速度指标见表5.11，其中乘员碰撞速度均小于12 m/s，乘员碰撞后加速度均小于200 m/s²，缓冲功能满足要求；车辆碰撞后没有翻车，且车辆轮迹没有越出导向驶出框所标识的直线 F、直线 D、直线 A、直线 R，导向功能满足要求，如图5.61所示；多角度碰撞后，防撞垫变形损坏情况如图5.62所示。

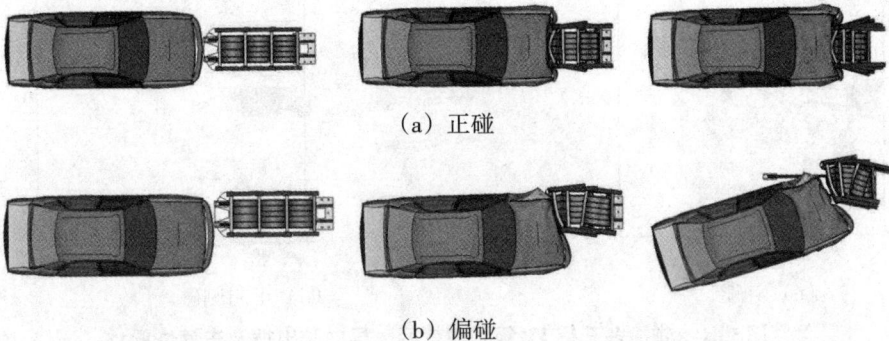

（a）正碰

（b）偏碰

（c）斜碰

（d）正向侧碰

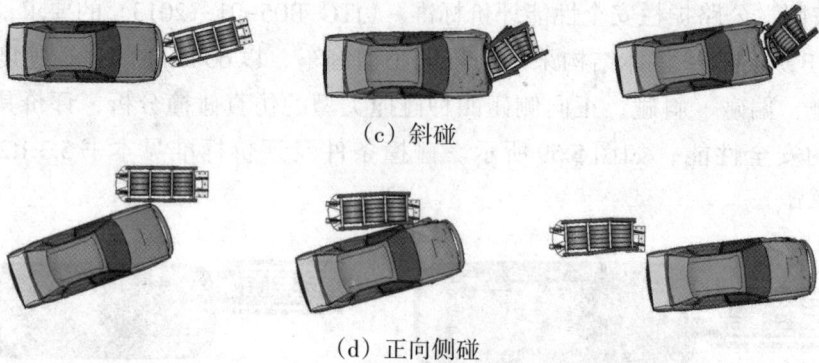

图5.60　碰撞多孔铝TB级防撞垫后，车辆轨迹俯视图

表5.11　多孔铝TB级防撞垫的缓冲性能指标

缓冲指标		正碰	偏碰	斜碰	正向侧碰
乘员碰撞速度 /(m·s⁻¹)	纵向	10.1	10.3	10.9	4.1
	横向	0.1	0.9	0.4	3.3
乘员碰撞后加速度 /(m·s⁻²)	纵向	136.2	132.4	133.5	9.3
	横向	11.2	31.1	22.6	11.2
评价结论		合格	合格	合格	合格

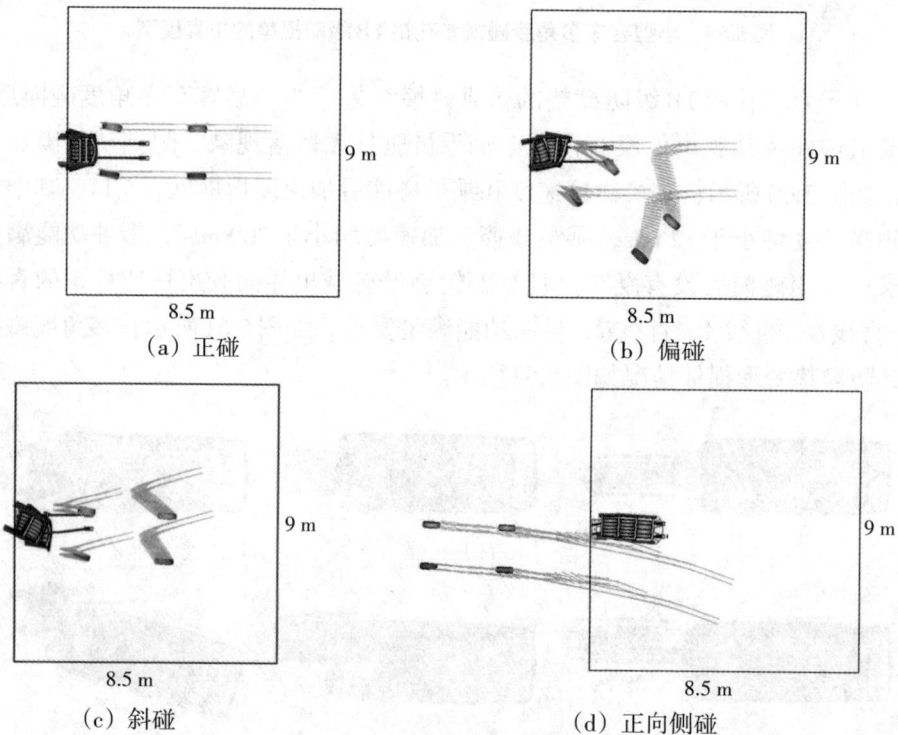

9 m

8.5 m

（a）正碰

9 m

8.5 m

（b）偏碰

9 m

8.5 m

（c）斜碰

9 m

8.5 m

（d）正向侧碰

图5.61　碰撞多孔铝TB级防撞垫后，导向驶出框及车辆位置

（a）正碰 （b）偏碰

（c）斜碰 （d）正向侧碰

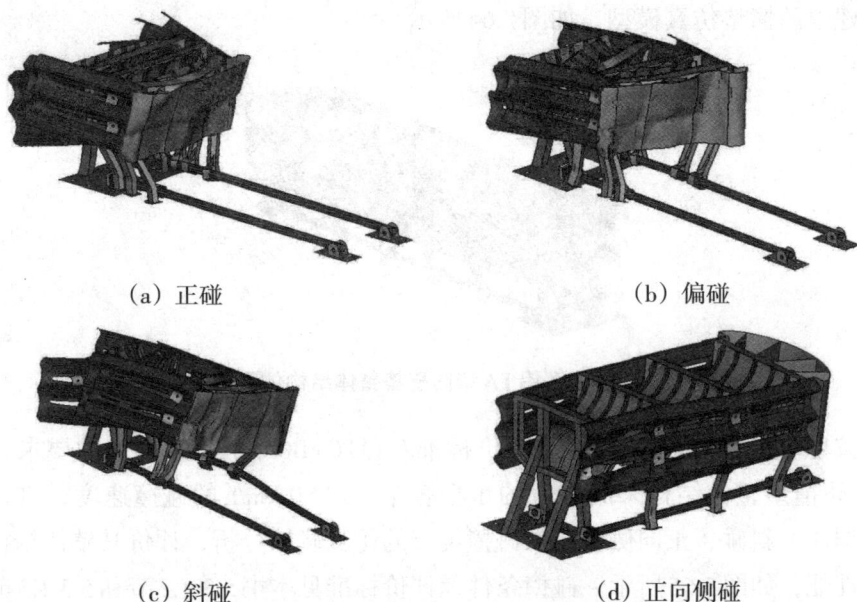

图5.62 碰撞多孔铝TB级防撞垫后，防撞垫变形损坏情况

通过对多孔铝TB级防撞垫结构安全性能进行仿真评价，安全裕度提升结构方案可达到一（TB）级防护能力。

5.3.5.4 多孔铝TA级防撞垫结构及安全性能评价

（1）多孔铝TA级防撞垫结构

根据确定的多孔铝材料应用方式，提出了多孔铝TA级防撞垫结构形式，如图5.63所示。其主要由鼻端、5个吸能单元、5个横向框架、1个端部锚固支架、双道导向滑轨、双侧导向三波梁板、前后基础锚固及拼接连接构件组成，整体长度为4227 mm，整体宽度为996 mm，路面以上整体高度为850 mm。其中，端部锚固支架内多孔铝尺寸为50 mm × 70 mm × 360 mm。

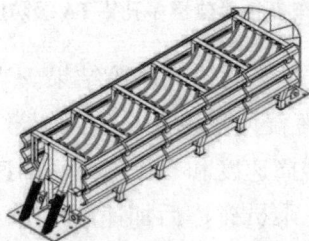

图5.63 多孔铝TA级防撞垫结构

（2）多孔铝TA级防撞垫安全性能评价

基于多孔铝TA级防撞垫整体结构形式，采用可靠的计算机仿真模拟技术，建立防撞垫仿真模型，如图 5.64 所示。

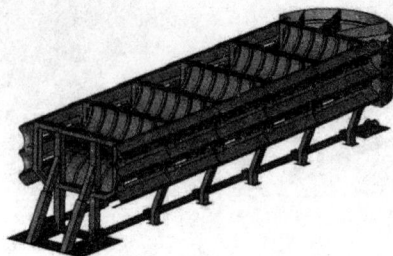

图 5.64 多孔铝 TA 级防撞垫整体结构仿真模型

按照《公路护栏安全性能评价标准》（JTG B05-01—2013）的要求，对 TA 级防撞垫整体结构采用 1.5 t 的小型客车，以 80 km/h 的碰撞速度，进行正碰、偏碰、斜碰、正向侧碰四种碰撞类型的仿真碰撞分析，评价其整体结构的安全性能，如图 5.65 所示。碰撞条件及评价标准见本书 5.3.1.2 节和 5.3.1.3 节。

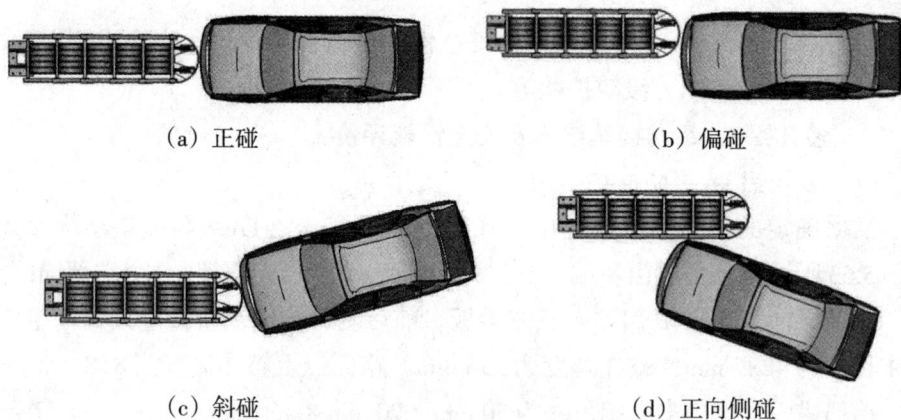

（a）正碰

（b）偏碰

（c）斜碰

（d）正向侧碰

图 5.65 小型客车多角度碰撞多孔铝 TA 级防撞垫的仿真模型

以下为多孔铝 TA 级防撞垫的仿真碰撞结果。当小型客车多角度碰撞后，防撞垫构件及其脱离件没有侵入车辆乘员舱且无散落现象，阻挡功能满足要求，如图 5.66 所示；乘员碰撞速度和乘员碰撞后加速度指标见表 5.12，其中乘员碰撞速度均小于 12 m/s，乘员碰撞后加速度均小于 200 m/s²，缓冲功能满足要求；车辆碰撞后没有翻车，且车辆轮迹没有越出导向驶出框所标识的直线 F、直线 D、直线 A、直线 R，导向功能满足要求，如图 5.67 所示；多角度碰撞后，防撞垫变形损坏情况如图 5.68 所示。

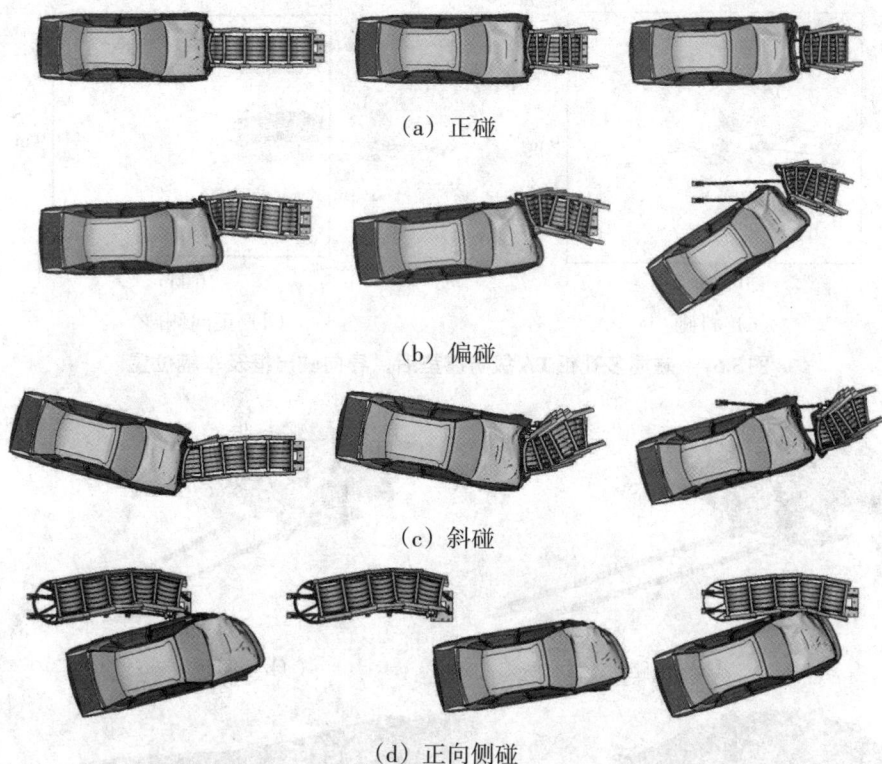

（a）正碰

（b）偏碰

（c）斜碰

（d）正向侧碰

图5.66 碰撞多孔铝TA级防撞垫后，车辆轨迹俯视图

表5.12 多孔铝TA级防撞垫的缓冲性能指标

缓冲指标		正碰	偏碰	斜碰	正向侧碰
乘员碰撞速度 /(m·s⁻¹)	纵向	9.3	9.6	9.5	9.2
	横向	0.2	0.5	0.2	4.9
乘员碰撞后加速度 /(m·s⁻²)	纵向	155.2	107.2	117.2	43.3
	横向	13.3	37.3	44.2	26.4
评价结论		合格	合格	合格	合格

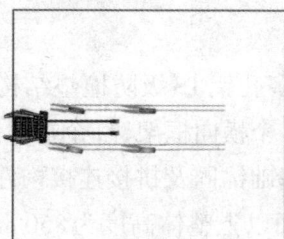

9 m

10.4 m

（a）正碰

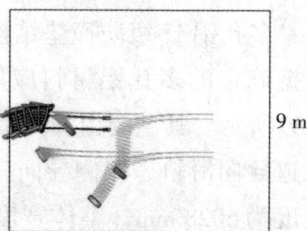

9 m

10.4 m

（b）偏碰

139

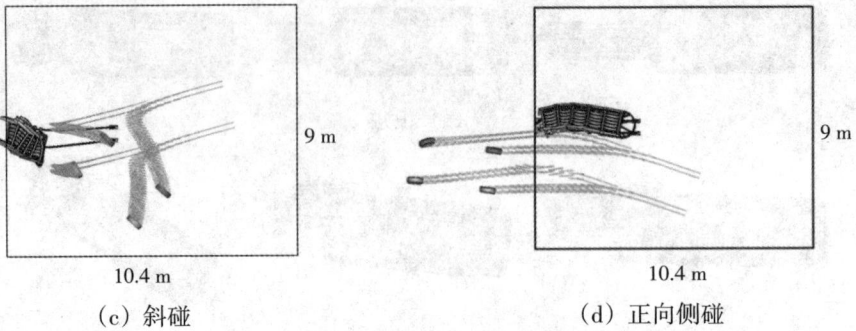

（c）斜碰   （d）正向侧碰

图5.67 碰撞多孔铝TA级防撞垫后，导向驶出框及车辆位置

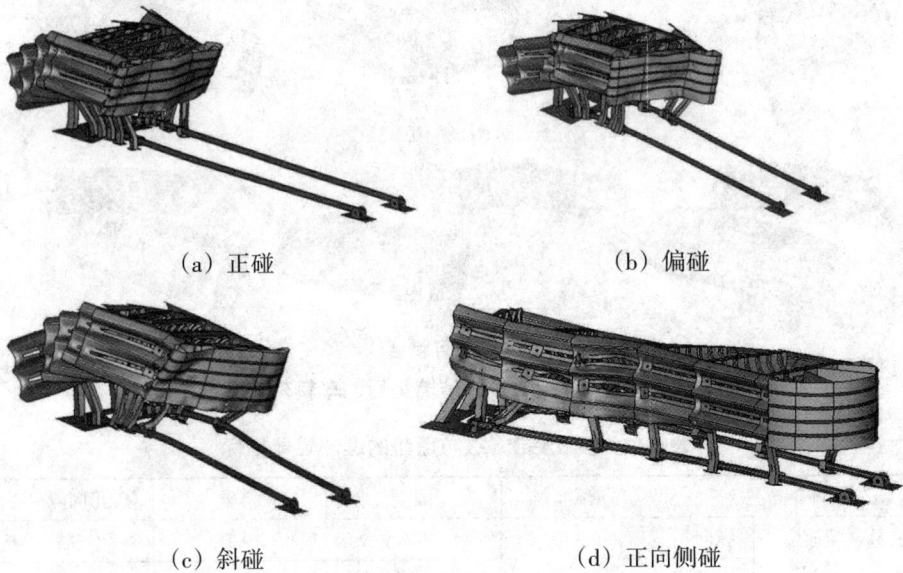

（a）正碰   （b）偏碰

（c）斜碰   （d）正向侧碰

图5.68 碰撞多孔铝TA级防撞垫后，防撞垫变形损坏情况

通过对多孔铝TA级防撞垫结构安全性能进行仿真评价，安全裕度提升结构方案可达到二（TA）级防护能力。

5.3.5.5 多孔铝TS级防撞垫结构及安全性能评价

（1）多孔铝TS级防撞垫结构

根据确定的多孔铝材料应用方式，提出了多孔铝TS级防撞垫结构形式，如图5.69所示。其主要由鼻端、8个吸能单元、8个横向框架、1个端部锚固支架、双道导向滑轨、双侧导向三波梁板、前后基础锚固及拼接连接构件组成，整体长度为6028 mm，整体宽度为996 mm，路面以上整体高度为850 mm。其中，端部锚固支架内多孔铝尺寸为50 mm×70 mm×430 mm。

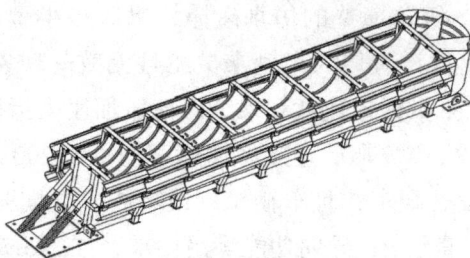

图 5.69 多孔铝 TS 级防撞垫结构

（2）多孔铝 TS 级防撞垫安全性能评价

基于多孔铝 TS 级防撞垫整体结构形式，采用可靠的计算机仿真模拟技术，建立防撞垫仿真模型，如图 5.70 所示。

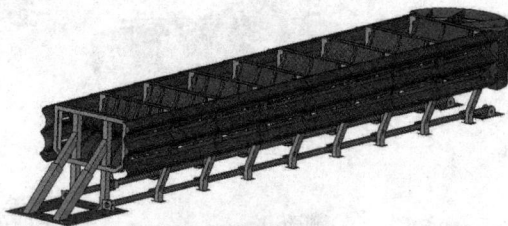

图 5.70 多孔铝 TS 级防撞垫整体结构仿真模型

按照《公路护栏安全性能评价标准》（JTG B05-01—2013）的要求，对多孔铝 TS 级防撞垫整体结构采用 1.5 t 的小型客车，以 100 km/h 的碰撞速度，进行正碰、偏碰、斜碰、正向侧碰四种碰撞类型的仿真碰撞分析，评价其整体结构的安全性能，如图 5.71 所示。碰撞条件及评价标准见本书 5.3.1.2 节和 5.3.1.3 节。

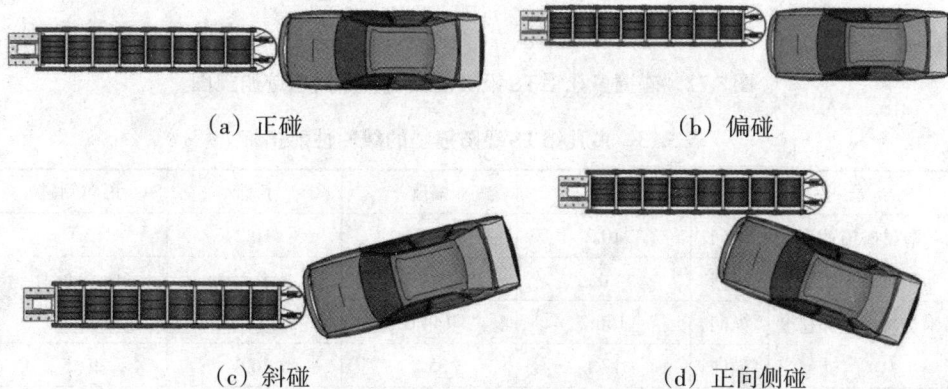

（a）正碰

（b）偏碰

（c）斜碰

（d）正向侧碰

图 5.71 小型客车多角度碰撞 TS 级防撞垫的仿真模型

以下为多孔铝TS级防撞垫的仿真碰撞结果。当小型客车多角度碰撞后，防撞垫构件及其脱离件没有侵入车辆乘员舱且无散落现象，阻挡功能满足要求，如图5.72所示；乘员碰撞速度和乘员碰撞后加速度指标见表5.13，其中乘员碰撞速度均小于12 m/s，乘员碰撞后加速度均小于200 m/s²，缓冲功能满足要求；车辆碰撞后没有翻车，且车辆轮迹没有越出导向驶出框所标识的直线F、直线D、直线A、直线R，导向功能满足要求，如图5.73所示；多角度碰撞后，防撞垫变形损坏情况如图5.74所示。

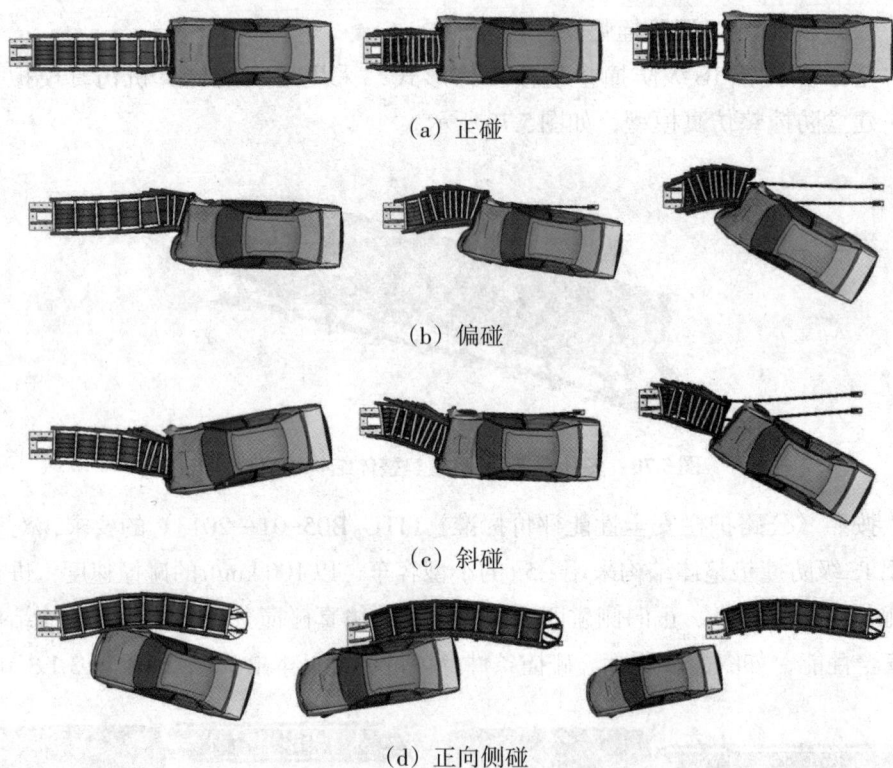

（a）正碰

（b）偏碰

（c）斜碰

（d）正向侧碰

图5.72　碰撞多孔铝TS级防撞垫后，车辆轨迹俯视图

表5.13　多孔铝TS级防撞垫的缓冲性能指标

缓冲指标		正碰	偏碰	斜碰	正向侧碰
乘员碰撞速度	纵向	10.2	9.9	10.2	5.1
$l/(\text{m·s}^{-1})$	横向	0	0.8	0.2	5.7
乘员碰撞后加速度	纵向	156.7	144.6	115.3	110.6
$l/(\text{m·s}^{-2})$	横向	17.1	35.2	46.8	91.5
评价结论		合格	合格	合格	合格

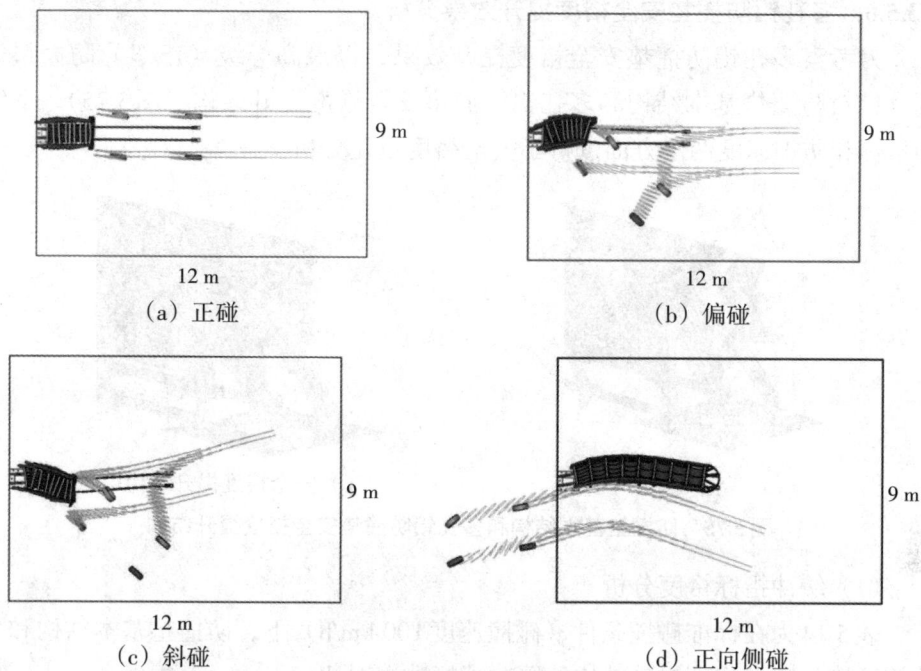

（a）正碰 9 m 12 m

（b）偏碰 9 m 12 m

（c）斜碰 9 m 12 m

（d）正向侧碰 9 m 12 m

图5.73　碰撞多孔铝TS级防撞垫后，导向驶出框及车辆位置

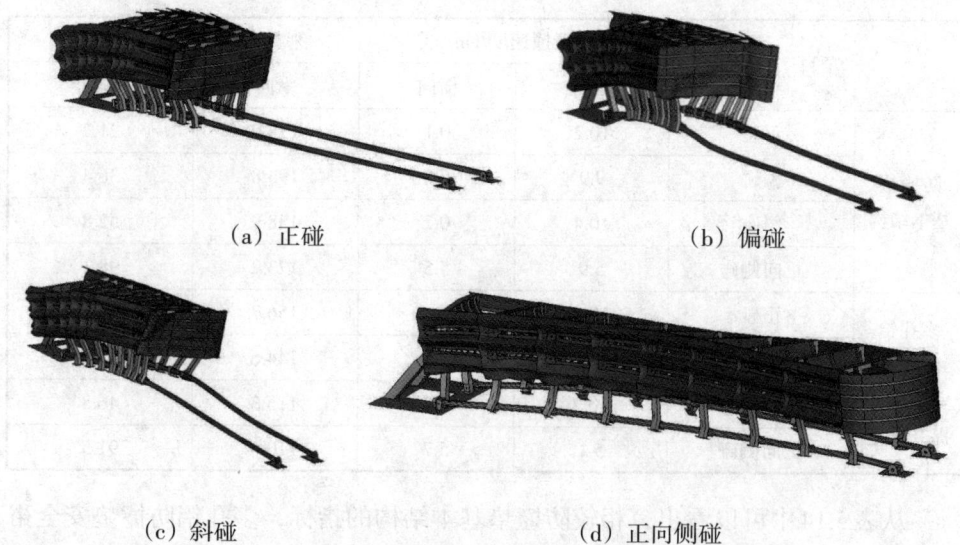

（a）正碰

（b）偏碰

（c）斜碰

（d）正向侧碰

图5.74　碰撞多孔铝TS级防撞垫后，防撞垫变形损坏情况

通过对多孔铝TS级防撞垫结构安全性能进行仿真评价，安全裕度提升结构方案可达到三（TS）级防护能力。

5.3.5.6 多孔铝防撞垫安全裕度提升效果分析

为考察多孔铝防撞垫安全裕度提升效果，以最高等级（TS级）防撞垫为例，针对防撞垫基本结构和多孔铝防撞垫安全裕度提升结构（图5.75），从缓冲指标和防护速度两个方面进行了安全裕度量化分析。

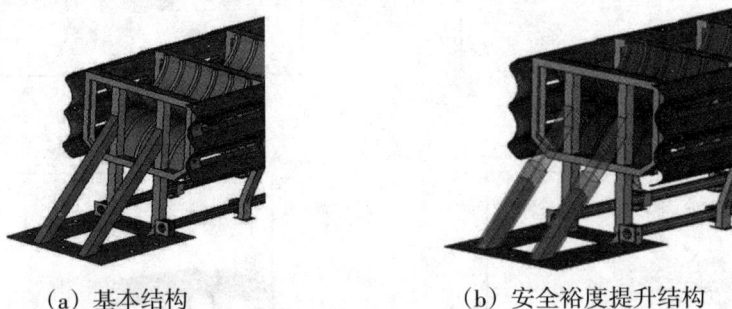

（a）基本结构　　　　　　　　（b）安全裕度提升结构

图5.75　防撞垫基本结构和多孔铝防撞垫安全裕度提升结构

（1）缓冲指标裕度分析

表5.14为在标准碰撞条件（碰撞速度100 km/h）下，防撞垫基本结构和多孔铝防撞垫安全裕度提升结构的缓冲指标数据对比。

表5.14　100 km/h碰撞速度下，防撞垫基本结构和多孔铝防撞垫安全裕度提升结构的缓冲指标

项目		乘员碰撞速度/(m·s⁻¹)		乘员碰撞后加速度/(m·s⁻²)	
		纵向	横向	纵向	横向
防撞垫 基本结构	正碰	10.2	0.1	178.9	21.2
	偏碰	9.9	0.8	193.8	36.4
	斜碰	10.4	0.2	138.9	52.8
	正向侧碰	5.9	5.5	173.2	98.1
多孔铝 防撞垫 安全裕度 提升结构	正碰	10.2	0	156.7	17.1
	偏碰	9.9	0.8	144.6	35.2
	斜碰	10.2	0.2	115.3	46.8
	正向侧碰	5.1	5.7	110.6	91.5

从表5.14中可以看出，相较防撞垫基本结构的指标，多孔铝防撞垫安全裕度提升结构的乘员碰撞速度和乘员碰撞后加速度的指标整体减小，说明其在缓冲性能方面的安全裕度有所提升，对乘员安全防护的表现更优。

（2）防护速度裕度分析

将1.5 t小型客车的碰撞速度从100 km/h提升到110 km/h，并采用碰撞能量更大且更为均衡的正碰类型，碰撞角度为0°。基于该碰撞条件，建立了相应仿真模型，分别对防撞垫基本结构和多孔铝防撞垫安全裕度提升结构进行了仿真碰撞计算。

仿真结果显示，防撞垫基本结构和多孔铝防撞垫安全裕度提升结构均可对110 km/h的小型客车进行有效阻挡和导向，没有发生构件侵入车辆乘员舱、翻车及越出导向驶出框的情况，如图5.76和5.77所示。

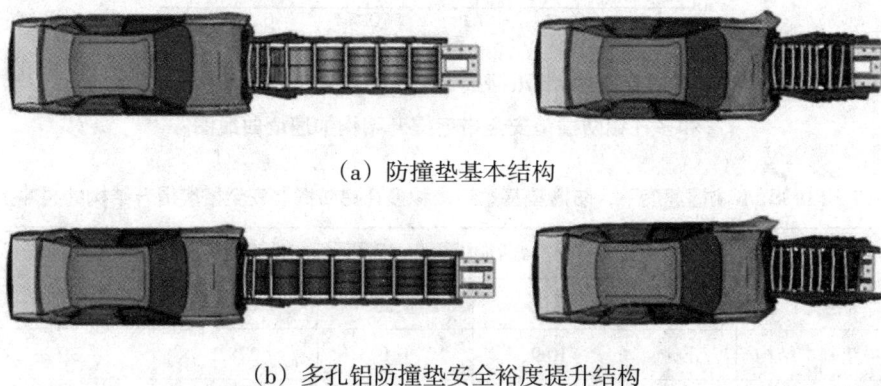

（a）防撞垫基本结构

（b）多孔铝防撞垫安全裕度提升结构

图5.76　110 km/h碰撞速度下，防撞垫基本结构和多孔铝防撞垫安全裕度提升结构的车辆轨迹

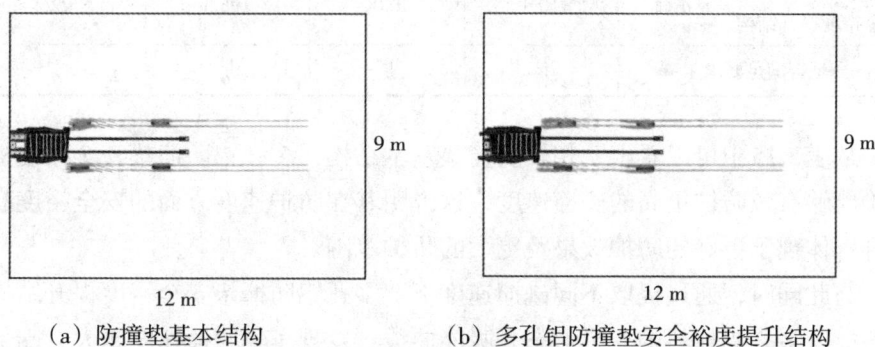

（a）防撞垫基本结构　　　　　　　　（b）多孔铝防撞垫安全裕度提升结构

图5.77　110 km/h碰撞速度下，防撞垫基本结构和多孔铝防撞垫安全裕度提升结构的导向框

在乘员保护方面，110 km/h碰撞条件下，在防撞垫基本结构的缓冲指标中，乘员碰撞后加速度纵向最大值为278.2 m/s²，大于限值200 m/s²；在多孔铝防撞垫安全裕度提升结构的缓冲指标中，乘员碰撞后加速度最大值为196.3 m/s²，小于限值200 m/s²，如图5.78所示。并且，由表5.15可知，多孔铝防撞垫安全裕度提升结构的正碰缓冲指标数据均满足要求。

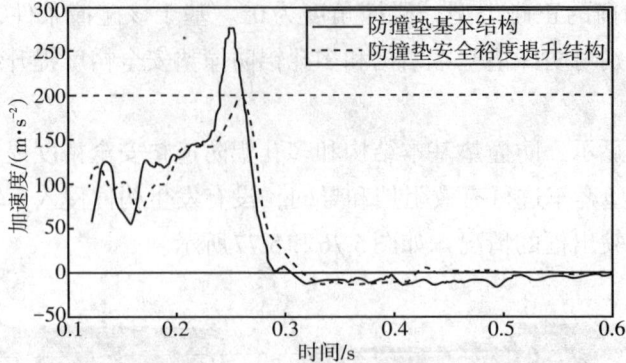

图5.78　110 km/h碰撞速度下，防撞垫基本结构
和多孔铝防撞垫安全裕度提升结构加速度曲线图

表5.15　110 km/h碰撞速度下，防撞垫基本结构和多孔铝防撞垫安全裕度提升结构的缓冲指标

项目		乘员碰撞速度/(m·s⁻¹)		乘员碰撞后加速度/(m·s⁻²)	
		纵向	横向	纵向	横向
防撞垫基本结构	正碰	10.9	0.1	278.2	39.2
是否满足要求		是	是	否	是
多孔铝防撞垫 安全裕度提升结构	正碰	10.9	0.0	196.3	22.2
是否满足要求		是	是	是	是

　　从表5.15中可以看出，相较防撞垫基本结构，多孔铝防撞垫安全裕度提升结构能够有效防护更高的碰撞速度，这说明其在防护速度方面的安全裕度有所提升，体现了更好的防护效果及更大的防护范围。

　　与此同时，通过提取不同碰撞速度下，多孔铝防撞垫安全裕度提升结构端部斜撑内多孔铝材料的变形形态和吸能曲线，发现车辆碰撞速度越大，端部斜撑内多孔铝材料压缩变形越明显，且吸收的碰撞能量也越多，如图5.79所示。这进一步说明，防撞垫采用端部斜撑内填充多孔铝的方式，可以有效提升其安全裕度，并得到验证。

原始状态　　　　　　100 km/h 碰撞速度下　　　　110 km/h 碰撞速度下

（a）多孔铝压缩变形情况

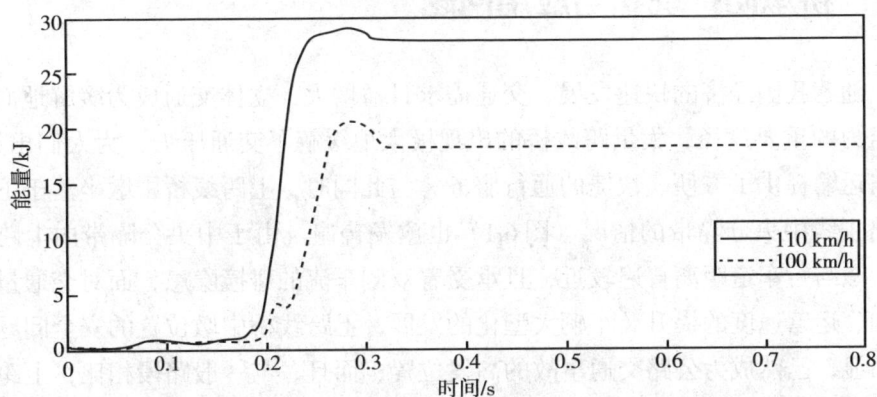

（b）多孔铝吸能曲线

图5.79　不同碰撞速度下，防撞垫内多孔铝材料变形及吸能情况

第6章　多孔铝材料在桥墩防车撞设施上的应用

6.1　桥墩防护现状与应用问题

随着我国经济的快速发展，交通需求日益增大，立体交通成为缓解地面交通压力的重要途径，大量跨线桥的出现极大地缓解了交通压力，为人们出行、公路运输提供了方便、快捷的通行服务。与此同时，上跨线桥中墩坐落于下行公路主线中央分隔带的情况（图6.1）也愈发普遍。由于中央分隔带内上跨线桥中墩与行车道距离普遍较近，且承受着双侧车流的碰撞隐患，面对交通量的增加、运营速度的提升及车辆大型化的发展，上跨线桥中墩位置的安全问题日渐凸显，已然成为公路交通事故的高发位置；而且，与一般路段相比，上跨线桥中墩位置一旦发生碰撞事故，不仅会造成车辆损毁和人员伤亡，而且会威胁上跨线桥主体结构安全，后果尤为严重。

图6.1　公路上跨线桥中墩

目前，对于公路上跨线桥中墩位置常见的处理方式有无防护、防撞垫定向防护、低等级护栏防护三种，如图6.2所示。初步分析，桥墩处无防护处理，意味着没有设置防护设施来消减碰撞能量及阻挡车辆，车辆会直接撞击桥墩；桥墩处沿固定方向设置防撞垫，可对小型车起到一定防护作用，但无法阻挡大型车撞击桥墩；桥墩处采用低等级护栏进行纵向隔离防护设计，相对于前两种处理方式，设计理念更为合理，但低等级护栏难以控制护栏变形和车体外倾，仍会撞击到桥墩。

(a) 无防护   (b) 防撞垫定向防护   (c) 低等级护栏防护

图6.2 公路上跨线桥中墩位置常见处理方式

通过总结相关事故，进一步验证了上述分析结论，上跨线桥中墩位置的常规处理方式未能起到良好的防护作用，车辆碰撞桥墩引发的恶性事故时有发生。从事故类型来看，主要包括两类：一类是车辆正碰桥墩，造成乘员舱被严重挤压变形、桥墩结构性损坏甚至桥梁结构坍塌的后果，导致严重人员伤亡及财产损失，如图6.3所示；另一类是车辆（尤其是大型车）外倾剐蹭桥墩，造成桥墩表面受损，不利于桥墩维护，影响桥墩耐久性，如图6.4所示。

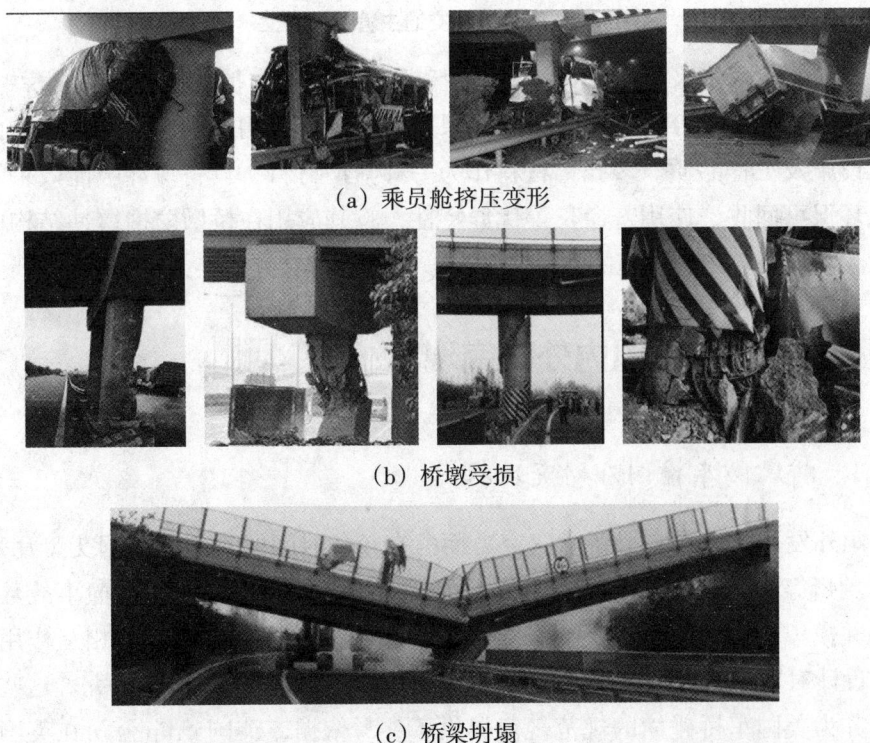

(a) 乘员舱挤压变形

(b) 桥墩受损

(c) 桥梁坍塌

图6.3 车辆正碰桥墩，导致乘员舱挤压变形、桥墩受损、桥梁坍塌的事故照片

图6.4　车辆剐蹭桥墩，导致桥墩表面受损的事故照片

为此，国内有些省交通主管部门甚至发文不允许在高速公路中央分隔带内设置桥墩（图6.5），但这势必给公路主体工程设计及建设带来更多限制和不利影响。可见，上跨线桥中墩位置安全问题的严重程度和棘手程度之高，需要得到有效解决。

> 2. 上跨高速公路的桥梁必须满足高速公路净空不小于5.5米（以最不利位置净空为准，下同），上跨桥梁墩台应设置在高速公路用地范围外不小于1米，高速公路中央分隔带内不设置桥墩。

图6.5　国内某省交通主管部门发文

当前，我国公路市场对具备防正碰和防剐蹭双重防护功能的上跨线桥中墩防护设施的需求十分迫切，需要新成果来解决安全应用问题，填补市场空白，优化设施及工程品质。多孔铝材料作为一种新型材料，具备缓冲吸能效果好、绿色环保可回收、使用寿命长等优异特性，将其应用在桥墩防撞缓冲结构中，将大大提升桥墩防护设施的安全、耐久、环保等综合性能，意义重大。

6.2　桥墩防车撞国内外研究现状

6.2.1　桥墩防车撞国外研究现状

国外发达国家在车撞桥墩研究方面已有较长时间的积累。美国艾奥瓦州、马里兰州等的交通部门都设立了专项的研究课题，建立了车桥碰撞事故数据库，并模拟相关事故案例，对车桥碰撞过程中的桥梁破坏机制、相互作用过程、设计对策及其效果等关键性科学问题和技术措施进行了深入研究。这些课题研究为美国车桥碰撞的规范规定提供了参考依据。英国Arup公司在英国高速公路局的大力支持下，一共进行了3次1∶1比例的车辆碰撞桥墩试验（如图

6.6所示），并将试验所得数据与有限元模拟分析对比。

图6.6 英国Arup公司辆碰撞桥墩试验

美国密歇根大学的S. EI-Tawil和E. Serverino采用非弹性的瞬态有限元模拟技术研究了车辆与桥墩之间的碰撞作用。他们用一辆14 kN的轻型卡车和一辆60 kN的重型卡车以55 km/h和135 km/h的速度撞击两个不同桥墩，计算了动力荷载的峰值和对应的静力荷载，并与美国AASHTO规范中规定的车辆撞击荷载进行了对比，结果显示模拟值和规范计算值基本一致。得克萨斯A&M大学的H. Sharma建立了分析模型，用于评估钢筋混凝土柱抵御不同等级车辆撞击的防撞能力，改进了现有的静力和半静力分析方法，提出了一种能够更真实反映车辆撞击结构特点的动力评价方法。这种方法既可以用于钢筋混凝土柱的防撞设计，也可以用于评价各种形式板、梁的防撞甚至防爆炸冲击的能力。这一理论的建立，对于车桥相互碰撞的研究具有里程碑式的意义。Priscilla Fonseca和S. EI-Tawil对两种不同形式的墩柱在车辆以不同速度、质量下进行模拟。该模拟结果显示，同一桥墩受汽车撞击后的损伤程度与汽车的质量、速度成正比，质量和速度越大，桥墩损伤越严重；同一汽车在相同速度下撞击不同形式的墩柱时，受撞桥墩的破坏程度基本相同。

2012年6月12日，美国交通运输部结合多年美国国内桥墩处发生事故的特点，采用计算机仿真技术（图6.7）和实车碰撞试验两种技术手段，通过研究得到相应的桥墩防护结构，如图6.8所示。

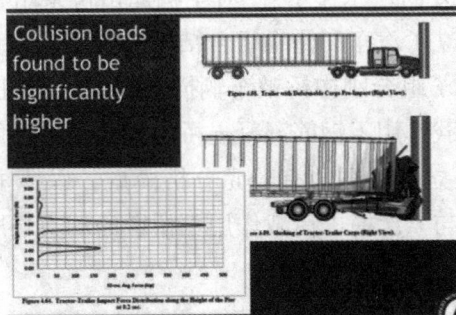

图6.7 国外计算机仿真技术示例

图6.8 现阶段国外应用的中分带、路侧桥墩防护结构

据了解，国外相应技术成果得到了广泛应用，但随着时间推移，交通特性的不断变化，国外碰撞桥墩防护结构后，车毁人亡、桥梁垮塌事故依旧发生（图6.9），仍需结合实际条件继续开展相关研究，以解决此类安全问题。

图6.9 国外中分带、路侧桥墩防护结构事故案例

由上可知，国外桥墩防护结构的研究对于我国此方面的研究有一定借鉴作用，但并不完全适用于我国公路条件及交通流特性，且国外的研究仍存在不足之处。

6.2.2 桥墩防车撞国内研究现状

近年来，我国逐步重视车桥碰撞问题，为优化桥墩位置安全防护效果，科研人员也在不断开展探索研究，并取得了一些技术成果。

在车桥碰撞机制方面，张伟东等[1]对车辆撞击桥梁组合结构进行了仿真模拟分析，用有限元建立了汽车和桥梁组合结构的模型，计算了汽车撞击桥梁组合结构的响应，得出了组合刚构桥被车辆撞击时的受力机制特点。刘玲[2]进行了在车辆侧向撞击荷载作用下钢筋混凝土桥墩构件动力性能的试验研究，并在试验研究的基础上建立了可靠的有限元分析模型，以撞击力的大小为衡量指标，研究分析了单次与累次撞击荷载作用下桥墩的动力响应与撞击力大小的变

---

① 张伟东,孙韶峰,朱德功.立交桥梁防冲撞装置的设计与使用[J].铁道建筑,2003(1):21-22.
② 刘玲.侧向撞击荷载下桥墩动力响应有限元分析[J].公路工程,2010,35(5):67-70.

化，得出单次撞击下桥墩的破坏程度略小于累次撞击荷载对桥墩的破坏程度。姚启明[1]针对汽车碰撞高速公路上跨线桥墩柱事故，采用有限元数值模拟的方法对被撞墩柱进行了计算分析，并将计算得到的桥墩损伤结果与现场检测的数据进行了对比，数据对比显示，有限元得到的数据和现场检测的数据大体一致，并有较小的差别，有较强的科学实用价值。刘佳林、赵强等[2]分别将车辆和桥墩柱简化为弹性体和刚性体，基于能量守恒原理分析了撞击力大小与其影响因素，然后将相应的撞击力作用于桥墩简化模型，推导出了在其撞击力作用下桥墩顶部的位移和桥墩墩柱倒地的临界撞击力。许琦、张南[3]在试验基础上探讨了车辆碰撞钢筋混凝土桥墩的撞击力计算方法。应变分析法是根据弹性阶段应变与曲率的关系、曲率与弯矩的关系及弯矩与外荷载的关系，建立起应变与外荷载的关系，从而根据应变时程求解撞击力时程。刘建成、顾永宁[4]基于当前相关规范规定的计算最大撞击力的公式，提出了一种新的研究桥墩撞击问题的方法，为车辆撞击桥墩的研究开阔了新思路。

在桥墩防护结构方面，实际工程中应用了一些设计成果，但普遍未进行全面系统的研究，因而在安全防护方面存在一定缺陷。例如，图6.10是在桥墩周围单独套设防护结构的处理方式，这种方式虽然在一定程度上保护了桥墩，但由于桥墩防护结构高度较低，且与标准段护栏未进行平顺衔接和刚度过渡，仍可能发生车辆（尤其是大型车）因侧倾过大而碰撞桥墩或车辆正碰防撞岛的事故，给车辆和乘员安全带来威胁，无法达到人、车、桥的综合防护效果。

图6.10 桥墩周围单独套设防护结构的处理方式

随着研究的不断深入，科研人员了解到桥墩防护结构需要采用一体化设计思路，以及理论分析、缩尺模型试验、有限元仿真模拟等多样化的技术手段进

① 姚启明.汽车碰撞防撞护栏碰撞力计算方法的研究[J].上海公路,2003(增刊):122-127.
② 刘佳林,赵强,甘英,等.汽车撞击城市立交桥墩后对桥墩结构的影响[J].交通标准化,2005(8):169-171.
③ 许琦,张南.车辆碰撞钢筋混凝土桥墩撞击力计算方法研究[J].四川建筑科学研究,2011,37(1):40-44.
④ 刘建成,顾永宁.桥墩塑性防撞装置的力学机理[J].上海交通大学学报,2003,37(7):990-994.

行研究与评价。图6.11为北京华路安交通科技有限公司针对济青高速公路中央分隔带桥墩安全防护需求，结合现场设置条件及交通特性，研究提出的一种桥墩防护设施。该设施采用混凝土渐变式结构，具有良好的阻挡、缓冲、导向及减小车辆外倾功能，可以防止车辆正碰桥墩。目前，该设施已在多项工程中进行了应用，并取得了良好的效果，可见研发有成效。但该成果对公路设置条件有一定要求，不适用于中央分隔带宽度较窄的情况。

（a）桥墩防护结构

（b）安全防护效果

图6.11 北京华路安交通科技有限公司研发的混凝土桥墩防护设施

由此可知，国内对于桥墩防护结构的研究正处于探索阶段，虽然取得了一些成果，但是在防正碰、防剐蹭及工程适应性等方面尚存在优化空间。

6.3 桥墩处需求分析及多孔铝材料应用

目前，桥墩防护设施着重于防正碰功能，防剐蹭功能尚未得到重视与解决，并且整体防护效果及适应工程条件等方面还有较大提升空间，迫切需要科研人员进行突破。本章在充分了解桥墩位置安全防护技术要点的基础上，结合多孔铝材料的优异特性，提出了桥墩双重防护新理念，通过采用多样化手段进行系统研究与合理设计，得到了安全可靠、适用性好、耐久性佳等优异特性的新型桥墩防车撞缓冲设施结构，实现了对人、车、桥的综合防护，满足推广应用条件。下面介绍多孔铝桥墩防车撞缓冲设施的具体研发过程。

6.3.1 桥墩处碰撞条件与评价标准

6.3.1.1 防护等级

《公路交通安全设施设计细则》（JTG/T D81—2017）中第6.2.3条规定，中央分隔带内设有车辆不能安全穿越的障碍物时，事故严重程度等级为"中"，中央分隔带护栏的防护等级应不低于SBm级，见表6.1。因此，公路上跨线桥中墩位置防护设施的设计防护等级不应低于四（SBm）级。

表6.1 中央分隔带护栏防护等级选取的规定

事故严重程度等级	中央分隔带条件	公路技术等级和设计速度/(km·h⁻¹)	防护等级（代码）
高	高速公路、一级公路中央分隔带宽度小于2.5 m并采用整体式护栏形式	高速公路120	六（SSm）
		高速公路、一级公路100，80	五（SAm）
		一级公路60	四（SBm）
中	对双向6车道高速公路，或未设置左侧硬路肩的双向8车道及以上高速公路，中央分隔带宽度小于2.5 m并采用分设式护栏形式，同时中央分隔带内设有车辆不能安全穿越的障碍物的路段	高速公路、一级公路120，100，80	四（SBm）
	对双向6车道及以上一级公路，中央分隔带宽度小于2.5 m并采用分设式护栏形式，同时中央分隔带内设有车辆不能安全穿越的障碍物的路段	一级公路100，80	四（SBm）
		一级公路60	三（Am）
低	不符合上述条件的其他路段	高速公路、一级公路120，100，80	三（Am）
		一级公路60	二（Bm）
		二级公路80，60	二（Bm）

同时，《公路交通安全设施设计细则》（JTG/T D81—2017）中第6.2.3条规定，设计交通量中，总质量大于或等于25 t的车辆自然数所占比例大于20%时，中央分隔带护栏的防护等级宜在表6.1的基础上提高一个等级。鉴于我国公路上运营车辆呈大型化和重型化发展趋势，从安全角度出发，桥墩处护栏防护等级宜在四（SBm）级的基础上提高一个等级，即选取五（SAm）级作为桥墩防车撞缓冲设施结构的防护等级。

五（SAm）级桥墩防车撞缓冲设施的碰撞条件应按照《公路护栏安全性能评价标准》（JTG B05-01—2013）的相应要求执行，见表6.2。

表6.2　五（SAm）级桥墩防车撞缓冲设施的碰撞条件

碰撞车型	车辆总质量/t	碰撞速度/(km·h⁻¹)	碰撞角度/(°)
小型客车	1.5	100	20
大型客车	14	80	20
大型货车	25	60	20

6.3.1.2　碰撞点

桥墩作为临近护栏的点状构筑物，结合相关经验，被车辆碰撞不同位置后的严重程度会有所差异，因此需要探究桥墩处最不利碰撞位置，并将其作为桥墩防车撞缓冲设施的碰撞点位置，为后续结构研究与安全评价奠定基础。

桥墩防车撞缓冲设施的作用主要是防止车辆碰撞桥墩，因此碰撞点选取应遵循以下两个原则。

①防护结构薄弱点。防止车辆撞击到构造物后，防护结构变形过大，导致桥墩受到撞击。

②车辆侧倾。车辆在桥墩前发生碰撞时，由于车辆高度高于护栏，车辆高速碰撞时，车体发生侧倾，此时车辆可能会直接撞击到桥墩。

基于碰撞点选取原则，采用可靠的计算机仿真技术，针对同一桥墩处设置条件，采用碰撞能量更大、车体更高、更易碰撞桥墩的大型客车和大型货车作为碰撞车型，设置相同的碰撞速度和碰撞角度，分别碰撞桥墩前方、桥墩中间、桥墩后方三个位置，如图6.12所示。

（a）大型客车碰撞桥墩前方　（b）大型客车碰撞桥墩中间　（c）大型客车碰撞桥墩后方

（d）大型货车碰撞桥墩前方 （e）大型货车碰撞桥墩中间 （f）大型货车碰撞桥墩后方

图6.12 大型车辆碰撞桥墩不同位置的仿真模型

图6.13为大型车辆碰撞桥墩不同位置的仿真计算结果。可见，大型车辆碰撞墩柱前方时，车体正碰墩柱，在墩柱位置发生严重绊阻，未能导出，且墩柱损坏严重；大型车辆碰撞墩柱中间时，车体轻度剐蹭墩柱，并在护栏前端发生轻微绊阻后导出；大型车辆碰撞墩柱后方时，车体轻度剐蹭墩柱，并发生较大侧倾后导出。

（a）大型客车碰撞桥墩前方 （b）大型客车碰撞桥墩中间 （c）大型客车碰撞桥墩后方

（d）大型货车碰撞桥墩前方 （e）大型货车碰撞桥墩中间 （f）大型货车碰撞桥墩后方

图6.13 大型车辆碰撞桥墩不同位置的仿真计算结果

基于最不利原则，选取桥墩前方位置作为碰撞点进行桥墩防车撞缓冲设施结构安全性分析。

6.3.1.3 评价标准

根据桥墩处安全防护需求，结合《公路护栏安全性能评价标准》（JTG B05-01—2013）规定的护栏安全性能评价指标，提出桥墩防车撞缓冲设施的评价标准。

（1）阻挡功能应符合的要求

①能够阻挡车辆穿越、翻越和骑跨。

②构件及其脱离件不得侵入车辆乘员舱。

（2）缓冲功能应符合的要求

①乘员碰撞速度的纵向与横向分量均不得大于12 m/s。

②乘员碰撞后加速度的纵向与横向分量均不得大于200 m/s²。

（3）导向功能应符合的要求

①车辆碰撞后不得翻车。

②车辆驶出驶离点后的轮迹经过图4.57所示的导向驶出框时不得越出直线 F。参数 A 和 B 的取值应符合表4.2的规定。

（4）防正碰、弱侧倾功能应符合的要求

车体不得正碰桥墩，可以轻度剐蹭。

6.3.2 桥墩处防护关键因素分析

实际工程中，桥墩防护设施的设置空间不足，是桥墩防护的技术难点。为了更好地分析桥墩处的防护关键因素，遵循较不利原则，选取较不利条件下桥墩处结构进行仿真碰撞分析。

图6.14为较不利条件下桥墩处结构仿真碰撞结果。可见，小型客车碰撞桥墩处结构后，有轻微绊阻，但顺利导出，没有穿越、翻越、骑跨、翻车现象，碰撞过程中车体未正碰墩柱；大型客车碰撞桥墩处结构后，车体正碰桥墩，在桥墩位置发生绊阻，未能导出；大型货车碰撞桥墩处结构后，车体正碰桥墩，在桥墩位置发生绊阻，未能导出。

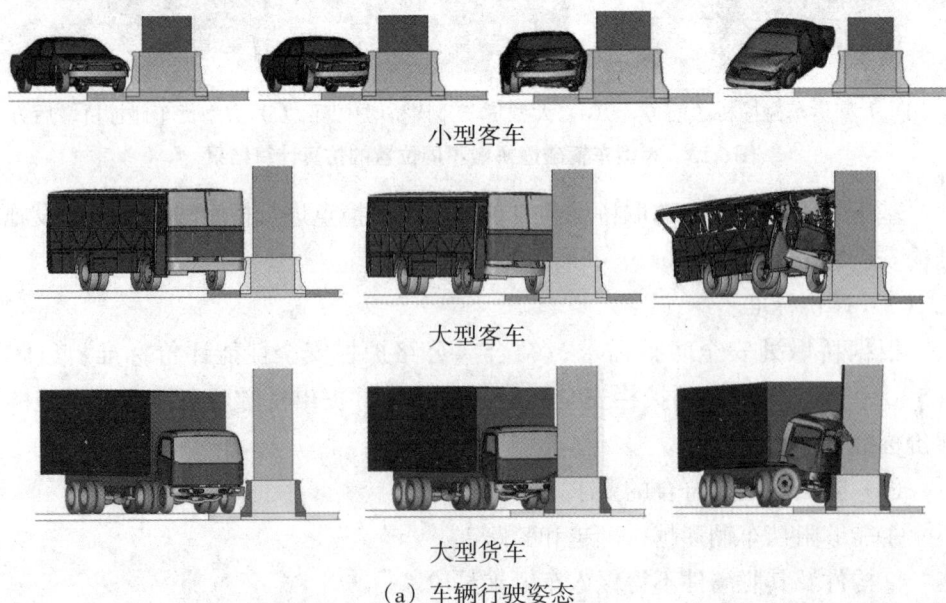

小型客车

大型客车

大型货车

（a）车辆行驶姿态

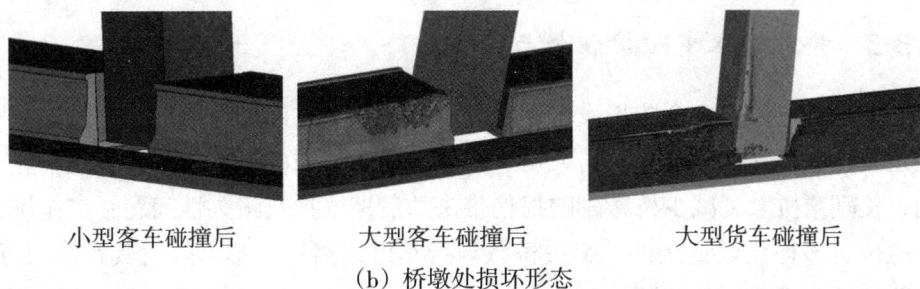

小型客车碰撞后　　　　大型客车碰撞后　　　　大型货车碰撞后

（b）桥墩处损坏形态

图6.14　较不利条件下桥墩处结构仿真碰撞结果

通过分析，得出影响桥墩防护性能的关键因素，主要包括以下三个方面。

①车辆与桥墩防撞缓冲设施结构的碰撞位置。

通过6.3.1.2节对现有桥墩处结构不同碰撞位置进行的碰撞分析得出，在不同的碰撞位置碰撞后车辆和桥墩的损坏程度不同。当碰撞位置在墩柱前方时，车辆最容易正碰墩柱，车辆和墩柱损坏最严重。基于最不利原则，后续对桥墩防车撞缓冲设施结构安全性的分析，均采用桥墩前方作为碰撞点。

②桥墩防车撞缓冲设施结构刚度和高度。

如图6.15所示，护栏变形及车辆外倾越小，车辆与桥墩防护结构碰撞过程中车体正碰墩柱的可能性越小。通过上述仿真碰撞分析结果可以看出，桥墩处结构防护性能不足的主要原因是结构刚度和防护高度不足，导致车辆在碰撞过程中侵入中央分隔带水平距离较大，车体直接正碰桥墩。

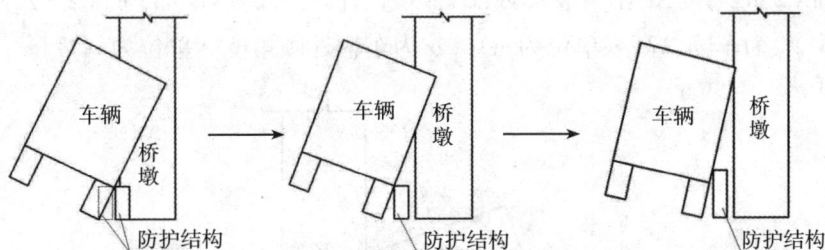

图6.15　提升桥墩防护结构刚度和高度

③桥墩位置防撞缓冲设施结构应与护栏进行协同、过渡。

为减小护栏变形及车辆外倾，桥墩处防护结构需要在高度和刚度上进行特殊设计。但桥墩防护结构属于中央分隔带防护设施的组成部分，需要与中央分隔带标准段护栏在结构尺寸及刚度进行协同设计与合理过渡，不应形成薄弱危险点，以防止车辆绊阻，达到较好的防护效果。

6.3.3 桥墩处双重防护理念与设计思路

关于桥墩位置安全防护设计，重点需要从三个方面进行考虑：一是防止车辆正碰桥墩，降低碰撞事故给人员、车辆及桥墩带来的严重伤害；二是防止车辆直接剐蹭桥墩，减少桥墩剐蹭损伤带来的后期维护及耐久性问题；三是满足桥墩位置多样化设置条件，解决桥墩与行车道距离尺寸不一（尤其距离很近）时防护结构不适用的问题。

同时，根据《公路交通安全设施设计规范》（JTG D81—2017）中6.2.17条的规定，由于桥墩普遍高于护栏，桥墩位置护栏选型时，当主要行驶车型不是大型车辆时，只需考虑护栏最大横向动态位移外延值（W）；当主要行驶车型是大型车辆时，需要考虑车辆最大动态外倾当量值（VI_n）。为了研究成果的普适性，从较不利角度出发，将车辆最大动态外倾当量值（VI_n）作为重要考虑因素。图6.16为护栏变形指标及车辆外倾指标示意图，其中护栏最大动态变形值（D）是指车辆碰撞护栏过程中，护栏变形后迎撞面相对于其初始位置的最大横向水平位移；护栏最大横向动态位移外延值（W）是指车辆碰撞护栏过程中，护栏变形后最外边缘相对于护栏碰撞前最内边缘的最大横向水平距离；车辆最大动态外倾值（VI）是指大中型车辆（包括特大型客车）碰撞护栏过程中外倾时，车辆最外边缘相对于护栏碰撞前最内边缘的最大横向水平距离；车辆最大动态外倾当量值（VI_n）是指测出的车辆最大动态外倾值（VI）按照车辆总高4.2 m换算后的车辆最大动态外倾值，计算公式为$VI_n = VI + (4.2 - V_H)\sin\alpha$，公式中$V_H$为车辆总高（单位为m），$\alpha$为车辆外倾角度［单位为（°）］。

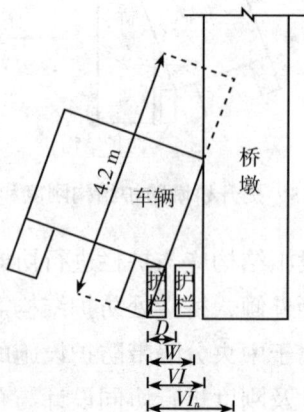

图6.16 护栏变形指标及车辆外倾指标示意图

基于桥墩位置安全防护需求、关键影响因素及设计规范要求，结合多孔铝压缩全过程持续吸能特点，提出多孔铝桥墩防撞缓冲结构设计思路。

①桥墩防撞缓冲结构需要具有一定强度，可对碰撞车辆进行有效阻挡和导向，防止车辆穿越、翻越、骑跨或下穿护栏后碰撞桥墩，可尝试将混凝土护栏或金属梁柱式护栏作为基本防护结构，并分析其是否满足桥墩位置防护需求。

②若桥墩位置单独依靠常规护栏难以起到防护作用，可在护栏基本结构上面增设外围防护结构，增加桥墩防撞缓冲结构的防护高度，防止车辆正碰桥墩，或者降低车辆外倾碰撞桥墩的严重程度，增设结构可尝试采用多孔铝材料或钢结构。

③桥墩防撞缓冲结构与标准段护栏间应进行安全过渡处理。一方面保证不同结构间连接可靠；另一方面保证车辆碰撞过渡位置时不发生严重绊阻，可顺利导向。

④考虑到车辆碰撞过程中难免会有尖锐边角剐蹭桥墩的情况，为了起到更好的防护作用，在桥墩基本防护结构和外围防护结构的基础上，增加桥墩自体防护结构，可尝试采用多孔铝材料。

因此，针对上跨线桥墩位置提出双重防护设计方法（图6.17）：第一重防护是采用护栏基本防护结构和外围防护结构来消除车辆正碰桥墩的情况，第二重防护是采用桥墩自体防护结构来消除车辆剐蹭桥墩的情况。在研究设计过程中，应综合考虑安全防护、施工方便、景观协调及造价合理等因素，对多孔铝材料进行合理应用，使所得成果既可解决桥墩安全防护问题，实现对人、车、桥的多重防护目标，满足工程应用条件，又具有良好的市场竞争力。

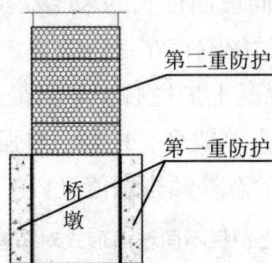

图6.17 双重防护理念

6.3.4 多孔铝桥墩防车撞缓冲设施结构方案

根据6.3.3节介绍的设计思路，以济泰高速公路桥墩位置设置条件为基础，采用理论分析、仿真优化与评估等技术手段，对桥墩基本防护结构、外围防护结构及桥墩自体防护结构进行系统研究，得到满足工程应用需求的多孔铝桥墩防车撞缓冲设施技术成果。下面详细介绍该研究过程。

6.3.4.1 桥墩基本防护结构研究

由于桥墩位置需要考虑车辆最大动态外倾当量值（VI_n），混凝土护栏相对于其他结构护栏刚度大，在相同碰撞条件下，车辆最大动态外倾当量值（VI_n）较小，且《公路交通安全设施设计细则》（JTG/T D81—2017）推荐的桥墩防护形式为混凝土护栏。因此，结合工程需求，初步确定桥墩基本防护结构采用SA级混凝土护栏。

针对SA级混凝土护栏，《公路交通安全设施设计细则》（JTG/T D81—2017）给出了不同坡面形式的推荐结构，包括单坡型、F型及加强型，防护能力均满足要求，如图6.18所示。为考察混凝土护栏不同坡面形式对车辆侧倾的影响，下面采用结构尺寸更高的大型客车进行仿真碰撞分析。

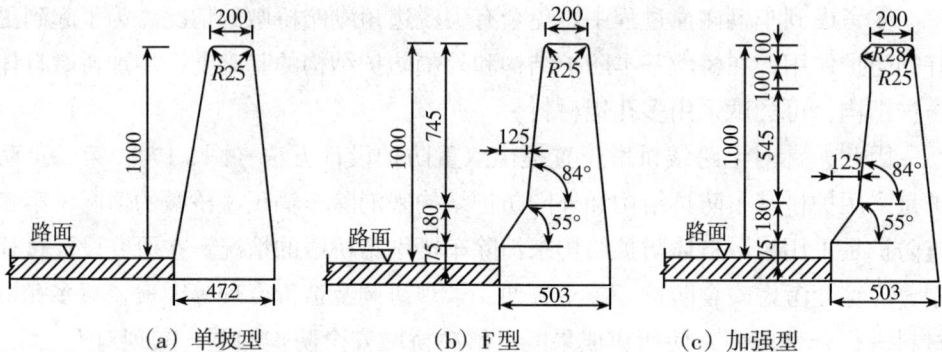

（a）单坡型　　　　（b）F型　　　　（c）加强型

图6.18　设计细则推荐的混凝土护栏不同坡面形式（单位：mm）

仿真碰撞结果表明，不同坡面形式的SA级混凝土护栏均可对大型客车进行有效防护，但对车辆侧倾的影响存在一定差异。通过提取碰撞数据，发现大型客车碰撞不同坡面SA级混凝土护栏后，车辆最大动态外倾当量值（VI_n）均大于1 m，VI_n排序从高到低为单坡型、F型、加强型，见表6.3。因此，SA级混凝土护栏应采用车辆最大动态外倾当量值（VI_n）更小的加强型坡面。

表6.3　混凝土护栏不同坡面形式对车辆侧倾的影响

碰撞车型	单坡型		F型		加强型	
	行驶姿态	VI_n/m	行驶姿态	VI_n/m	行驶姿态	VI_n/m
大型客车		1.372		1.228		1.112

对于 SA 级加强型混凝土护栏，《公路交通安全设施设计细则》（JTG/T D81—2017）虽然给出了推荐结构，但护栏总宽度为 50.3 cm，难以适应桥墩位置的设置条件。以某高速公路为例，中央分隔带整体宽度为 3 m，两侧 C 值（侧向余宽）均为 0.5 m，桥墩直径为 1.3 m，这说明桥墩两侧可供护栏设置的宽度仅为 35 cm，则规范推荐的护栏总宽度（50.3 cm）无法应用。

为此，调研了解现有 SA 级加强型混凝土护栏成果，从减小护栏占地宽度的角度出发，采用一种宽度仅为 32 cm 的 SA 级加强型混凝土护栏结构，经实车足尺碰撞试验验证，其安全可靠，且有合格的检测报告，可适应大部分桥墩距离路侧较近情况，如图 6.19 所示。

（a）结构图

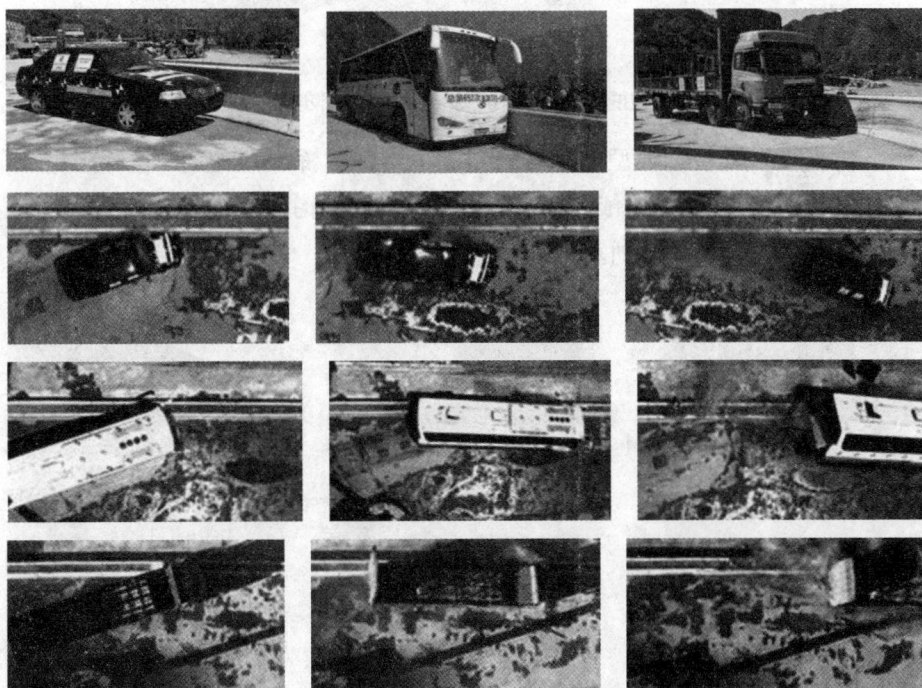

（b）实车足尺碰撞试验

图6.19　经碰撞试验验证的SA级混凝土护栏结构

基于总宽为32 cm的SA级混凝土护栏成果，结合某高速公路中央分隔带桥墩位置的设置条件（中央分隔带整体宽度为3 m，两侧C值均为0.5 m，圆形桥墩直径为1.3 m，桥墩两侧可供护栏设置宽度仅为35 cm），建立了桥墩结构[遵循较不利原则，将桥墩形式由直径1.3 m圆形改为1.3 m（长）×1.3 m（宽）的方形，其原因是车辆碰撞的方形墩更不易导出，严重程度更高]、护栏结构的仿真模型，并结合6.3.1节确定的碰撞点及碰撞条件进行了大型客车和大型货车的仿真碰撞分析，如图6.20所示。

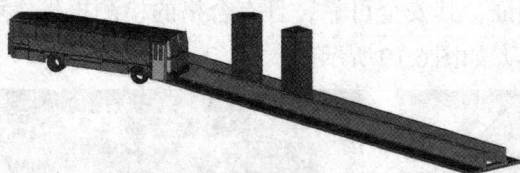

（a）大型客车

（b）大型货车

图6.20　车辆碰撞桥墩位置SA级混凝土护栏防护结构仿真模型

从仿真结果来看，大型客车和大型货车均正碰桥墩，发生严重绊阻，车辆变形损坏严重，说明单纯依靠SA级混凝土护栏结构，难以起到有效防护人、车、桥的作用，如图6.21所示。

（a）大型客车

（b）大型货车

图6.21　桥墩位置SA级混凝土护栏防护结构的防护效果

基于上述分析，单独设置SA级混凝土护栏难以实现桥墩防护目标，究其原因，主要与桥墩位置防护结构高度不足有关。

6.3.4.2 桥墩外围防护结构研究

为了提高桥墩位置防护结构高度，优化安全防护效果，在SA级混凝土护栏上面增设外围防护结构，重点对增设的外围防护结构的高度、形式及方案防护效果进行分析。

（1）外围防护结构高度

桥墩位置防护结构的高度与防护车辆的高度密切相关。根据事故调研与研究分析，客车整体性好，应重点防护客车总质量重心位置；货车主要为车厢载货，应重点防护货车配载重心位置。为了取得良好的防护效果，桥墩位置的防护结构高度应大于客车的总质量重心高度和货车的配载重心高度。

SA级护栏主要防护车辆为1.5 t小型客车、14 t大型客车、25 t大型货车。按照《公路护栏安全性能评价标准》（JTG B05-01—2013）给出的碰撞车辆参数要求，可知1.5 t小型客车的总质量重心位置高度为580 mm，14 t大型客车的总质量重心位置高度为1280 mm，25 t大型货车的配载重心位置高度为1580 mm，见表6.4。由于大型货车配载中心高度最高，遵循较不利原则，所以将SA级混凝土护栏上面增设防护结构后的整体有效高度定为1600 mm。

表6.4 SA级护栏防护车辆的重心位置高度

防护车型	总质量重心位置高度/mm	配载重心位置高度/mm
1.5 t小型客车	580	—
14 t大型客车	1280	—
25 t大型货车	—	1580

（2）外围防护结构形式

综合考虑结构强度、设置稳定性、过渡平顺性、施工方便性及美观性等因素，结合相关设计经验，研究提出了两种外围防护结构方案，具体如下。

方案一：多孔铝防撞箱体结构。

本方案基于多孔铝材料优异的压缩吸能特性，采用2 mm厚钢板包封形成封闭箱体，箱体内部填充多孔铝材料，混凝土护栏顶面以上高600 mm；多孔铝防撞箱体嵌固于桥墩两侧混凝土护栏之间，箱体底部焊接钢管支架，嵌固深度为0.7 m，便于横向协同受力，保证结构设置的稳定性；多孔铝防撞箱体迎行车方向的端部做弧形过渡处理，以减小车辆绊阻风险；多孔铝防撞箱体与下部混凝土护栏之间通过螺栓进行可靠连接，形成连续整体，以提升安全防护性能。本方案如图6.22所示。

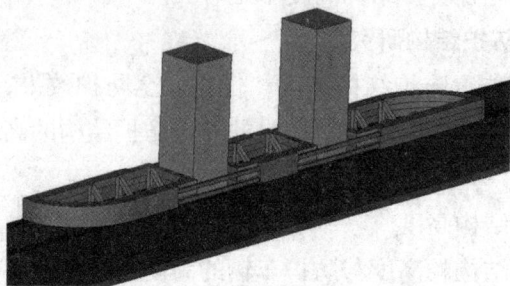

图6.22 上部增设多孔铝防撞箱体方案

方案二：梁柱式钢结构。

本方案增设的外围防护结构形式采用梁柱式钢结构，高度为600 mm，主要由横梁、立柱、横撑及连接构件组成，如图6.23所示。其中，横梁为矩形管，截面尺寸为160 mm（长）×120 mm（宽）×10 mm（厚），采用上、下双层布置方式，且迎行车方向横梁端部做弧形过渡处理，防止车辆发生绊阻；立柱为H形，高600 mm，前后翼板、腹板厚度为12 mm，直线段立柱间距为1.5 m，且立柱与下部混凝土护栏顶面进行可靠连接，保证基础结构强度；横撑设置于桥墩两侧立柱之间，由两根矩形管和立柱构成稳定的三角形结构，起到横向支撑作用，以增加结构横向刚度，且结合防护位置，将三角横撑的设置方向进行针对性设计。

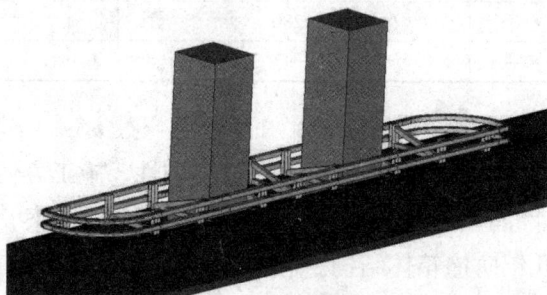

图6.23 上部增设梁柱式钢结构方案

对于上述两种方案来说，在达到同等防护效果的基础上，方案一的多孔铝材料用量多，造价高，工程推广应用存在难度；而方案二为钢结构，造价更为合理，且兼备景观性和工艺便捷性。二者的对比情况见表6.5。

表6.5 上部增设结构方案对比情况

项目	方案一：增设多孔铝防撞箱体	方案二：增设梁柱式钢结构
结构强度	可靠	可靠
工艺方便性	方便加工与安装	方便加工与安装
景观性	结构简洁、通透性好	结构简洁、通透性较差
经济性	造价较高	造价较低

因此，SA级混凝土护栏上面增设外围防护结构后将整体有效高度定为1600 mm，其中外围防护结构采用梁柱式钢结构方案。

（3）外围防护结构方案防护效果分析

针对SA级混凝土护栏上部增设外围防护结构的整体方案，建立了计算机仿真模型，并结合6.3.1节确定的碰撞点及碰撞条件进行了大型客车的仿真碰撞分析，如图6.24所示。从仿真结果来看，与独设SA级混凝土护栏相比，防护效果有较大提升，未发生车辆严重绊阻后停驶的情况，但大型客车碰撞过程中仍与桥墩发生了较为严重的碰撞，给驾乘人员、碰撞车辆及桥梁主体的安全带来一定威胁，如图6.25所示；同时，护栏顶部宽度较窄，梁柱式钢结构基础设置相对受限。

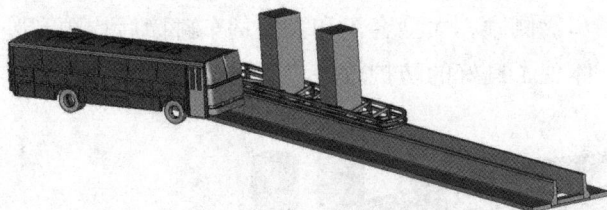

图6.24 大型客车碰撞桥墩位置SA级混凝土护栏上部增设外围防护结构的仿真模型

图6.25 桥墩位置SA级混凝土护栏上部增设外围防护结构的防护效果

基于上述分析，研究提出的桥墩防护结构整体高度及强度基本符合要求，增设的上部外围结构也发挥了防侧倾功能，但整体结构在防侧倾方面仍有继续优化的空间。究其原因，主要与下部SA级混凝土护栏有关，即虽然从防侧倾角度对规范推荐的坡面形式进行了优选，但车辆碰撞过程中的外倾值较大，需要进一步优化。

6.3.4.3 桥墩基本防护结构和外围防护结构的组合优化研究

为了进一步提升桥墩防车撞缓冲设施的安全防护性能，尤其是防侧倾效果，结合相关研究经验，在上部外围防护结构不变的基础上，对下部SA级混凝土护栏坡面形式进行优化，由加强型坡面调整为防侧倾效果更优的直壁型坡面，如图6.26所示。需要强调的是，下部直壁型坡面混凝土护栏与上部外围防护结构的设置长度相同，直壁型混凝土护栏两端衔接加强型混凝土护栏，且两种坡面进行平顺过渡，防止车辆绊阻。

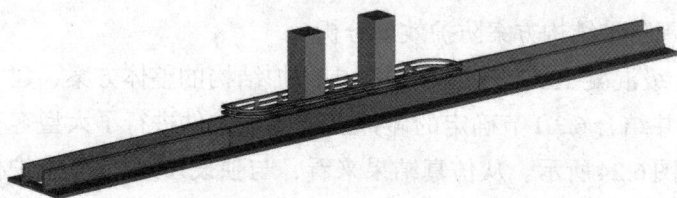

图6.26 优化后的桥墩防车撞缓冲设施整体结构

针对优化后的桥墩防车撞缓冲设施整体结构，建立了计算机仿真模型，并结合6.3.1节确定的碰撞点及碰撞条件进行了大型客车的仿真碰撞分析，如图6.27所示。从仿真结果来看，将下部SA级混凝土护栏坡面形式优化为直壁型后，有效控制了车辆侧倾，大型客车和大型货车碰撞后均顺利驶出，未与桥墩发生严重碰撞，体现了良好的防护效果，如图6.28所示。

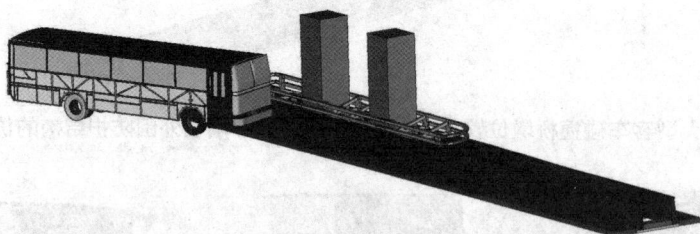

图6.27 大型客车碰撞优化后的桥墩防车撞缓冲设施整体结构仿真模型

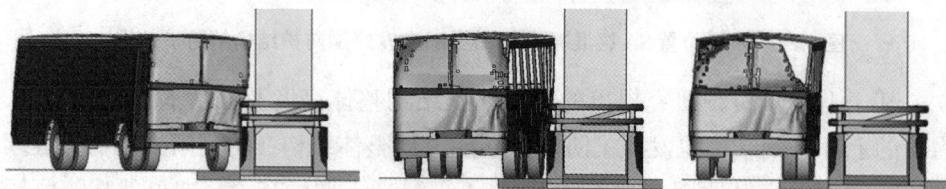

图6.28 优化后的桥墩防车撞缓冲设施整体结构防护效果

因此，SA级直壁型混凝土护栏及上部外围防护结构组合设置，起到了防护碰撞车辆、消除车辆正碰桥墩的情况，具有较好的防护效果。

6.3.4.4 桥墩自体防护结构研究

由于车辆在碰撞过程中难免会有尖锐边角或轻微侧倾剐蹭到桥墩的情况，为了更好地保护桥墩，且增加安全储备，在基本防护结构（SA级混凝土护栏）和外围防护结构的基础上，增加桥墩自体防护结构。多孔铝材料具有优异的压缩吸能特性，可在桥墩自体防护结构中进行应用。

桥墩自体防护结构方案的研究重点在于确定防护高度和结构形式。

（1）桥墩自体防护结构高度

①桥墩位置下部采用直壁型混凝土护栏，属于面状防护状态，可不做自体防护处理。

②上部外围防护采用梁柱式钢结构，为线状防护，车辆碰撞过程中尖锐边角可从空置处剐蹭桥墩，需要对应外围防护结构高度（600 mm）范围内设置自体防护处理。

③受到实际工程设置条件及车型多样化的影响，桥墩防护结构虽然可以避免车辆正碰桥墩，但是难以完全避免车辆轻微剐蹭桥墩的情况，因此需要在大型车辆外倾易剐蹭位置进行自体防护处理。通过调研及试验参数分析，SA级护栏防护的14 t大型客车总高约3 m，25 t大型货车总高约2 m，从较不利角度出发，桥墩自体防护结构高度可设置到3 m。

基于上述分析，确定桥墩自体防护结构起自路面以上1 m，终至路面以上3 m，整体设置高度共2 m。

（2）桥墩自体防护结构形式

如图6.29所示，桥墩自体防护结构由两片半圆形钢质箱体组成，为了取得更好的缓冲吸能效果，箱体内填充多孔铝材料；两片半圆形钢质箱体的截面尺寸为2000 mm（高）× 25 mm（宽）× 2 mm（厚），内部填充的多孔铝材料厚度为20 mm；两片半圆形钢质箱体环抱在桥墩上进行拼接，其底部与混凝土护栏顶面连接固定。

图6.29 桥墩自体防护结构

为了考察桥墩自体防护结构的功效，对有无多孔铝材料的瓷砖开展锤击单元试验，工况一是锤击无多孔铝防护的瓷砖［图6.30（a）］，工况二是锤击有多孔铝防护的瓷砖［图6.30（b）］。经验证，没有多孔铝板防护的瓷砖直接碎裂，有多孔铝板防护的瓷砖则没有碎裂。

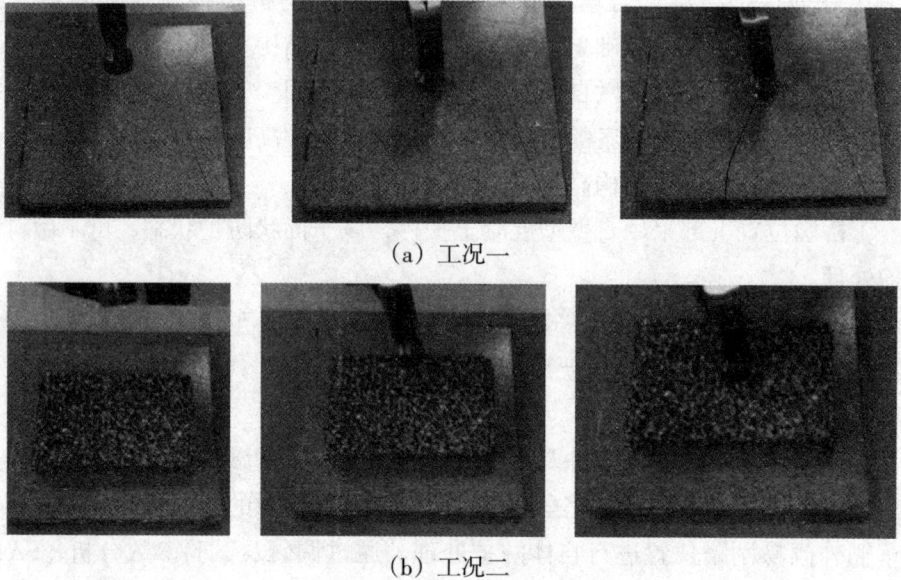

（a）工况一

（b）工况二

图6.30　锤击单元试验

同时，采用计算机仿真方法建立无多孔铝防护和有多孔铝防护的桥墩仿真模型，采用大型客车以10 km/h的速度正碰桥墩进行仿真计算，如图6.31所示。

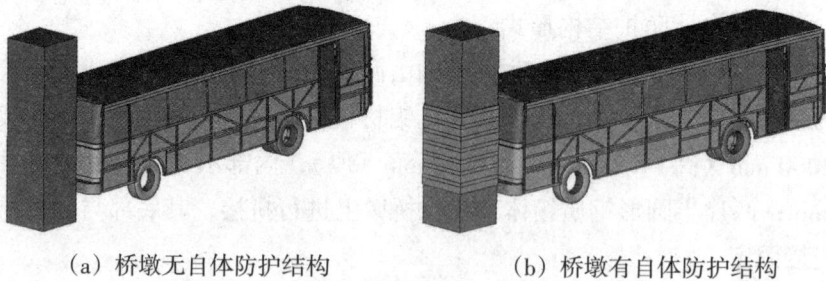

（a）桥墩无自体防护结构　　　　　　（b）桥墩有自体防护结构

图6.31　大型客车碰撞两种工况下的桥墩结构

通过对仿真碰撞数据进行处理，提取有、无自体防护结构桥墩所受到的碰撞力曲线，其中有自体防护结构桥墩所受到的碰撞力峰值为2053 kN，无自体防护结构桥墩所受到的碰撞力峰值为2353 kN，桥墩所受到的碰撞力降低了12%以上，如图6.32所示。

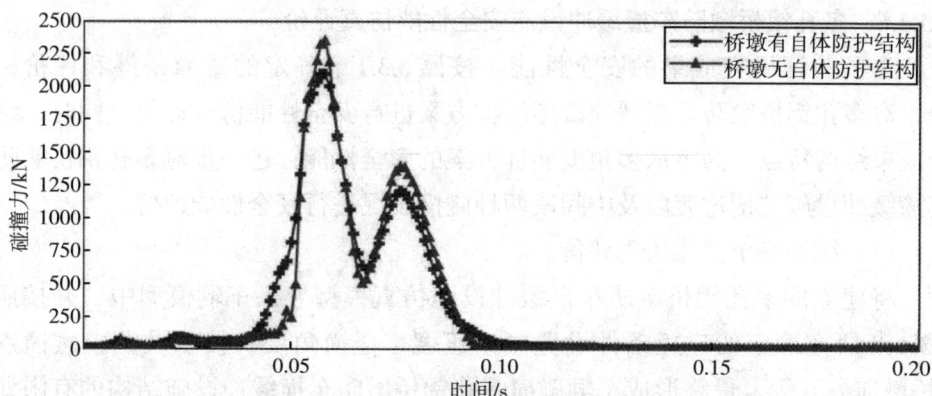

图6.32 两种工况下桥墩受到碰撞力的曲线图

从锤击单元试验和仿真碰撞计算结果中可以看出，桥墩自体防护结构在保护桥墩防剐蹭方面起到了积极作用，可以减轻桥墩受损程度，更有利于桥墩后期维护，从而保证桥墩的耐久性。

6.3.4.5 多孔铝桥墩防撞垫缓冲设施最终结构方案

基于上述研究与分析，最终确定多孔铝桥墩防车撞缓冲设施整体结构由基本防护结构（SA级混凝土护栏）、外围防护结构（梁柱式钢结构）、桥墩自体防护结构（多孔铝环形结构）三部分组成，如图6.33所示。

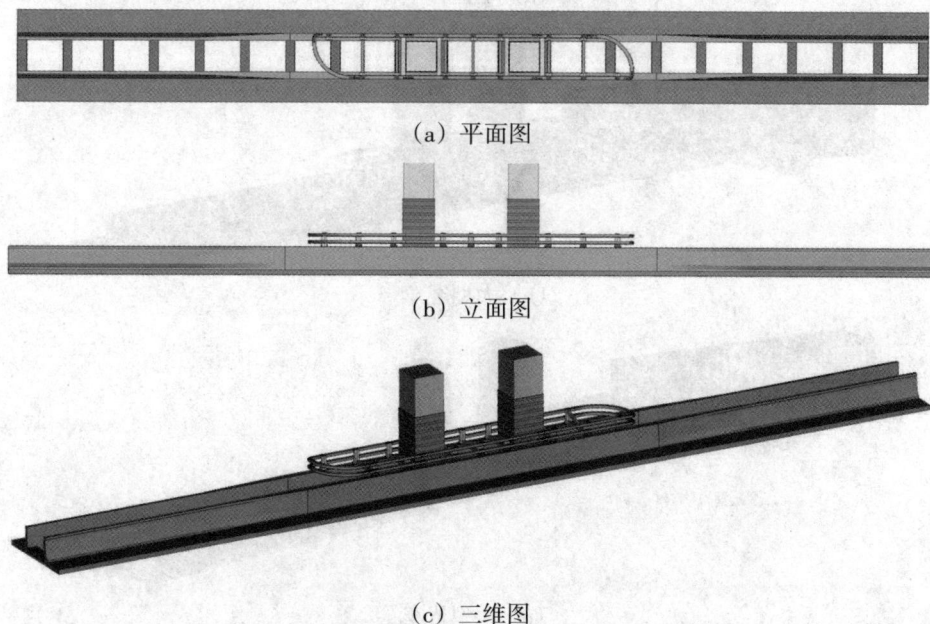

（a）平面图

（b）立面图

（c）三维图

图6.33 多孔铝桥墩防车撞缓冲设施最终结构方案

6.3.4.6 多孔铝桥墩防车撞缓冲设施安全性能仿真评价

为了验证研究成果的安全性能，按照6.3.1节确定的碰撞条件和评价标准，对多孔铝桥墩防车撞缓冲设施结构方案进行安全性能仿真评价。同时，结合成果结构特点，为了从多角度验证方案的安全性能，进一步对多孔铝桥墩防车撞缓冲设施结构过渡段及中间段两种碰撞工况进行安全性能评价。

（1）结构安全性能仿真评价

将建立的多孔铝桥墩防车撞缓冲设施仿真模型导入车辆模型中，并按照6.3.1节研究确定的碰撞条件设置碰撞速度、碰撞角度、接触及调整碰撞点（桥墩前方）等，最终形成车辆碰撞多孔铝桥墩防车撞缓冲设施结构的有限元模型，如图6.34所示。

(a) 小型客车

(b) 大型客车

(c) 大型货车

图6.34 车辆碰撞多孔铝桥墩防车撞缓冲设施结构的有限元模型

①小型客车碰撞结果。小型客车碰撞多孔铝桥墩防车撞缓冲设施结构的计算结果如图6.35所示。车辆碰撞多孔铝桥墩防车撞缓冲设施结构后，没有发生穿越、翻越、骑跨现象，多孔铝桥墩防车撞缓冲设施结构构件及其脱离件没有侵入车辆乘员舱；乘员碰撞速度纵向和横向分量分别为 $v_x = 3.6$ m/s 和 $v_y = 7.9$ m/s，乘员碰撞后加速度纵向和横向分量分别为 $a_x = 42.7$ m/s² 和 $a_y = 187.6$ m/s²；车辆顺利导出，行驶姿态正常，没有发生翻车、横转、掉头现象，车辆轮迹满足导向驶出框要求；碰撞过程中，车体未正碰桥墩。综上所述，小型客车碰撞多孔铝桥墩防车撞缓冲设施结构的结果满足评价标准要求。

（a）行驶姿态

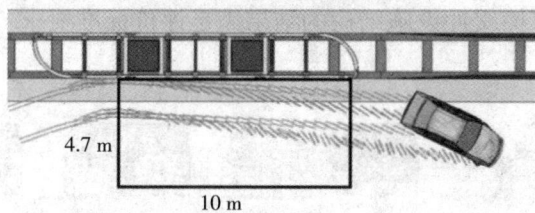

（b）运行轨迹

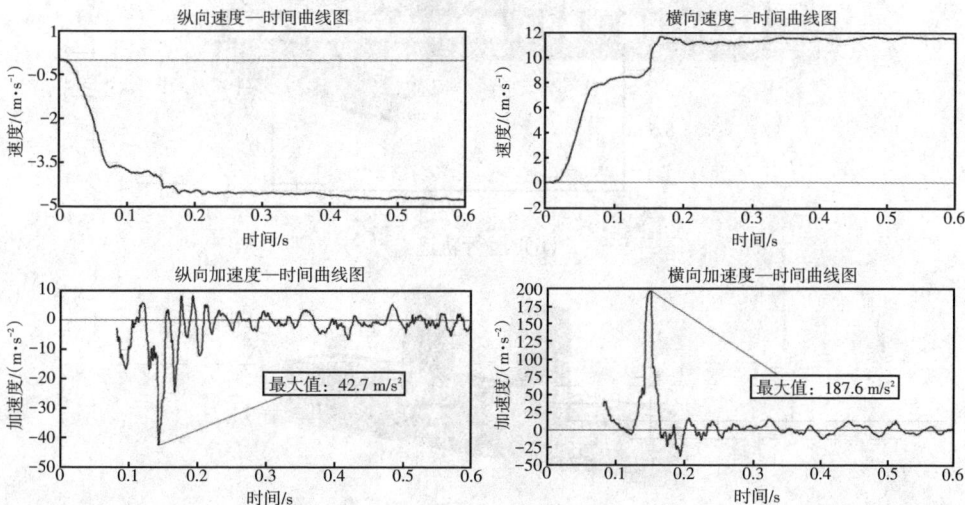

（c）缓冲指标

（d）损坏情况

图6.35 小型客车碰撞多孔铝桥墩防车撞缓冲设施结构的计算结果

②大型客车碰撞结果。大型客车碰撞多孔铝桥墩防车撞缓冲设施结构的计算结果如图6.36所示。车辆碰撞多孔铝桥墩防车撞缓冲设施结构后，没有发生穿越、翻越、骑跨现象，多孔铝桥墩防车撞缓冲设施结构构件及其脱离件没有侵入车辆乘员舱；车辆顺利导出，行驶姿态正常，没有发生翻车、横转、掉头现象，车辆轮迹满足导向驶出框要求；碰撞过程中，车体未正碰桥墩，车辆最大动态外倾当量值为0.228 m，小于0.5 m的指标要求。综上所述，大型客车碰撞多孔铝桥墩防车撞缓冲设施结构的结果满足评价标准要求。

（a）行驶姿态

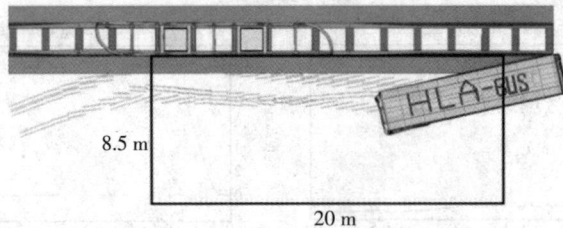

8.5 m

20 m

（b）运行轨迹

（c）损坏情况

图6.36 大型客车碰撞多孔铝桥墩防车撞缓冲设施结构的计算结果

③大型货车碰撞结果。大型货车碰撞多孔铝桥墩防车撞缓冲设施结构的计算结果如图6.37所示。车辆碰撞多孔铝桥墩防车撞缓冲设施结构后，没有发生穿越、翻越、骑跨现象，多孔铝桥墩防车撞缓冲设施结构构件及其脱离件没有侵入车辆乘员舱；车辆顺利导出，行驶姿态正常，没有发生翻车、横转、掉头现象，车辆轮迹满足导向驶出框要求；碰撞过程中，车体未正碰桥墩，车辆最大动态外倾当量值为0.209 m，小于0.5 m的指标要求。综上所述，大型货车碰撞多孔铝桥墩防车撞缓冲设施结构的结果满足评价标准要求。

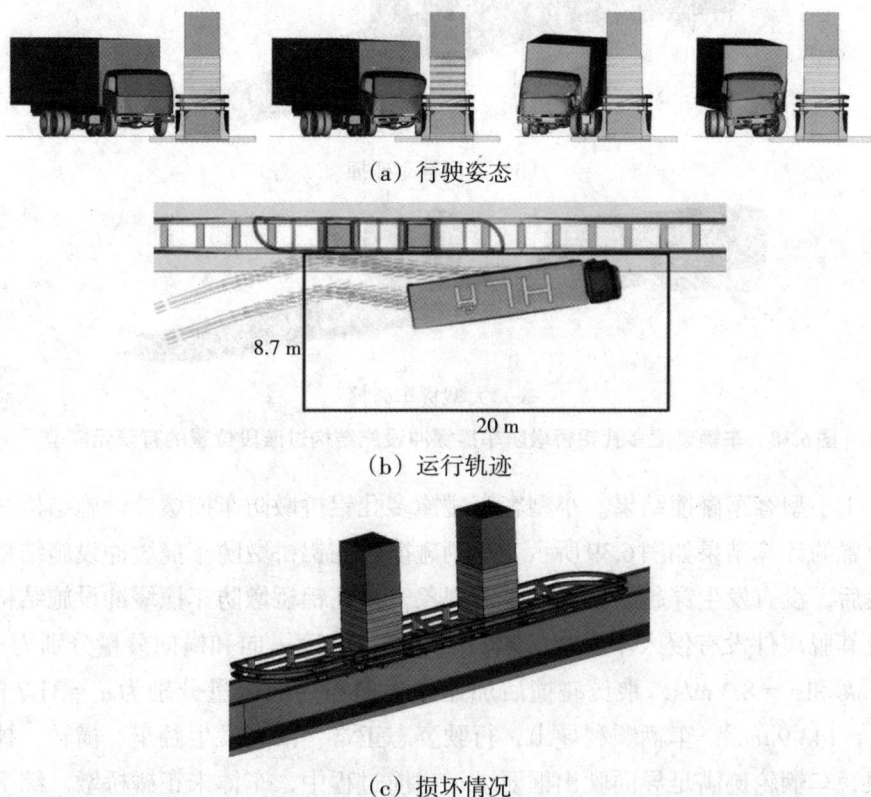

（a）行驶姿态

8.7 m

20 m

（b）运行轨迹

（c）损坏情况

图6.37　大型货车碰撞多孔铝桥墩防车撞缓冲设施结构的计算结果

（2）结构过渡段位置安全性能仿真评价

选取过渡位置中间点作为碰撞点，碰撞条件和评价标准参照6.3.1节的研究成果。将建立的多孔铝桥墩防车撞缓冲设施仿真模型导入车辆模型中，设置碰撞速度、碰撞角度、接触及调整碰撞点（过渡位置中间点）等，最终形成车辆碰撞多孔铝桥墩防车撞缓冲设施结构过渡段位置的有限元模型，如图6.38所示。

（a）小型客车碰撞

（b）大型客车碰撞

（c）大型货车碰撞

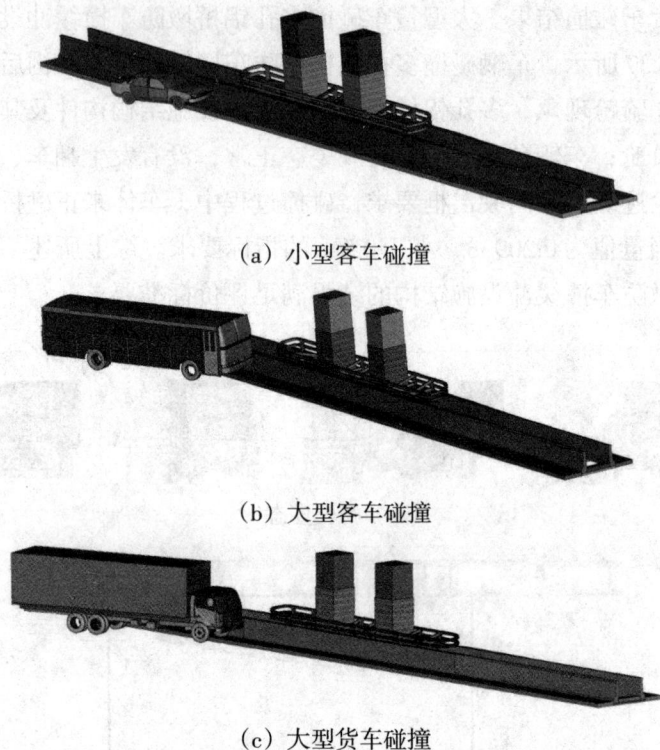

图6.38　车辆碰撞多孔铝桥墩防车撞缓冲设施结构过渡段位置的有限元模型

①小型客车碰撞结果。小型客车碰撞多孔铝桥墩防车撞缓冲设施结构过渡段位置的计算结果如图6.39所示。车辆碰撞多孔铝桥墩防车撞缓冲设施结构过渡段后，没有发生穿越、翻越、骑跨现象，多孔铝桥墩防车撞缓冲设施结构构件及其脱离件没有侵入车辆乘员舱；乘员碰撞速度纵向和横向分量分别为 $v_x = 4.7$ m/s 和 $v_y = 8.3$ m/s，乘员碰撞后加速度纵向和横向分量分别为 $a_x = 31.7$ m/s^2 和 $a_y = 143.9$ m/s^2；车辆顺利导出，行驶姿态正常，没有发生翻车、横转、掉头现象，车辆轮迹满足导向驶出框要求；碰撞过程中，车体未正碰桥墩。综上所述，小型客车碰撞多孔铝桥墩防车撞缓冲设施结构过渡段位置的结果满足评价标准要求。

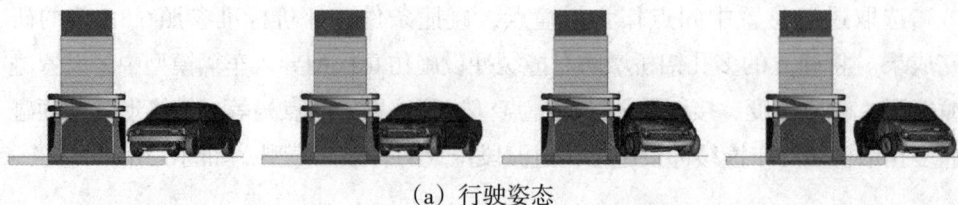

（a）行驶姿态

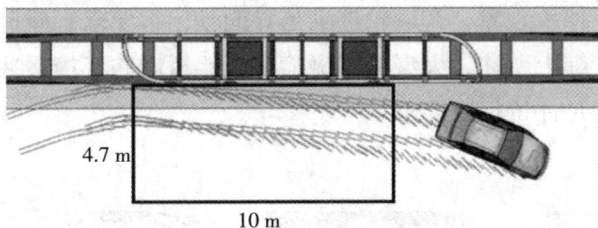

（b）运行轨迹

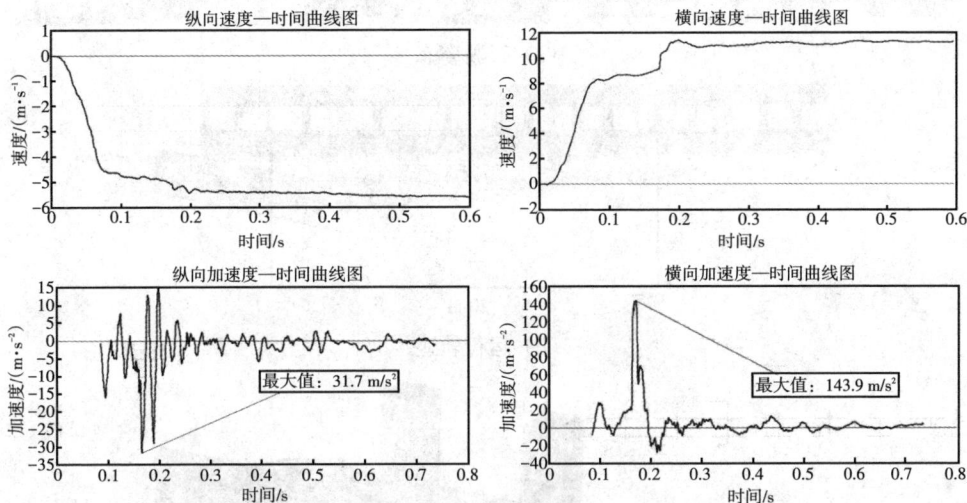

（c）缓冲指标

（d）损坏情况

图6.39 小型客车碰撞多孔铝桥墩防车撞缓冲设施结构过渡段位置的计算结果

②大型客车碰撞结果。大型客车碰撞多孔铝桥墩防车撞缓冲设施结构过渡段位置的计算结果如图6.40所示。车辆碰撞多孔铝桥墩防车撞缓冲设施结构过渡段后，没有发生穿越、翻越、骑跨现象，多孔铝桥墩防车撞缓冲设施结构构件及其脱离件没有侵入车辆乘员舱；车辆顺利导出，行驶姿态正常，没有发生

翻车、横转、掉头现象，车辆轮迹满足导向驶出框要求；碰撞过程中，车体未刮蹭到桥墩。综上所述，大型客车碰撞多孔铝桥墩防车撞缓冲设施结构过渡段位置的结果满足评价标准要求。

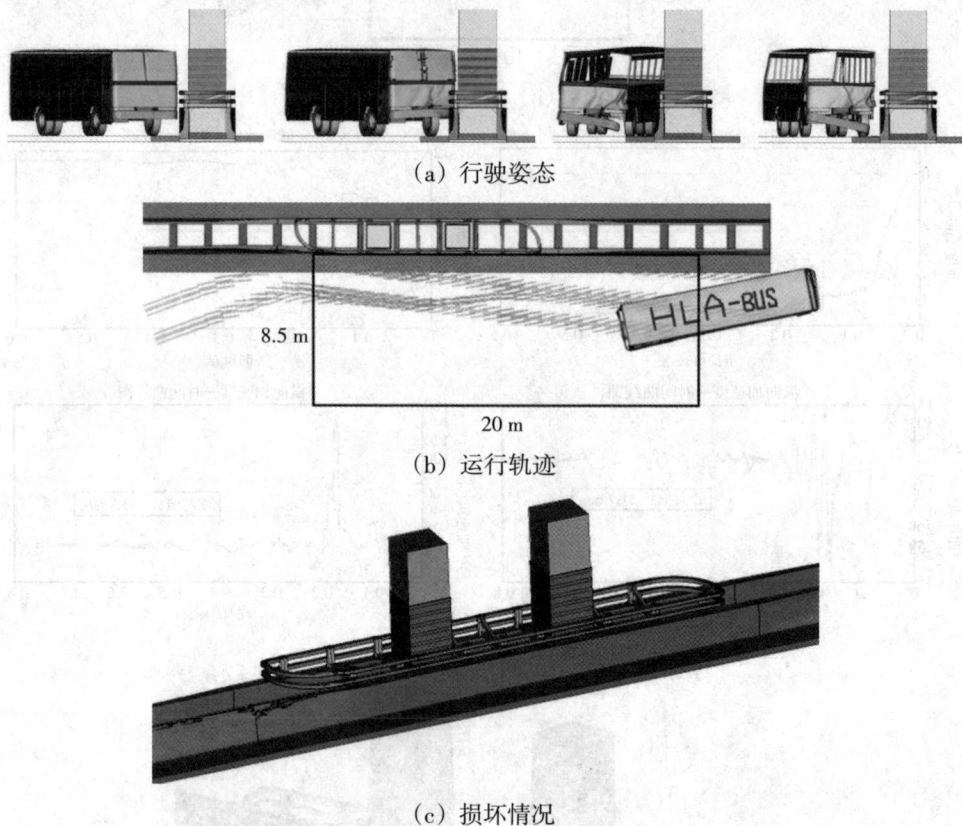

（a）行驶姿态

8.5 m

20 m

（b）运行轨迹

（c）损坏情况

图6.40　大型客车碰撞多孔铝桥墩防车撞缓冲设施结构过渡段位置的计算结果

③大型货车碰撞结果。大型货车碰撞多孔铝桥墩防车撞缓冲设施结构过渡段位置的计算结果如图6.41所示。车辆碰撞多孔铝桥墩防车撞缓冲设施结构过渡段后，没有发生穿越、翻越、骑跨现象，多孔铝桥墩防车撞缓冲设施结构构件及其脱离件没有侵入车辆乘员舱；车辆顺利导出，行驶姿态正常，没有发生翻车、横转、掉头现象，车辆轮迹满足导向驶出框要求；碰撞过程中，车体未刮蹭到桥墩。综上所述，大型货车碰撞多孔铝桥墩防车撞缓冲设施结构过渡段位置的结果满足评价标准要求。

（a）行驶姿态

8.7 m

20 m

（b）运行轨迹

（c）损坏情况

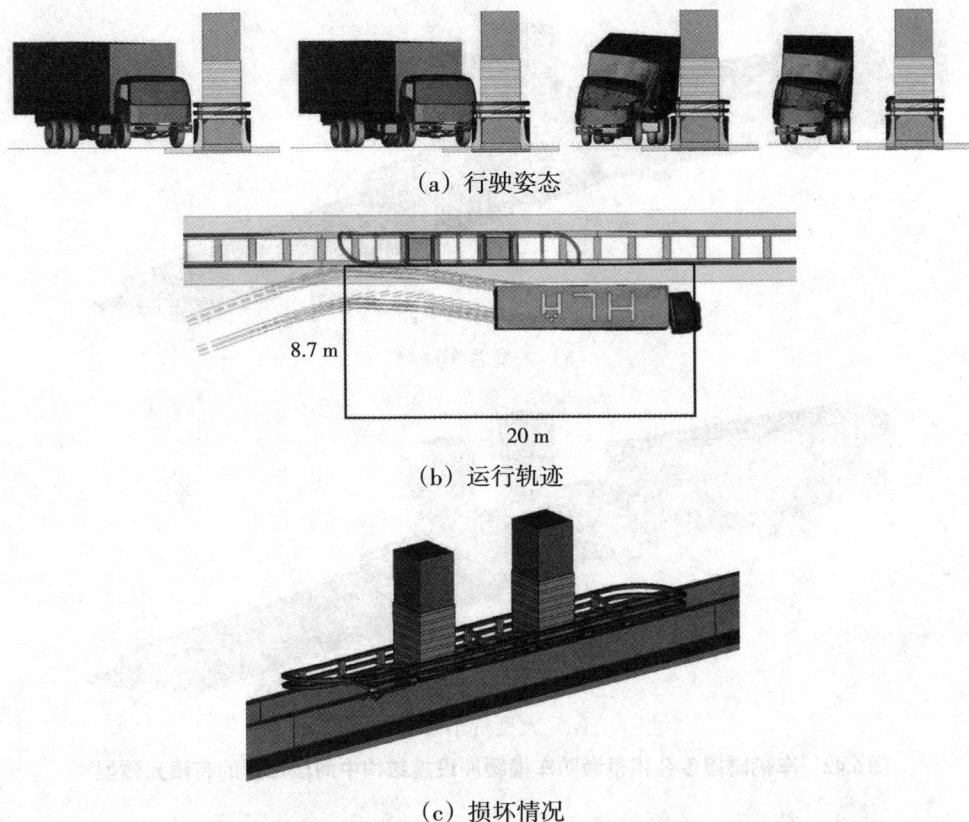

图6.41 大型货车碰撞多孔铝桥墩防车撞缓冲设施结构过渡段位置的计算结果

（3）结构中间段位置安全性能仿真评价

选取横梁中间位置作为碰撞点，碰撞条件和评价标准参照6.3.1节的研究成果。将建立的多孔铝桥墩防车撞缓冲设施仿真模型导入车辆模型中，设置碰撞速度、碰撞角度、接触及调整碰撞点（横梁中间位置）等，最终形成车辆碰撞多孔铝桥墩防车撞缓冲设施结构中间段位置的有限元模型，如图6.42所示。

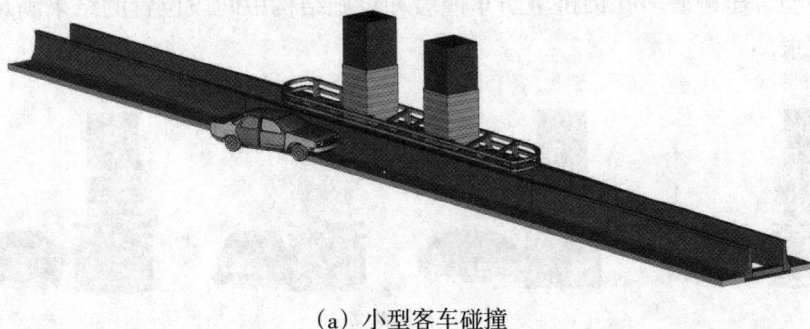

（a）小型客车碰撞

179

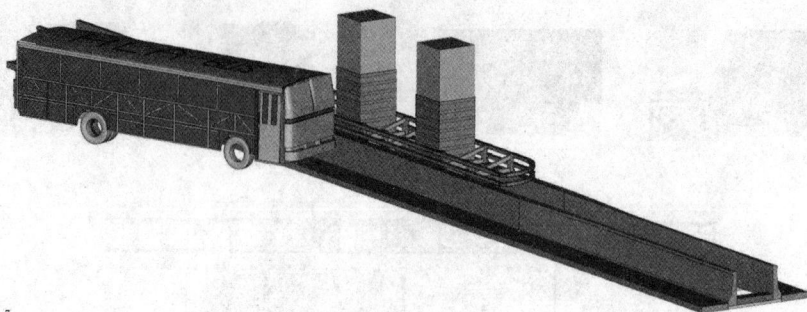

（b）大型客车碰撞

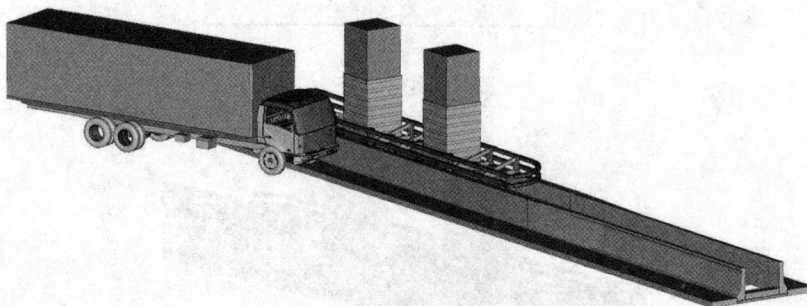

（c）大型货车碰撞

图6.42　车辆碰撞多孔铝桥墩防车撞缓冲设施结构中间段位置的有限元模型

①小型客车碰撞结果。小型客车碰撞多孔铝桥墩防车撞缓冲设施结构中间段位置的计算结果如图6.43所示。车辆碰撞多孔铝桥墩防车撞缓冲设施结构中间段后，没有发生穿越、翻越、骑跨现象，多孔铝桥墩防车撞缓冲设施结构构件及其脱离件没有侵入车辆乘员舱；乘员碰撞速度纵向和横向分量分别为 $v_x =$ 3.7 m/s 和 $v_y = 7.8$ m/s，乘员碰撞后加速度纵向和横向分量分别为 $a_x = 43.5$ m/s² 和 $a_y = 179.9$ m/s²；车辆顺利导出，行驶姿态正常，没有发生翻车、横转、掉头现象，车辆轮迹满足导向驶出框要求；碰撞过程中，车体未正碰桥墩。综上所述，小型客车碰撞多孔铝桥墩防车撞缓冲设施结构中间段位置的结果满足评价标准要求。

（a）行驶姿态

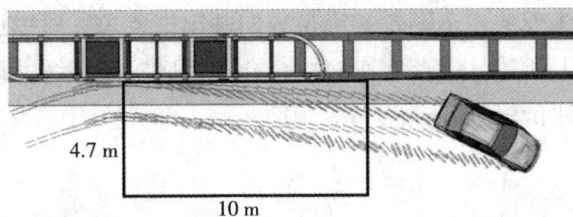

4.7 m

10 m

（b）运行轨迹

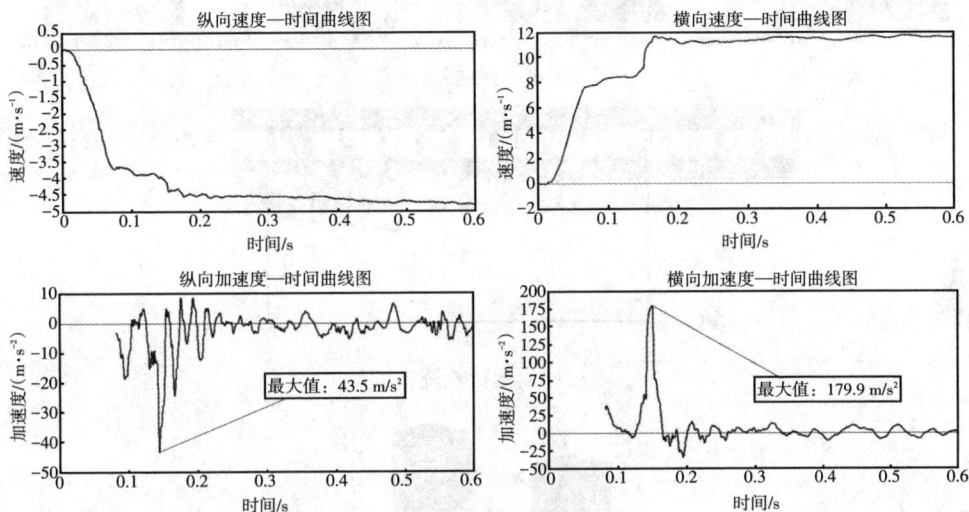

纵向速度—时间曲线图

横向速度—时间曲线图

纵向加速度—时间曲线图

最大值：43.5 m/s²

横向加速度—时间曲线图

最大值：179.9 m/s²

（c）缓冲指标

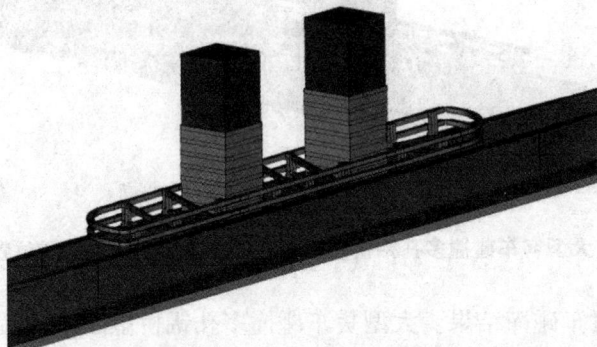

（d）损坏情况

图6.43 小型客车碰撞多孔铝桥墩防车撞缓冲设施结构中间段位置的计算结果

②大型客车碰撞结果。大型客车碰撞多孔铝桥墩防车撞缓冲设施结构中间段位置的计算结果如图6.44所示。车辆碰撞多孔铝桥墩防车撞缓冲设施结构中间段后，没有发生穿越、翻越、骑跨现象，多孔铝桥墩防车撞缓冲设施结构构件及其脱离件没有侵入车辆乘员舱；车辆顺利导出，行驶姿态正常，没有发生

翻车、横转、掉头现象，车辆轮迹满足导向驶出框要求；碰撞过程中，车体未剐蹭到桥墩。综上所述，大型客车碰撞多孔铝桥墩防车撞缓冲设施结构中间段位置的结果满足评价标准要求。

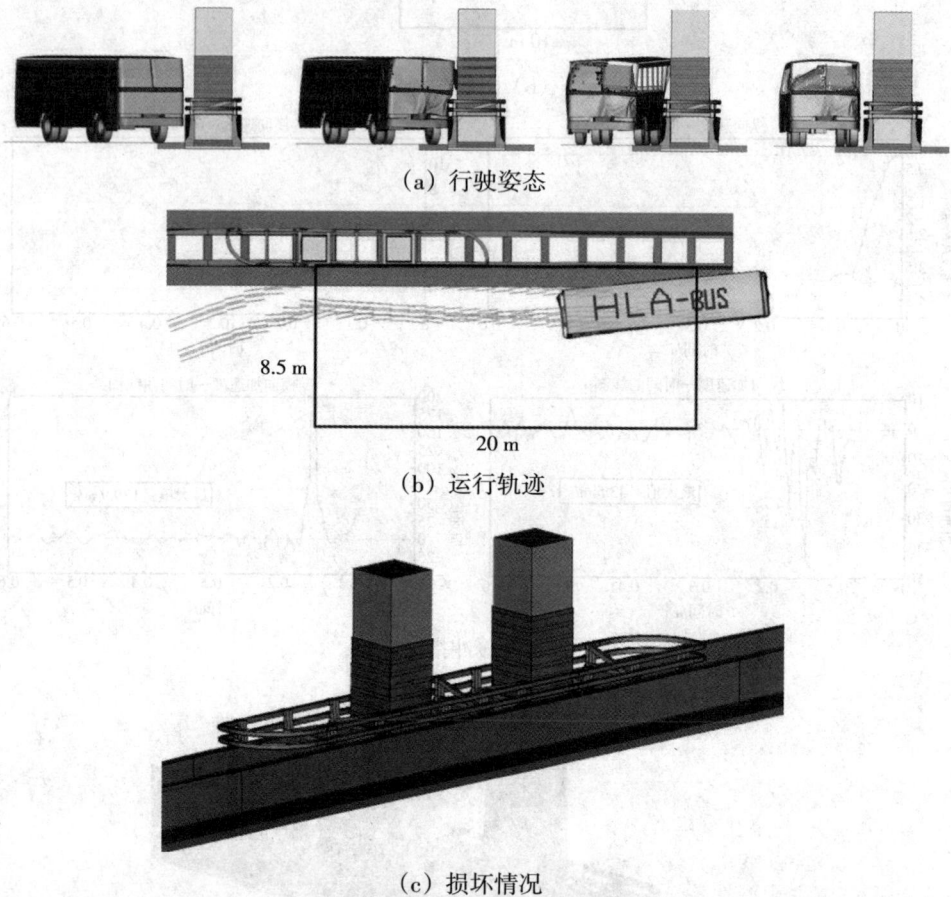

(a) 行驶姿态

8.5 m

20 m

(b) 运行轨迹

(c) 损坏情况

图6.44 大型客车碰撞多孔铝桥墩防车撞缓冲设施结构中间段位置的计算结果

③大型货车碰撞结果。大型货车碰撞多孔铝桥墩防车撞缓冲设施结构中间段位置的计算结果如图6.45所示。车辆碰撞多孔铝桥墩防车撞缓冲设施结构中间段后，没有发生穿越、翻越、骑跨现象，多孔铝桥墩防车撞缓冲设施结构构件及其脱离件没有侵入车辆乘员舱；车辆顺利导出，行驶姿态正常，没有发生翻车、横转、掉头现象，车辆轮迹满足导向驶出框要求；碰撞过程中，车体未剐蹭到桥墩。综上所述，大型货车碰撞多孔铝桥墩防车撞缓冲设施结构中间段位置的结果满足评价标准要求。

（a）行驶姿态

8.7 m

20 m

（b）运行轨迹

（c）损坏情况

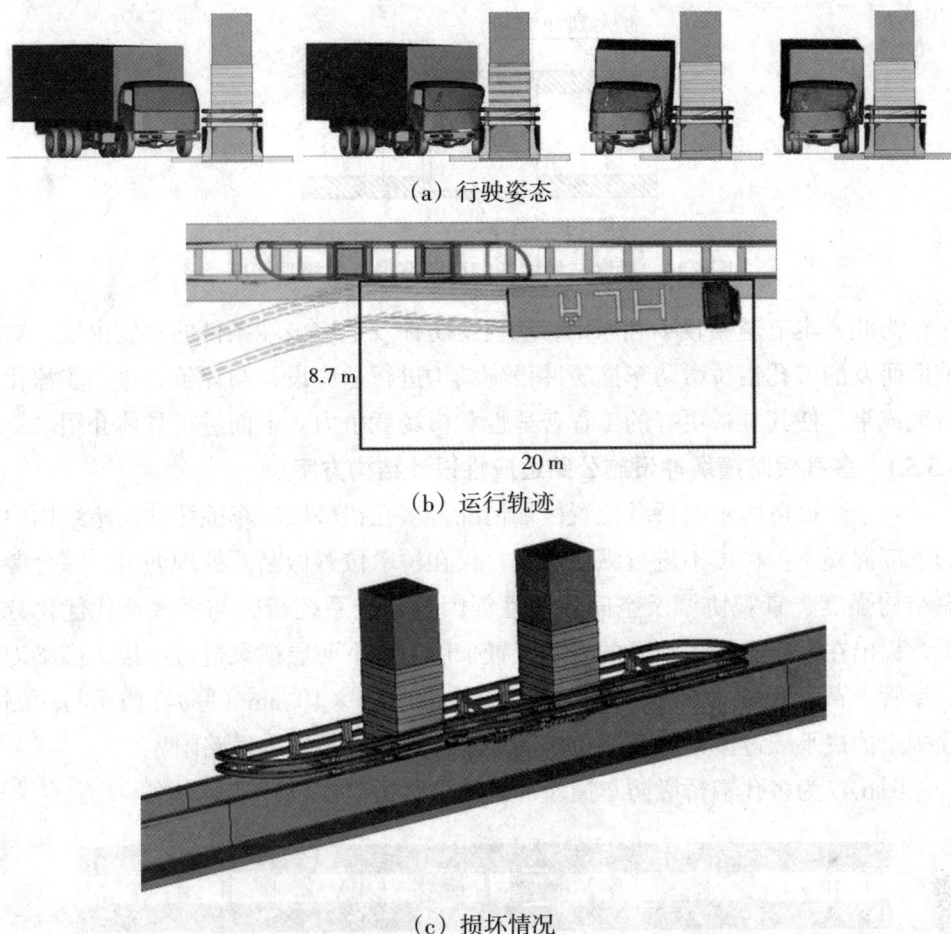

图6.45 大型货车碰撞多孔铝桥墩防车撞缓冲设施结构中间段位置的计算结果

（4）安全性能仿真评价结论

通过系统开展安全性能仿真评价，可知研发的多孔铝桥墩防车撞缓冲设施结构安全性能可靠，满足评价标准要求，可实现对公路上跨线桥墩位置人、车、桥的综合防护。

6.3.5 多孔铝桥墩防车撞缓冲设施的公路适应性设计与评价

在实际工程中，桥墩与护栏迎撞面的距离较为多样，且调研发现确实存在一些极端情况，如某高速公路中央分隔带桥墩宽1.8 m，与护栏迎撞面间距仅为0.1 m（图6.46），而市场上现有的桥墩防护设施成果无法满足应用要求。

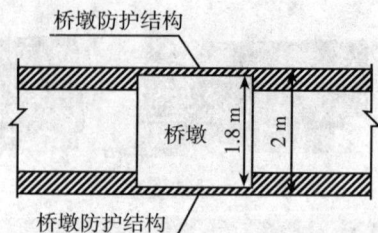

图6.46　桥墩与护栏迎撞面距离很近的极端情况

　　为此，本节遵循较不利原则，从安全防护及适应极端条件的角度出发，对前面研发的多孔铝桥墩防车撞缓冲设施结构进行适应设计与评价，进一步深化研究成果，使其具备更好的工程普适性和市场竞争力。下面进行具体介绍。

6.3.5.1　多孔铝防撞缓冲设施公路适应性设计结构方案

　　对于图6.46所示的桥墩位置极端情况，多孔铝桥墩防车撞缓冲设施结构中的下部混凝土护栏可不进行纵向通设，仅在桥墩位置做断开处理即可。综合考虑结构强度、景观协调及空间适应性等因素，经系统研究与多次迭代优化分析，提出在混凝土护栏断开的桥墩位置采用上、下两层横梁进行连接，横梁为矩形管，截面尺寸为80 mm（长）×120 mm（宽）×10 mm（厚），横梁与两侧混凝土护栏平顺过渡，从而避免车辆发生绊阻，且不侵入道路限界。

　　图6.47为多孔铝桥墩防车撞缓冲设施公路适应性设计结构方案。

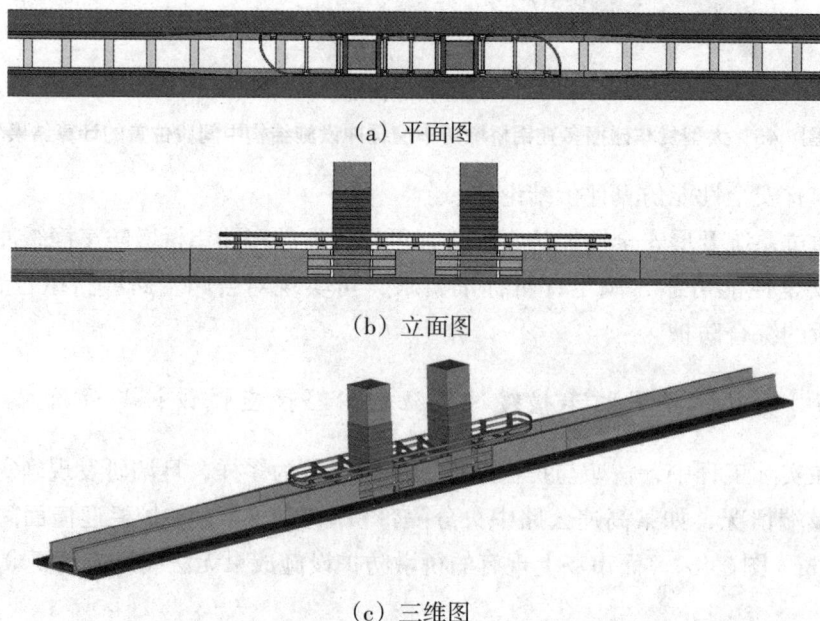

（a）平面图

（b）立面图

（c）三维图

图6.47　多孔铝桥墩防车撞缓冲设施公路适应性设计结构方案

6.3.5.2 多孔铝防撞缓冲设施公路适应性设计方案安全性能仿真评价

为了验证研究成果的安全性能，按照6.3.1节确定的碰撞条件和评价标准，对多孔铝桥墩防车撞缓冲设施公路适应性设计结构方案进行安全性能仿真评价。同时，结合成果结构特点，为从多角度验证方案的安全性能，进一步对多孔铝桥墩防车撞缓冲设施公路适应性设计结构方案的过渡段及中间段两种碰撞工况进行安全性能评价。

（1）结构安全性能仿真评价

将建立的多孔铝桥墩防车撞缓冲设施公路适应性设计结构方案仿真模型导入车辆模型中，并按照6.3.1节研究确定的碰撞条件，设置碰撞速度、碰撞角度、接触及调整碰撞点（桥墩前方）等，最终形成车辆碰撞多孔铝桥墩防车撞缓冲设施结构的有限元模型，如图6.48所示。

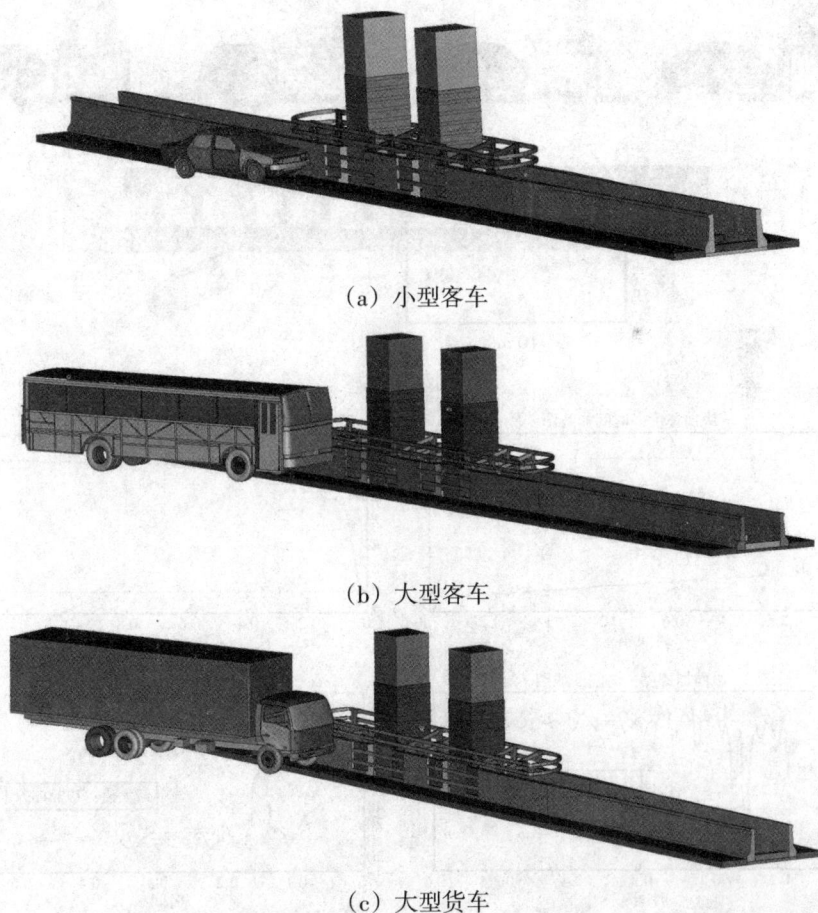

（a）小型客车

（b）大型客车

（c）大型货车

图6.48 车辆碰撞多孔铝桥墩防车撞缓冲设施公路适应性设计结构的有限元模型

①小型客车碰撞结果。小型客车碰撞多孔铝桥墩防车撞缓冲设施公路适应性设计结构的计算结果如图6.49所示。车辆碰撞多孔铝桥墩防车撞缓冲设施公路适应性设计结构后，没有发生穿越、翻越、骑跨现象，多孔铝桥墩防车撞缓冲设施结构构件及其脱离件没有侵入车辆乘员舱；乘员碰撞速度纵向和横向分量分别为 $v_x = 3.6$ m/s 和 $v_y = 7.8$ m/s，乘员碰撞后加速度纵向和横向分量分别为 $a_x = 43.4$ m/s² 和 $a_y = 172.0$ m/s²；车辆顺利导出，行驶姿态正常，没有发生翻车、横转、掉头现象，车辆轮迹满足导向驶出框要求；碰撞过程中，车体未正碰桥墩。综上所述，小型客车碰撞多孔铝桥墩防车撞缓冲设施公路适应性设计结构的结果满足评价标准要求。

（a）行驶姿态

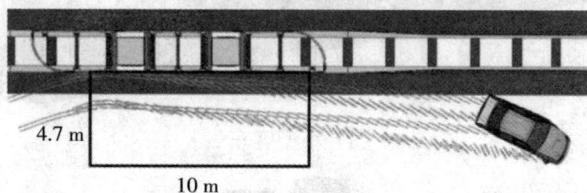

（b）运行轨迹

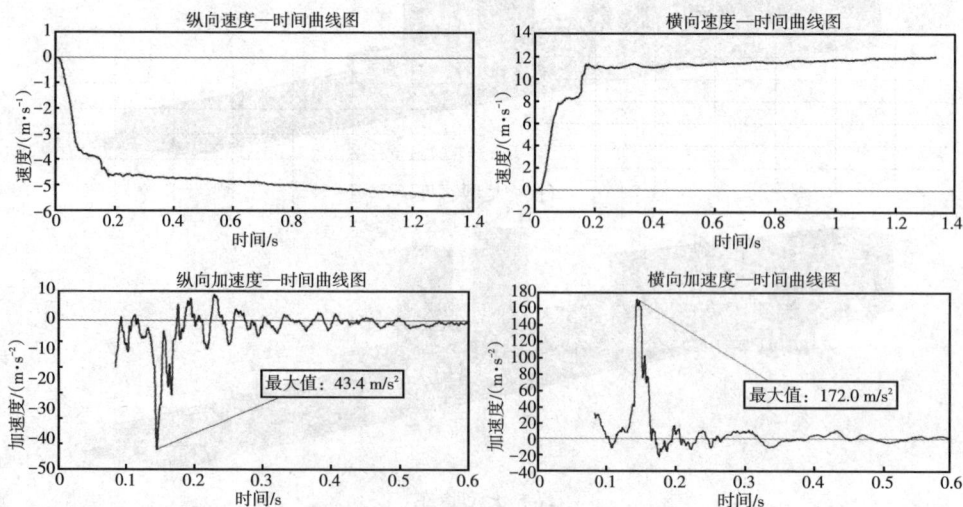

（c）缓冲指标

（d）损坏情况

图6.49 小型客车碰撞多孔铝桥墩防车撞缓冲设施公路适应性设计结构的计算结果

②大型客车碰撞结果。大型客车碰撞多孔铝桥墩防车撞缓冲设施公路适应性设计结构的计算结果如图6.50所示。车辆碰撞多孔铝桥墩防车撞缓冲设施公路适应性设计结构后，没有发生穿越、翻越、骑跨现象，多孔铝桥墩防车撞缓冲设施结构构件及其脱离件没有侵入车辆乘员舱；车辆顺利导出，行驶姿态正常，没有发生翻车、横转、掉头现象，车辆轮迹满足导向驶出框要求；碰撞过程中车辆最大动态外倾当量值为0.242 m，小于0.5 m的指标要求，车体虽然剐蹭到桥墩，但未对桥墩造成结构性破坏，多孔铝防护结构起到了有效防护作用。综上所述，大型客车碰撞多孔铝桥墩防车撞缓冲设施公路适应性设计结构的结果满足评价标准要求。

（a）行驶姿态

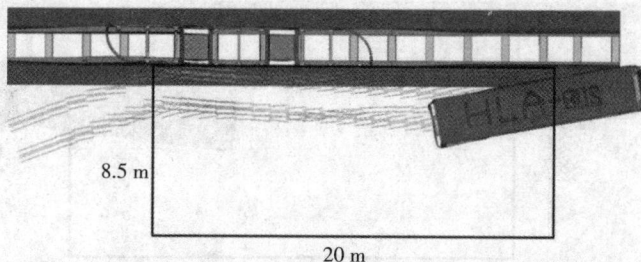

8.5 m

20 m

（b）运行轨迹

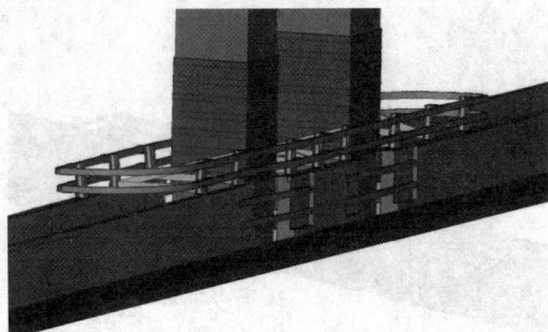

（c）损坏情况

图6.50　大型客车碰撞多孔铝桥墩防车撞缓冲设施公路适应性设计结构的计算结果

③大型货车碰撞结果。大型货车碰撞多孔铝桥墩防车撞缓冲设施公路适应性设计结构的计算结果如图6.51所示。车辆碰撞多孔铝桥墩防车撞缓冲设施公路适应性设计结构后，没有发生穿越、翻越、骑跨现象，多孔铝桥墩防车撞缓冲设施结构构件及其脱离件没有侵入车辆乘员舱；车辆顺利导出，行驶姿态正常，没有发生翻车、横转、掉头现象，车辆轮迹满足导向驶出框要求；碰撞过程中，车辆最大动态外倾当量值为0.287 m，小于0.5 m的指标要求，车体虽然剐蹭到桥墩，但未对桥墩造成结构性破坏，多孔铝防护结构起到了有效防护作用。综上所述，大型货车碰撞多孔铝桥墩防车撞缓冲设施公路适应性设计结构的结果满足评价标准要求。

（a）行驶姿态

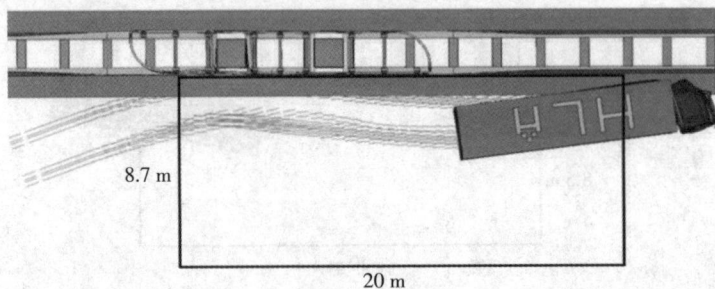

8.7 m

20 m

（b）运行轨迹

（c）损坏情况

图6.51 大型货车碰撞多孔铝桥墩防车撞缓冲设施公路适应性设计结构的计算结果

（2）结构过渡段位置安全性能仿真评价

选取过渡位置中间点作为碰撞点，碰撞条件和评价标准参照6.3.1节的研究成果。将建立的多孔铝桥墩防车撞缓冲设施公路适应性设计结构方案仿真模型导入车辆模型中，设置碰撞速度、碰撞角度、接触及调整碰撞点（过渡位置中间点）等，最终形成车辆碰撞多孔铝桥墩防车撞缓冲设施公路适应性设计结构过渡段位置的有限元模型，如图6.52所示。

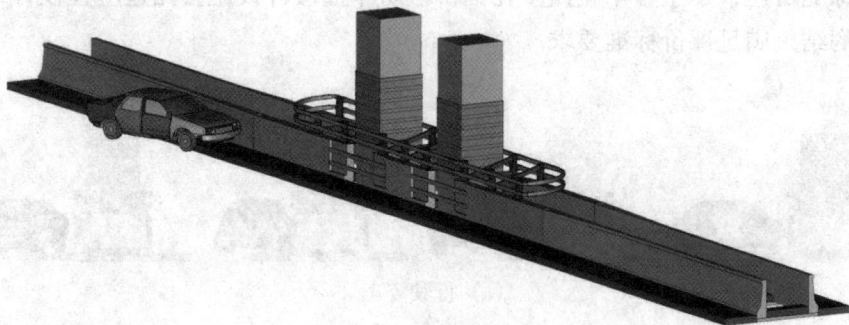

（a）小型客车

（b）大型客车

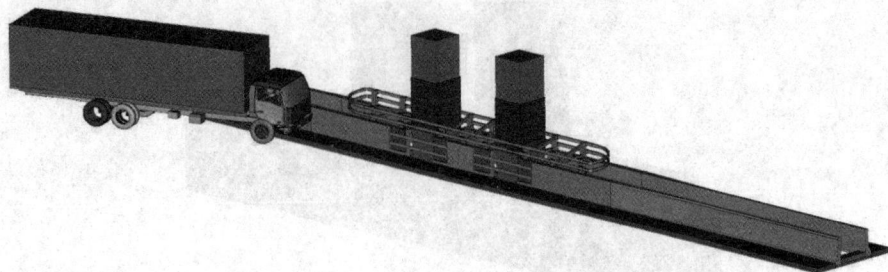

（c）大型货车

图6.52 车辆碰撞多孔铝桥墩防车撞缓冲设施公路适应性设计结构过渡段位置的有限元模型

①小型客车碰撞结果。小型客车碰撞多孔铝桥墩防车撞缓冲设施公路适应性设计结构的计算结果如图6.53所示。车辆碰撞多孔铝桥墩防车撞缓冲设施公路适应性设计结构后，没有发生穿越、翻越、骑跨现象，多孔铝桥墩防车撞缓冲设施结构构件及其脱离件没有侵入车辆乘员舱；乘员碰撞速度纵向和横向分量分别为 $v_x = 5.6$ m/s 和 $v_y = 8.0$ m/s，乘员碰撞后加速度纵向和横向分量分别为 $a_x = 28.2$ m/s² 和 $a_y = 130.0$ m/s²；车辆顺利导出，行驶姿态正常，没有发生翻车、横转、掉头现象，车辆轮迹满足导向驶出框要求；碰撞过程中，车体未正碰桥墩。综上所述，小型客车碰撞多孔铝桥墩防车撞缓冲设施公路适应性设计结构方案的结果满足评价标准要求。

（a）行驶姿态

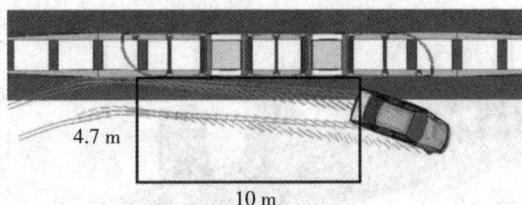

4.7 m

10 m

（b）运行轨迹

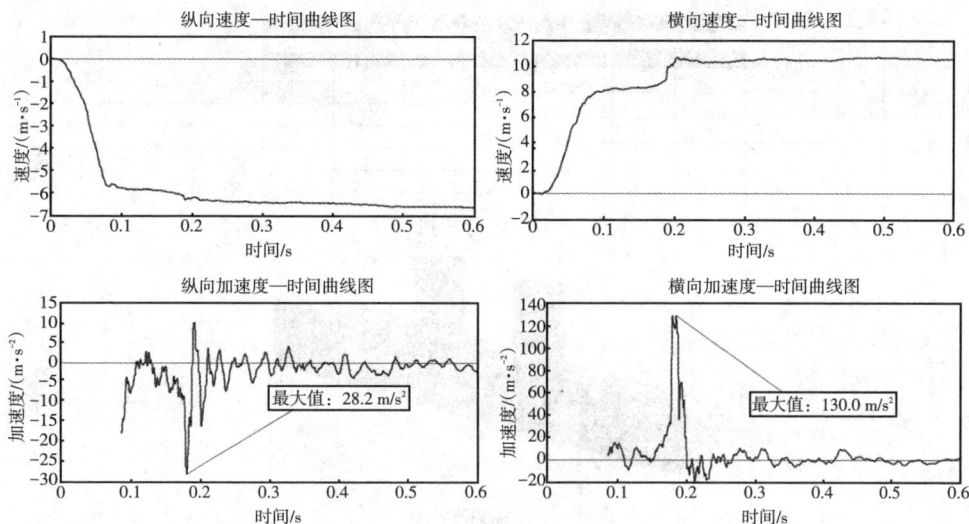

（c）缓冲指标

（d）损坏情况

图6.53 小型客车碰撞多孔铝桥墩防车撞缓冲设施公路适应性设计结构过渡段位置的计算结果

　　②大型客车碰撞结果。大型客车碰撞多孔铝桥墩防车撞缓冲设施公路适应性设计结构过渡段位置的计算结果如图6.54所示。车辆碰撞多孔铝桥墩防车撞缓冲设施公路适应性设计结构过渡段后，没有发生穿越、翻越、骑跨现象，多孔铝桥墩防车撞缓冲设施结构构件及其脱离件没有侵入车辆乘员舱；车辆顺利导出，行驶姿态正常，没有发生翻车、横转、掉头现象，车辆轮迹满足导向驶出框要求；碰撞过程中，车体虽剐蹭到桥墩，但多孔铝防护结构起到了保护桥墩作用，未对桥墩造成结构性破坏。综上所述，大型客车碰撞多孔铝桥墩防车撞缓冲设施公路适应性设计结构过渡段位置的结果满足评价标准要求。

（a）行驶姿态

（b）运行轨迹

（c）损坏情况

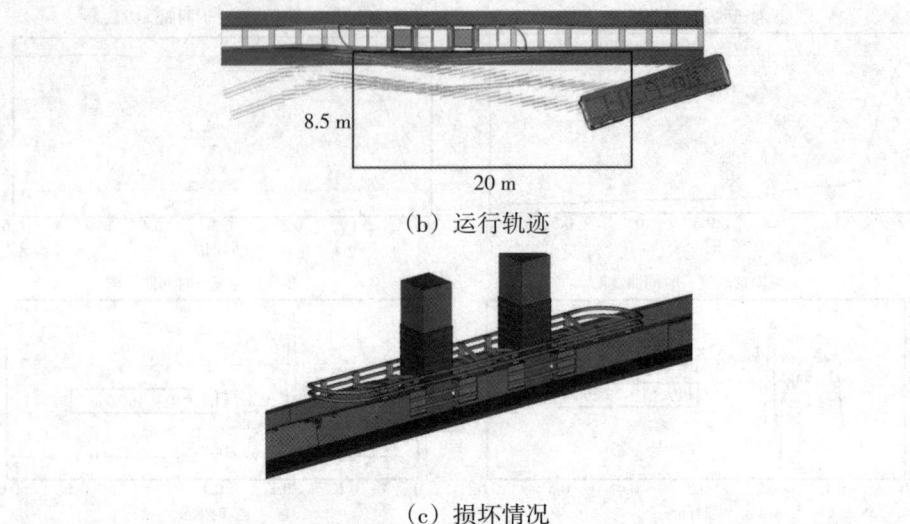

图6.54 大型客车碰撞多孔铝桥墩防车撞缓冲设施公路适应性设计结构过渡段位置的计算结果

③大型货车碰撞结果。大型货车碰撞多孔铝桥墩防车撞缓冲设施公路适应性设计结构过渡段位置的计算结果如图6.55所示。车辆碰撞多孔铝桥墩防车撞缓冲设施公路适应性设计结构过渡段后，没有发生穿越、翻越、骑跨现象，多孔铝桥墩防车撞缓冲设施结构构件及其脱离件没有侵入车辆乘员舱；车辆顺利导出，行驶姿态正常，没有发生翻车、横转、掉头现象，车辆轮迹满足导向驶出框要求；碰撞过程中，车体虽剐蹭到桥墩，但多孔铝防护结构起到了保护桥墩作用，未对桥墩造成结构性破坏。综上所述，大型货车碰撞多孔铝桥墩防车撞缓冲设施公路适应性设计结构过渡段位置的结果满足评价标准要求。

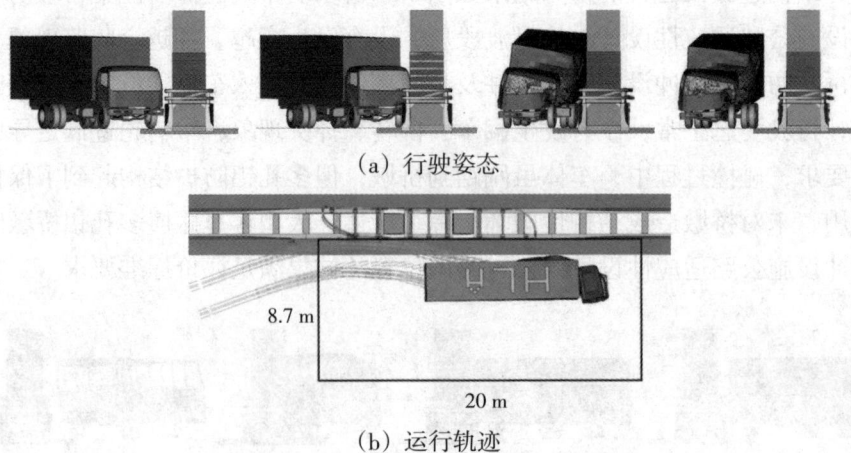

（a）行驶姿态

（b）运行轨迹

(c) 损坏情况

图6.55 大型货车碰撞多孔铝桥墩防车撞缓冲设施公路适应性设计结构过渡段位置的计算结果

（3）结构中间段位置安全性能仿真评价

选取横梁中间位置作为碰撞点，碰撞条件和评价标准参照6.3.1节的研究成果。将建立的多孔铝桥墩防车撞缓冲设施公路适应性设计结构方案仿真模型导入车辆模型中，设置碰撞速度、碰撞角度、接触及调整碰撞点（横梁中间位置）等，最终形成车辆碰撞多孔铝桥墩防车撞缓冲设施公路适应性设计结构中间段位置的有限元模型，如图6.56所示。

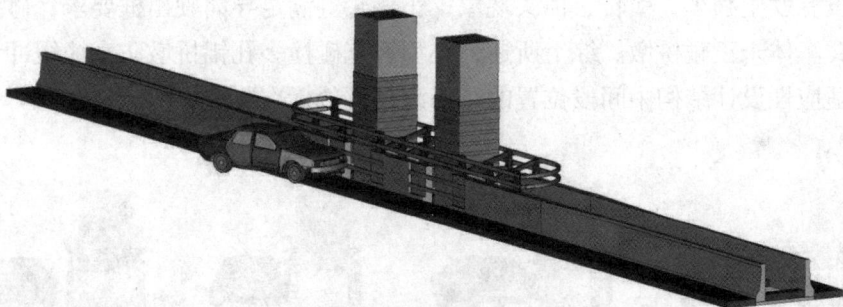

(a) 小型客车碰撞

(b) 大型客车碰撞

（c）大型货车碰撞

图6.56　车辆碰撞多孔铝桥墩防车撞缓冲设施公路适应性设计结构中间段位置的有限元模型

①小型客车碰撞结果。小型客车碰撞多孔铝桥墩防车撞缓冲设施公路适应性设计结构中间段位置的计算结果如图6.57所示。车辆碰撞多孔铝桥墩防车撞缓冲设施公路适应性设计结构中间段后，没有发生穿越、翻越、骑跨现象，多孔铝桥墩防车撞缓冲设施结构构件及其脱离件没有侵入车辆乘员舱；乘员碰撞速度纵向和横向分量分别为 $v_x = 5.5$ m/s 和 $v_y = 8.4$ m/s，乘员碰撞后加速度纵向和横向分量分别为 $a_x = 109.2$ m/s² 和 $a_y = 34.2$ m/s²；车辆顺利导出，行驶姿态正常，没有发生翻车、横转、掉头现象，车辆轮迹满足导向驶出框要求；碰撞过程中，车体未正碰桥墩。综上所述，小型客车碰撞多孔铝桥墩防车撞缓冲设施公路适应性设计结构中间段位置的结果满足评价标准要求。

（a）行驶姿态

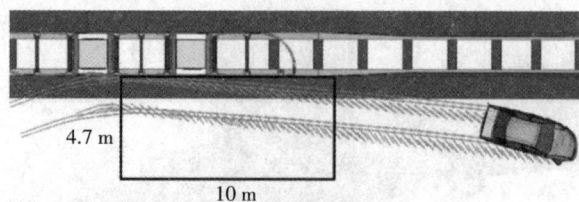

4.7 m

10 m

（b）运行轨迹

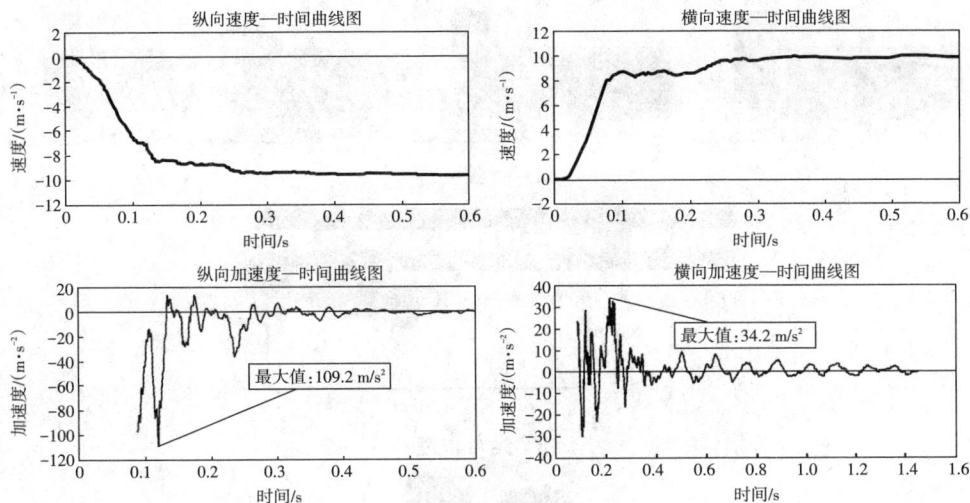

（c）缓冲指标

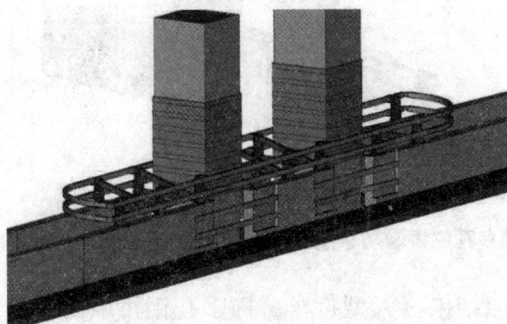

（d）损坏情况

图6.57 小型客车碰撞多孔铝桥墩防车撞缓冲设施公路适应性设计结构中间段位置的计算结果

②大型客车碰撞结果。大型客车碰撞多孔铝桥墩防车撞缓冲设施公路适应性设计结构中间段位置的计算结果如图6.58所示。车辆碰撞多孔铝桥墩防车撞缓冲设施公路适应性设计结构中间段后，没有发生穿越、翻越、骑跨现象，多孔铝桥墩防车撞缓冲设施结构构件及其脱离件没有侵入车辆乘员舱；车辆顺利导出，行驶姿态正常，没有发生翻车、横转、掉头现象，车辆轮迹满足导向驶出框要求；碰撞过程中，车体虽剐蹭到桥墩，但多孔铝防护结构起到了保护桥墩作用，未对桥墩造成结构性破坏。综上所述，大型客车碰撞多孔铝桥墩防车撞缓冲设施公路适应性设计结构中间段位置的结果满足评价标准要求。

（a）行驶姿态

8.5 m

20 m

（b）运行轨迹

（c）损坏情况

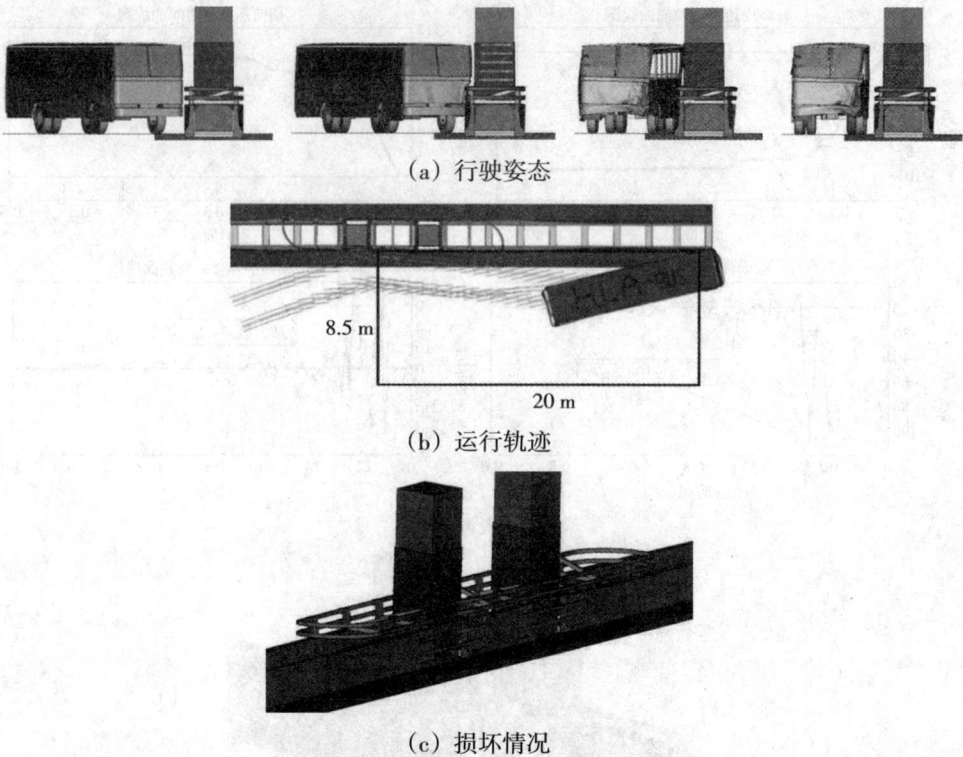

图6.58 大型客车碰撞多孔铝桥墩防车撞缓冲设施公路适应性设计结构中间段位置的计算结果

③大型货车碰撞结果。大型货车碰撞多孔铝桥墩防车撞缓冲设施公路适应性设计结构中间段位置的计算结果如图6.59所示。车辆碰撞多孔铝桥墩防车撞缓冲设施公路适应性设计结构中间段后，没有发生穿越、翻越、骑跨现象，多孔铝桥墩防车撞缓冲设施结构构件及其脱离件没有侵入车辆乘员舱；车辆顺利导出，行驶姿态正常，没有发生翻车、横转、掉头现象，车辆轮迹满足导向驶出框要求；碰撞过程中，车体虽剐蹭到桥墩，但多孔铝防护结构起到了保护桥墩作用，未对桥墩造成结构性破坏。综上所述，大型货车碰撞多孔铝桥墩防车撞缓冲设施公路适应性设计结构中间段位置的结果满足评价标准要求。

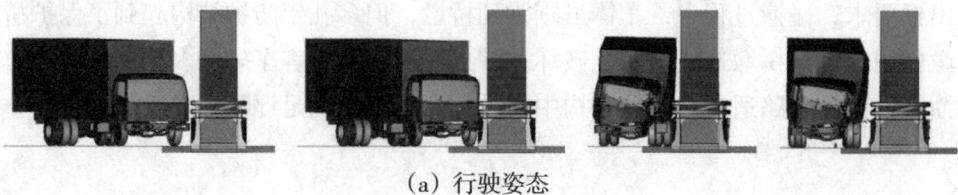

（a）行驶姿态

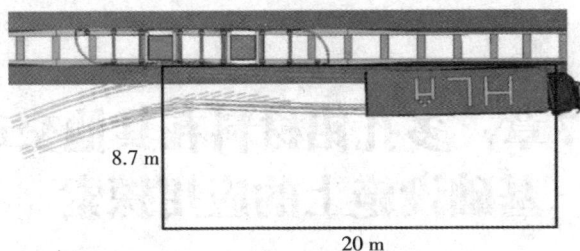

8.7 m

20 m

（b）运行轨迹

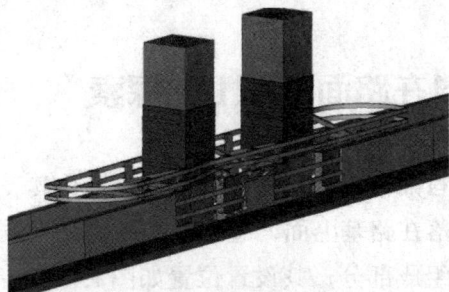

（c）损坏情况

图6.59 大型货车碰撞多孔铝桥墩防车撞缓冲设施公路适应性设计结构中间段位置的计算结果

（4）安全性能仿真评价结论

通过系统开展安全性能仿真评价，可知多孔铝桥墩防车撞缓冲设施公路适应性设计结构方案安全可靠，满足评价标准要求，同时有效解决了极端设置条件下（桥墩与护栏迎撞侧距离非常近）的桥墩安全防护问题，能够降低事故严重程度，具有更好的工程普适性。

第7章　多孔铝材料在其他交通基础设施上的应用探索

7.1　多孔铝材料在路面工程上的探索

　　路面是用筑路材料铺在路基顶面，供车辆直接在其表面行驶的一层或多层的道路结构层，其坐落在路基上面，起到直接承受并分散行车荷载的作用，是交通基础设施的重要组成部分，其设置位置如图7.1（a）所示。行车荷载和自然因素（包括地理条件、地质条件、气候条件、水文条件、湿度、温度等）在路面结构的不同深度处产生的响应具有显著的差异，这就要求在不同深度处采取不同的材料，在路面结构的深度范围内铺筑若干层次，以分别适应不同深度处荷载和自然因素引起的响应，从而保证路面结构具有较高的承载能力、稳定性、耐久性、路表平整度和抗滑性能。通常，按照各个层位功能的不同，路面结构一般由面层、基层（底基层）组成，必要时设置垫层（垫层一般作为路基的一部分）作为介于土基与基层之间温度和湿度的过渡层，如图7.1（b）所示。面层是直接与行车和大气接触的表面层次，它不仅具有承受行车荷载的垂直力、水平力和冲击力的作用，而且受到降水的侵蚀和气温变化的影响。因此，同其他层次相比，面层应具备较高的结构强度、抗变形能力、较好的水稳定性和温度稳定性，而且应当耐磨、不透水，其表面还应有良好的抗滑性和平整度。

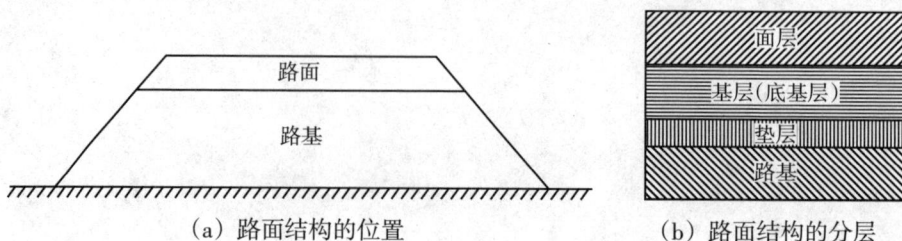

（a）路面结构的位置　　　　　　　（b）路面结构的分层

图7.1　M8路面结构图

目前，修筑面层所用的材料主要有水泥混凝土、沥青混凝土、沥青碎（砾）石混合料、沙砾或碎石掺土（或不掺土）的混合料及块料等。这些面层材料的应用已相对成熟，且形成了相应的规范和指南，对我国道路建设的稳健发展起到了重要作用。面层的修建一般要分层铺筑，有一定的厚度，质量较重：沥青面层有时分两层、三层或更多的层次铺筑，如高速公路沥青面层总厚度在18～20 cm时，可分为上、中、下三层铺筑，并根据各分层的要求采用不同的级配类型；水泥混凝土路面可分上、下两层铺筑，分别采用不同标号的水泥混凝土材料，有的水泥混凝土路面或连续配筋水泥混凝土上加铺4～10 cm的沥青混凝土，构成一种复合式结构。在实际工程中，对一些特殊路面有所需求，如在国外就存在着能够让飞机快速起降的装配式临时跑道，而常规的修筑材料和工艺应用在这些位置较为困难。采用新材料进行应用研究，探索桥梁路面铺装轻量化，以及满足飞机临时起降落的装配式临时跑道设计的可行性，具有一定意义。

多孔铝材料具有优异性能和应用潜力，特别是作为多孔铝夹芯板复合结构的芯层，较单一的多孔铝材料能体现出更优的性能。多孔铝夹芯板的芯层为多孔铝或多孔铝合金，上、下层为铝板或其他金属薄板，利用夹层结构在传递荷载中的分解原理与界面效应，可以极大地提高材料的弯曲性能及延伸性能，相关研究试验如图7.2所示。多孔铝夹芯板除具有高比刚度及比强度优越的力学性能表现外，还具有轻质、吸能、减震及电磁屏蔽等性能，能够在高温下作业，并且具有高防水性；同时，多孔铝材料具有各向同性、不燃烧性特点，耐热性能优良，热稳定性极佳，这也使多孔铝夹芯板在路面铺装方面具有作为桥面轻质铺装材料及用于飞机临时跑道特种铺面的可能。

图7.2 铝合金蜂窝铝夹芯可装配铺面板构型和试验加载车辆

7.1.1 初步可行性分析

7.1.1.1 轻质桥面铺装

桥梁作为公路建设项目中的主要组成部分，其结构的耐久性及桥面的使用功能越来越受到重视。合理和可靠的桥面铺装体系，不仅能为桥梁提供行驶性能良好且耐久的桥面，而且能作为桥面板的有效防护体系，防止水分的渗透，保证桥梁结构的耐久性。整个铺装体系从上至下包括磨耗层、保护层、防水层等多层位。一般人们常说的铺装层是指磨耗层和保护层，也称为铺装面层和铺装底层。磨耗层直接与车辆轮胎及大气接触，需提供平整、抗滑、耐久的行驶表面，因此铺装表面层应粗糙，有足够的纹理，以提供长期的抗滑功能；磨耗层直接承受阳光照射，温度最高，直接与雨水、酸雾等接触，因此要有足够的热稳性、抗老化性能、抗水损害性能、抗裂性能等。保护层不仅要有良好的承重和传递荷载的性能，还要有良好的热稳性、抗水损害性能、适应桥梁结构变形的能力等，以及有良好的密水性。一般情况下，保护层应采用空隙率小，抗渗水性好的混合料类型。另外，保护层与防水层需相容且结合牢固，既不可因施工和碾压而破坏、刺破防水层，也不可因碾压推挤导致防水层与黏结层（或桥面板）黏结力丧失。综合上述，桥面铺装需要考虑的性质包括：①足够的强度和适当的刚度；②良好的变形追从性；③良好的抗疲劳性能；④良好的抗裂性能；⑤与桥面板的黏结固定；⑥适当的厚度；⑦良好的表面理化特性；⑧良好的抗汽油、柴油及用于除冰的化学物质腐蚀的能力。

钢桥面铺装直接铺设在正交异性钢板上，由于正交异性钢桥面板的柔度大，在行车荷载、风载、温度变化及地震等因素影响下，钢桥面板局部受力及变形复杂，并在各加劲肋与钢桥板焊接及横隔板与钢桥板连接处出现明显的应力集中，对铺装层的受力有显著影响，因而对其强度、稳定性、疲劳耐久性等均有更高要求。同时，钢板的夏季温度高、防水防锈及与铺装材料的层间结合等问题都决定了钢桥面铺装的特点：钢桥面铺装时直接铺筑在正交异性钢桥面板上，正交异性钢桥面板本身的变形、位移、震动等都直接影响铺装层的工作状态，铺装层要有良好的追随钢桥变形的适应能力；钢箱梁具有良好的温度传导性，易受外界温度变化的影响，除正常铺装层自身温度变化之外，钢桥面温度的每日和季节性变化严重影响铺装层的变形；铺装层应具有优良的高温抗蠕变和抗剪切性能，在高温和汽车荷载作用下不产生过大的推移变形；由于加劲肋的加劲支撑作用，在车辆荷载作用下，加劲肋、横隔板、纵隔板顶部的铺装层表面出现负弯矩，铺装层最大拉应力应变均出现在铺装层表面，疲劳裂缝从铺装层表面向底面扩展，因此要求铺装材料具有较好的耐疲劳开裂性能；钢桥面沥青混凝土铺装要求致密性好，以防止铺装层渗水导致钢箱梁锈蚀；铺装层与钢桥面板之间具有良好的黏结性能；大跨径钢桥一般都是重要交通网络的枢纽，或者是某一地区过江跨海的重要通道，它的畅通直接影响到整个路网交通的正常运行，桥面铺装一旦发生破坏，对交通的影响和危害极大，维修困难，因此要求铺装层具有较长的使用寿命。

结合桥面铺装和钢桥面的特点，综合多孔铝的材料特性，初步分析该种材料不适合在钢桥面上应用，原因如下：铺装层要有良好的追随钢桥变形的适应能力，钢桥一般结构自重小、跨度较大，桥面板刚度小、挠曲变形大，而多孔铝材料比刚度较大，材料的变形追随能力弱，在这一点上不适宜作为桥面铺装材料；钢桥要求铺装层具有较好的防水性，闭孔多孔铝和多孔铝夹芯板本身都具有防水性，但无法现场浇筑连续性结构，仅能通过工厂预制构件进行现场拼装，结构拼装之间的接缝处面临防水问题，需要进行专门的填缝设计，以保证拼接缝的密封性；铺装层与钢桥面板之间需具有良好的黏结性能，若采用多孔铝夹芯板作为铺装结构，在与桥面板进行有效黏结方面存在困难。

混凝土桥面板具有水泥混凝土的基本特性，存在较多的微空隙。由于混凝土在强度形成过程中产生较大的水化热，引起混凝土的收缩应力，使混凝土内部产生较多的微裂缝。这些空隙和裂缝将给侵蚀物质提供进入混凝土内部的通道，导致侵蚀混凝土并锈蚀钢筋，这对桥面铺装的防水性提出了较高要求。综合来看，混凝土桥面板对铺装层一般有如下要求：具有足够的抗压、抗弯强度，防止在轮载与温度应力的共同作用下产生裂缝；表面具有一定的抗冻、抗渗、耐磨及抗滑性能；必须防水，防水层与面层须确保在使用期内的强度与稳定性；具备高温、低温性能，以及水稳性、耐久性、抗滑性等性能。

结合桥面铺装和混凝土桥面的特点，综合多孔铝的材料特性，初步分析该种材料也不适合在混凝土桥面上应用，原因如下：多孔铝夹芯板采用的金属板表面需要满足抗滑性要求，这对金属材料来说是比较困难的，需要通过专项研究对金属板表面的纹理、抗滑性、行车舒适性、路面平整性、桥面板受力进行分析，在技术上存在较大困难；多孔铝夹芯板自身具有较好的防水性，但它是在工厂中进行制备的，不能在现场形成无缝连续的整体结构，需要进行拼装，防水性能很难保证。

7.1.1.2　装配式特种铺面

承载力要求和材料表面抗滑性能是飞机临时跑道路面铺层材料选择必须考虑的两个因素，其他诸如材料的耐高温、飞机尾气影响、油料腐蚀影响、制动时机轮对路面的磨损等方面也是应考虑的因素，但这些问题可以通过对飞机起降的行为控制和在跑道使用过程中的妥善养护来加以解决。针对飞机临时跑道"应急"的原则，还要求所选铺层材料应具有施工简易、可快速开放交通等特点。

多孔铝夹芯板的失效模式、载荷类型、变形特点同芯层和面板的厚度、夹芯结构、芯层孔结构、面板的硬度和强度密切相关，在承受弯曲载荷时会发生压痕蠕变、面板屈服及芯层剪切等多种破坏，其主要因素在于板芯结合强度及芯层泡沫结构的均匀性。采用粉末冶金法制备的多孔铝夹芯板（图7.3），由于板芯界面形成了理想的冶金结合，弯曲时板芯界面表现出良好的结合强度。通过对夹芯结构分层厚度、泡沫结构等的优化设计，可以获得具有预期性能的材料。另外，采用轧制复合-粉末冶金发泡法制备的多孔铝夹芯板芯层泡沫结构具有良好的均匀性，层内无明显的连通孔及破孔缺陷，夹芯板在承受压缩变形时，芯层表现出了明显的整体特征，这可以充分发挥多孔铝优异的吸能性，从而显著提高夹芯板的压缩强度，是飞机临时跑道多孔铝夹芯板材料较好的制备方式。

图7.3　多孔铝夹芯板

研究人员对不同厚度的多孔铝夹芯板进行了材料拉伸试验及弯曲试验和模拟分析，以确定其是否有足够的刚度承载弯拉应力。在实际试验中，采用多孔铝夹芯板按照金属材料弯曲试验方法进行抗弯强度测试，按照试验条件建立了有限元仿真模型，如图7.4所示。在有限元仿真模型中，设计了四种多孔铝夹芯板：多孔铝夹芯总厚度为50 mm，多孔铝夹芯板的材料分别为6061（T6）铝合金及Q235钢，6061（T6）铝合金材料的屈服强度为240 MPa，Q235钢材料的屈服强度为235 MPa；6061（T6）铝合金的厚度分别为3 mm和3.5 mm，Q235

钢的厚度分别为1.5 mm和2.5 mm；试样尺寸为300 mm × 25 mm，如图7.5所示。

(a) 试验　　　　　　　　　　　　　　　(b) 仿真模型

图7.4　多孔铝夹芯板弯曲试验与仿真模型

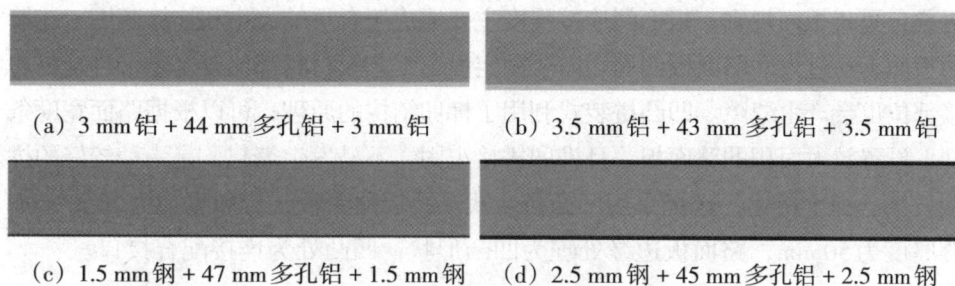

(a) 3 mm铝 + 44 mm多孔铝 + 3 mm铝　　　(b) 3.5 mm铝 + 43 mm多孔铝 + 3.5 mm铝

(c) 1.5 mm钢 + 47 mm多孔铝 + 1.5 mm钢　　(d) 2.5 mm钢 + 45 mm多孔铝 + 2.5 mm钢

图7.5　多孔铝夹芯板样件尺寸

在仿真模型中，根据《金属材料　拉伸试验　第1部分：室温试验方法》（GB/T 228.1—2021）和《金属材料　弯曲试验方法》（GB/T 232—2010）进行材料试验模拟。表7.1为四种多孔铝夹芯板的弯曲仿真模拟结果。从仿真模拟结果来看，多孔铝夹芯板体现出了良好的抗弯曲性能，该材料作为飞机临时跑道路面材料具有很高的可行性。比较抗弯强度计算结果，按照强度大、质量轻的原则，选取第二种类型的多孔铝夹芯板作为路面板铺层材料：多孔铝夹芯板铺层厚度为50 mm，其中6061牌号铝合金板厚度为3.5 mm，多孔铝夹芯厚度为43 mm。

表7.1　多孔铝夹芯板弯曲仿真模拟结果

编号	面板材料	面板厚度/mm	夹芯厚度/mm	样本质量/g	抗弯强度/MPa
1	6061铝合金	3.0	44	293.1	21.69
2	6061铝合金	3.5	43	309.4	23.05
3	Q235钢	1.5	47	360.4	22.41
4	Q235钢	2.5	45	470.6	26.42

7.1.2　装配式特种铺面方案

结合多孔铝材料特性，针对飞机重复荷载作用下装配式多孔铝路面板在稳定土基层上的结构失效问题，通过有限元仿真的方法，获得多孔铝路面板受荷载作用时的弯沉量。并结合多孔铝路面板和土基结构层的应力响应，研究不同地基强度条件下多孔铝路面板的承载能力，分析路面板强度对路面板变形的影响。

为满足简易应急机场跑道快速开设的功能，需要考虑多孔铝路面板的拼装形式，初步提出了两种拼装形式：折叠合页式和凹凸拼装式，如图7.6所示。折叠合页式板面规则，板面间连接强度主要取决于合页的大小和连接范围，连接的板面不易过大，路面板四周均需要固定面，工艺及材料都比较复杂，且合页连接部位也会产生缝隙。凹凸拼装式利用了榫卯结构的原理，可以根据路面宽度条件，设置较大面积的路面板，且榫卯拼接牢固，不易发生突起，是一种较好的拼接方案。综上所述，选择采用凹凸拼装式多孔铝路面板，长和宽均为2050 mm，总厚度为50 mm，路面板边缘处理为凹凸形状，凹凸处为连接配合接口。

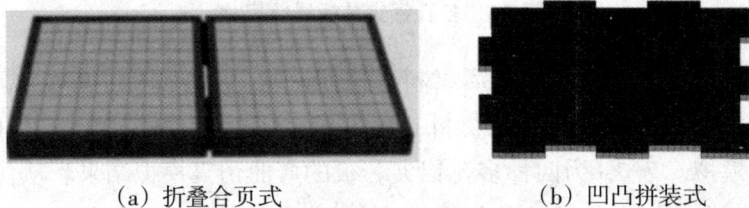

(a) 折叠合页式　　　　　　　　　(b) 凹凸拼装式

图7.6　多孔铝夹芯板拼装形式

简易飞机临时跑道一般立足于当地土壤条件，可将其加固后作为路面的基层，而在基层表面铺筑多孔铝夹芯板作为面层。由于面层较薄，因此基层是主要的受力层，强度较高的多孔铝夹芯板面层与基层共同承担路面载荷。一般来说，简易飞机临时跑道可利用水泥、石灰或其他材料来稳定当地土料，作为基层的主要形式。

多孔铝路面板对于不同的地基承载性能会有所不同。为研究多孔铝路面板对地基（尤其是软弱地基）的适应情况，预设立两种不同强度的加固土地基，在其上铺设上述多孔铝复合路面板，然后采用有限元仿真的方法，获得多孔铝路面板受荷载作用时的变形情况，以研究不同地基强度条件下路面板的承载能力。两种地基结构如下：一种结构是基层为20 cm厚的水泥稳定土，即单层加固土地基，如图7.7（a）所示；另一种结构是增设底基层15 cm和基层15 cm

厚的水泥稳定土，即双层加固土地基，如图7.7（b）所示。

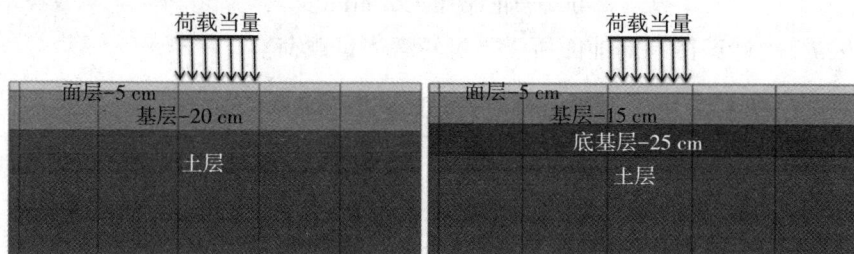

（a）单层地基结构　　　　　　　（b）双层地基结构

图7.7 简易飞机临时跑道路面结构模型

为了检验上述两种结构能否满足飞机临时跑道路面的要求，按照弹性层状体系理论，采用有限元仿真模拟的方法计算表面弯沉和结构的内力。

7.1.2.1 有限元模型建立

（1）单元选取及网格划分

单个路面板尺寸为2.05 m×2.05 m，按照实际尺寸进行网格划分。针对多孔铝路面板三明治夹层结构形式，采用壳单元模拟上、下夹层板，采用实体单元模拟多孔铝。基层、土层采用实体单元网格，其中土层采用扩大尺寸的方法，土层深度取2 m。考虑板接缝模型及飞机的轮胎载荷受力面，横向和纵向各取3块路面板，构成6 m×6 m的跑道面。

（2）材料参数

根据资料研究，飞机临时跑道基层材料的回弹弹模以500~2000 MPa为宜，在仿真模型中基层回弹模量设定为500 MPa，底基层回弹模量设定为800 MPa。参考相关资料，土基的回弹模量设定为40 MPa。

（3）当量载荷

轮胎与路面的接触作用较为复杂，通常将轮胎的接地形状简化为圆形，有限元计算中为了方便网格划分，施加荷载一般采用等效矩形或当量矩形，等效矩形尺寸按照式（7.1）和式（7.2）进行换算。

$$L = 0.8712 \times \sqrt{\frac{P}{0.052227q}} \tag{7.1}$$

$$B = 0.6 \times \sqrt{\frac{P}{0.052227q}} \tag{7.2}$$

式（7.1）和式（7.2）中，L——等效矩形长度，cm；

B——等效矩形宽度，cm；

P——机轮荷载，kN；

q——轮胎压力，MPa。

表7.2为计算得到的铺面所受飞机轮毂当量载荷。

表7.2　铺面所受飞机轮毂当量载荷

使用机型	单轮载荷/kN	胎压/MPa	轮印当量长度/cm	轮印当量宽度/cm
轻型	194.5	1.27	47.2	32.5
重型	330.0	1.23	62.4	43.0

（4）接缝设置

美国陆军工程研究和发展中心（ERDC）对于不同的连接方式进行了相应的有限元模拟及现场试验验证，认为不同类型的连接方式对于任何路面板系统的可能弯沉及内部应力影响都很小，因此对于接缝的有限元模拟并不需要太复杂的模型。路面板采用榫卯结构连接，依靠榫卯凹凸配合传递剪力。采用在接缝两侧设置一定接触关系来模拟接缝的剪力传递作用，接触力大小可表征不同位置接缝传荷能力的差异。

（5）接触界面设置

在受力过程中，路面板与基层间的黏结作用很小，路面板基层界面始终处于近乎分离的状态。该状态会导致路面板受到竖向荷载作用时板边翘曲，并且对飞机运行安全的影响不容忽视。同时，在飞机水平力的作用下，路面板又会产生侧滑及偏移，路面板基层界面会产生相应的摩擦力以阻止其滑动。为了表征该接触状态，在多孔铝路面板底板与基层之间设置接触的关系，路面板与基层之间摩擦系数设为0.5，路面板顶板与飞机轮胎之间的摩擦系数设为0.7。

（6）边界条件设置

根据弹性层状体系理论的基本假设，按照对称约束的原理，边界条件设置如下：土基底面各项位移为零，土基侧面水平位移为零；基层、面层侧面水平位移也为零。荷载作用区域内的单元顶面覆盖一层刚体单元，刚体大小为胎面当量尺寸，用于施加荷载。

图7.8为建立的有限元模型，针对轻、重两种不同机型，单层、双层两种不同地基结构，对板中、板角、横边中、纵边中的不同位置进行分析。表7.3为飞机临时跑道路面承载力计算

图7.8　飞机临时跑道路面结构有限元模型

荷载组合。针对飞机可能导致的路面结构破坏和材料破坏情况，运用有限元软件，分析飞机荷载作用于临时跑道路面结构时的承载力和耐久性。

表7.3 飞机临时跑道路面承载力计算荷载组合

模型	飞机机型	土基结构	荷载位置	荷载/kN	回弹模量/MPa		
					基层	底基层	土层
1	轻	1	板中	194.5	500	—	40
2	轻	1	板角	194.5	500	—	40
3	轻	1	横边中	194.5	500	—	40
4	轻	1	纵边中	194.5	500	—	40
5	轻	2	板中	194.5	500	800	40
6	轻	2	板角	194.5	500	800	40
7	轻	2	横边中	194.5	500	800	40
8	轻	2	纵边中	194.5	500	800	40
9	重	1	板中	330.0	500	—	40
10	重	1	板角	330.0	500	—	40
11	重	1	横边中	330.0	500	—	40
12	重	1	纵边中	330.0	500	—	40
13	重	2	板中	330.0	500	800	40
14	重	2	板角	330.0	500	800	40
15	重	2	横边中	330.0	500	800	40
16	重	2	纵边中	330.0	500	800	40

7.1.2.2 路面承载力仿真计算结果

轻型飞机作用于单层、双层地基结构时，整个路面表面弯沉量如图7.9所示。从图7.9中可以看出，当轻型飞机荷载作用于路面板板中、板角、横边中、纵边中四个位置时，对于单层地基结构，路面板整体弯沉量为4.90 mm左右；对于双层地基结构，路面板整体弯沉量为3.65 mm左右。图7.10至图7.12为轻型飞机荷载作用下，基层所受的拉应力、压应力及剪应力云图。图7.13至图7.15为轻型飞机荷载作用下，土层所受的拉应力、压应力及剪应力云图。

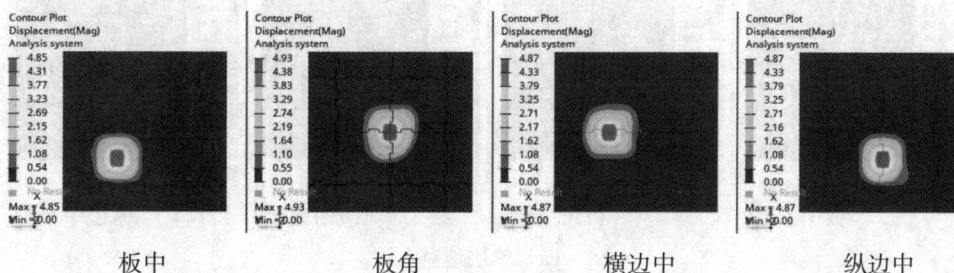

板中　　　　　　板角　　　　　　横边中　　　　　　纵边中

（a）单层地基

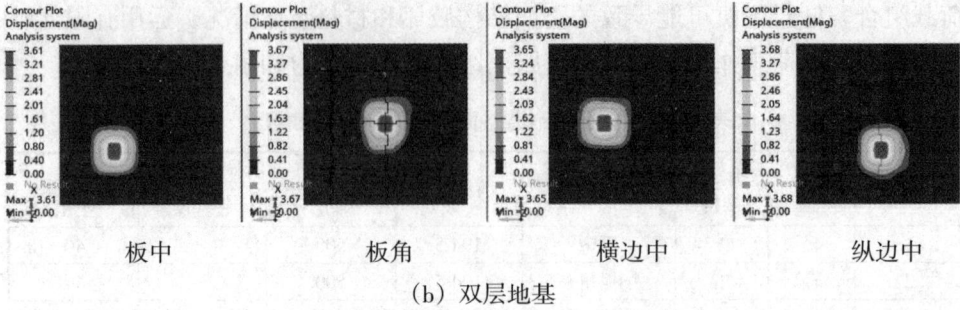

（b）双层地基

图7.9　轻型飞机荷载作用下路面结构弯沉量云图

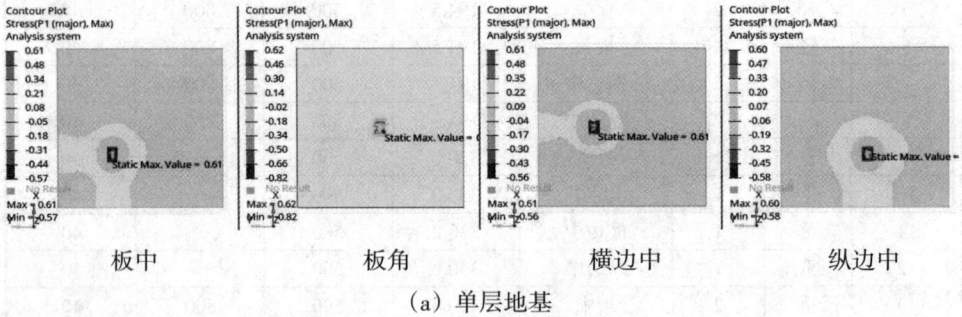

（a）单层地基

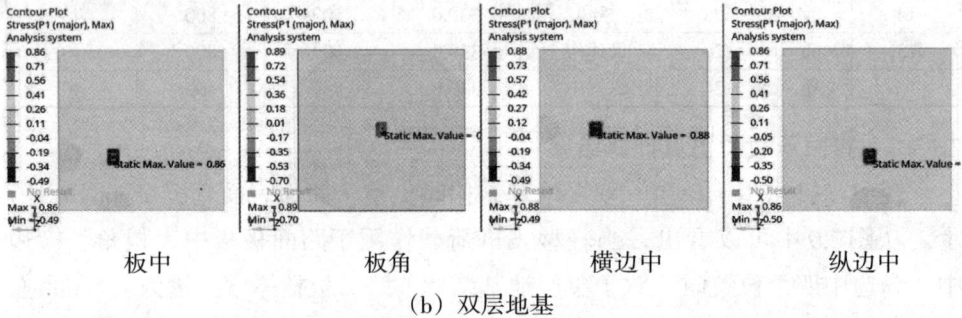

（b）双层地基

图7.10　轻型飞机荷载作用下基层拉应力云图

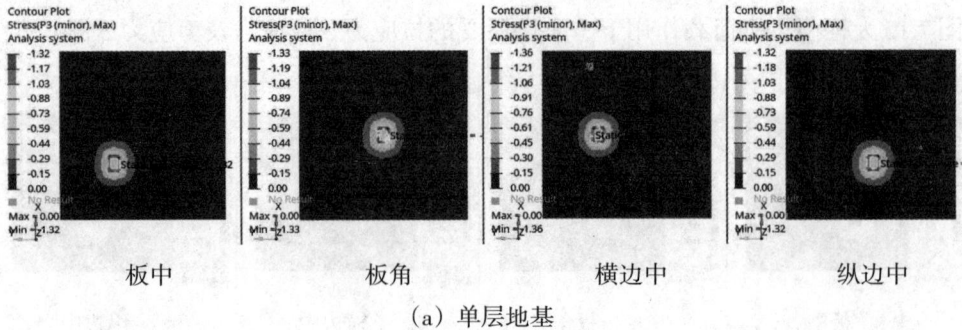

（a）单层地基

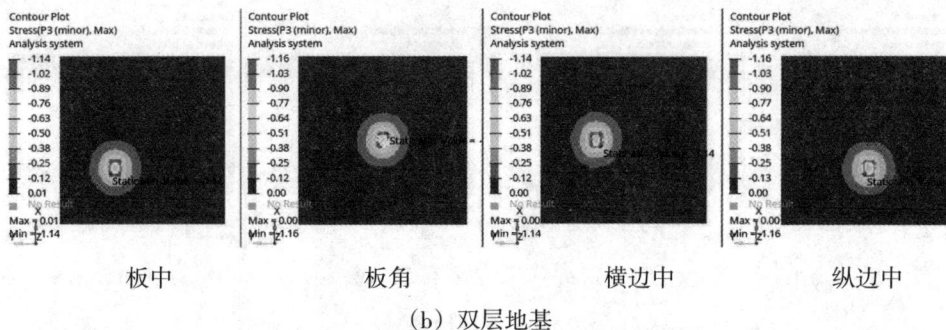

板中 板角 横边中 纵边中

（b）双层地基

图7.11 轻型飞机荷载作用下基层压应力云图

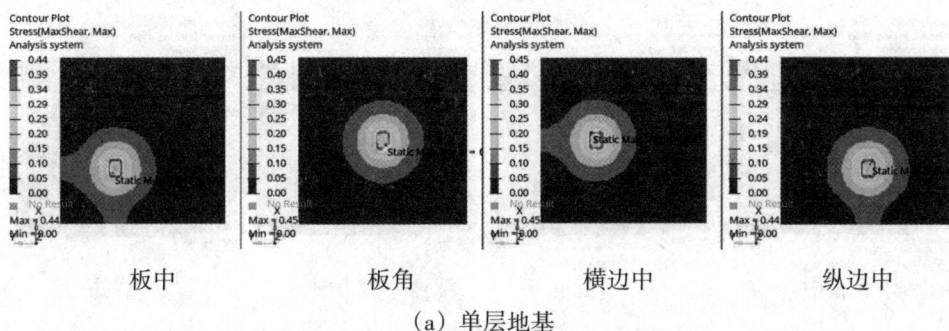

板中 板角 横边中 纵边中

（a）单层地基

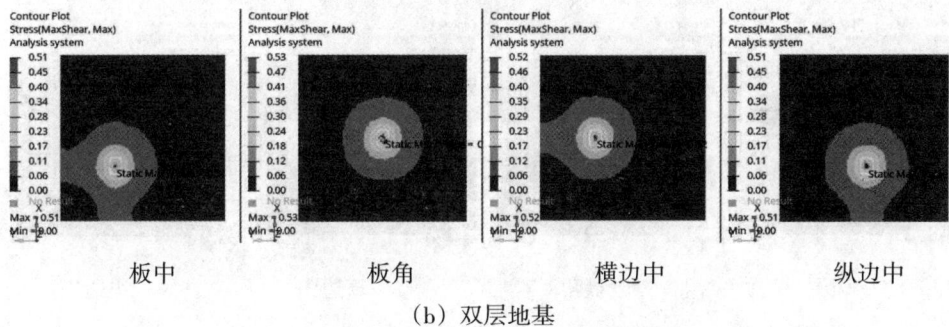

板中 板角 横边中 纵边中

（b）双层地基

图7.12 轻型飞机荷载作用下基层剪应力云图

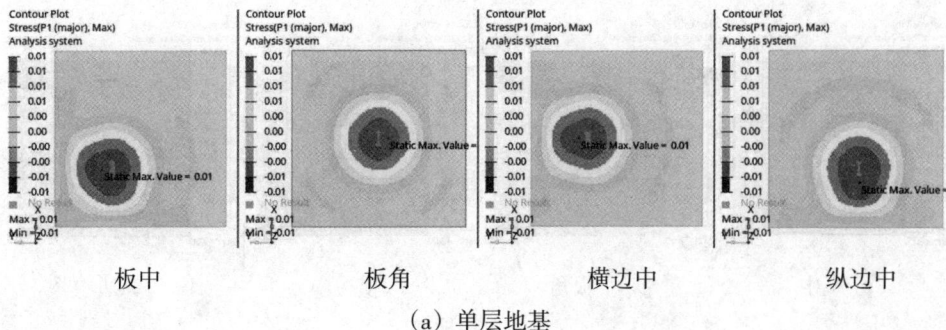

板中 板角 横边中 纵边中

（a）单层地基

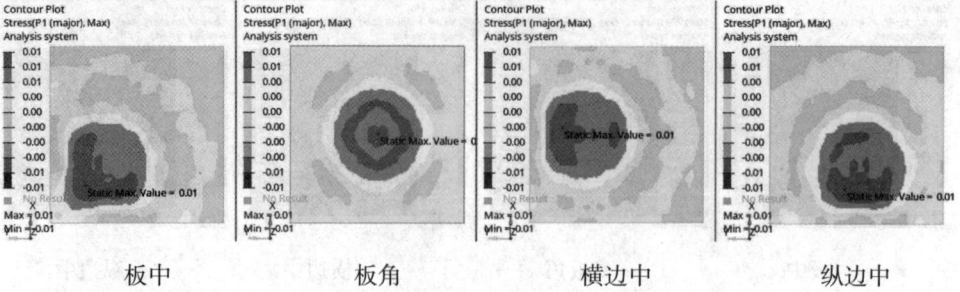

（b）双层地基

图7.13 轻型飞机荷载作用下土层拉应力云图

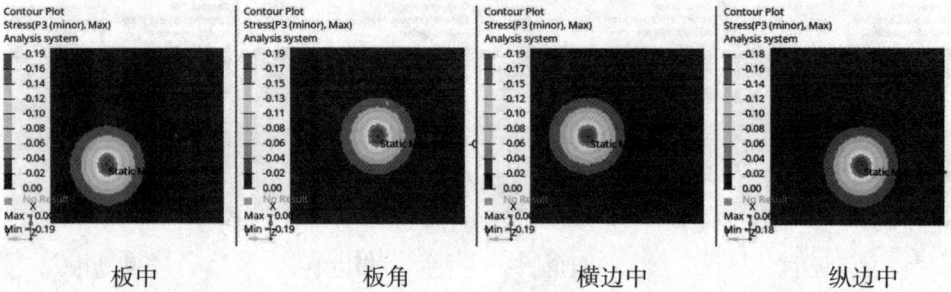

（a）单层地基

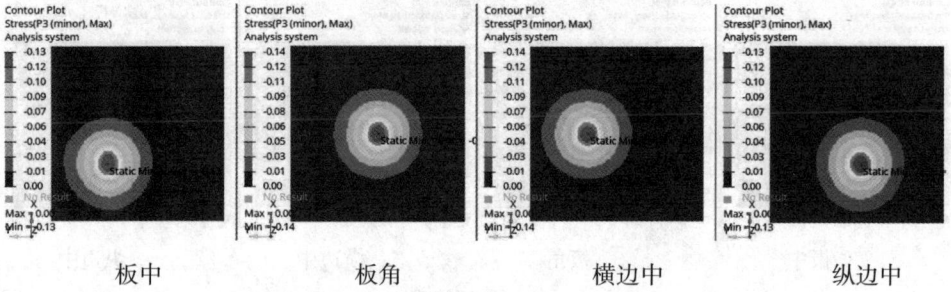

（b）双层地基

图7.14 轻型飞机荷载作用下土层压应力云图

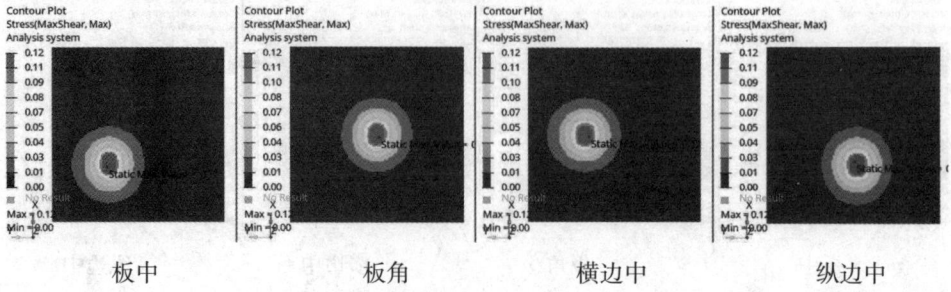

（a）单层地基

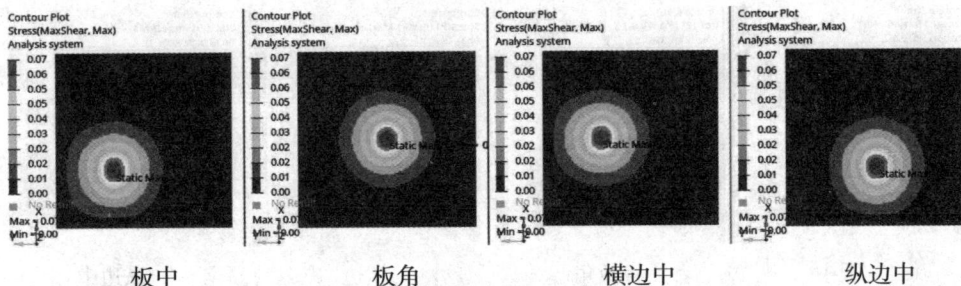

（b）双层地基

图7.15　轻型飞机荷载作用下土层剪应力云图

　　重型飞机作用于单层、双层地基结构时，整个路面表面弯沉量如图7.16所示。从图7.16中可以看出，当轻型飞机荷载作用于路面板板中、板角、横边中、纵边中四个位置时，对于单层地基结构，路面板整体弯沉量为6.90 mm左右；对于双层地基结构，路面板整体弯沉量为5.30 mm左右。图7.17至图7.19为重型飞机荷载作用下，基层所受的拉应力、压应力及剪应力云图。图7.20至图7.22为重型飞机荷载作用下，土层所受的拉应力、压应力及剪应力云图。

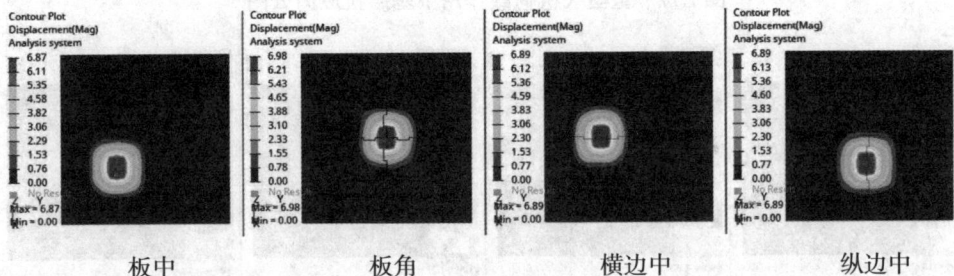

（a）单层地基

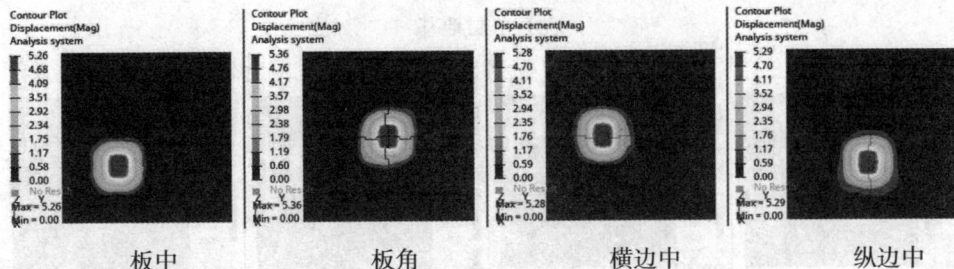

（b）双层地基

图7.16　重型飞机荷载作用下路面结构弯沉量云图

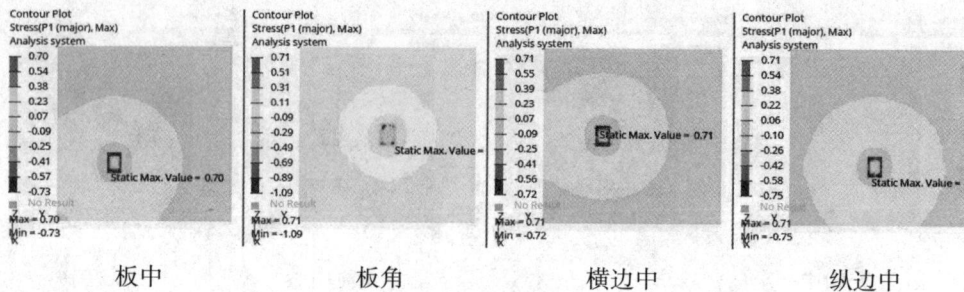

（a）单层地基

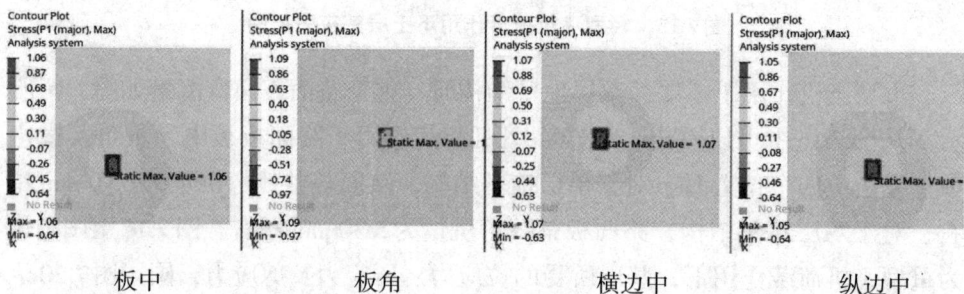

（b）双层地基

图7.17　重型飞机荷载作用下基层拉应力云图

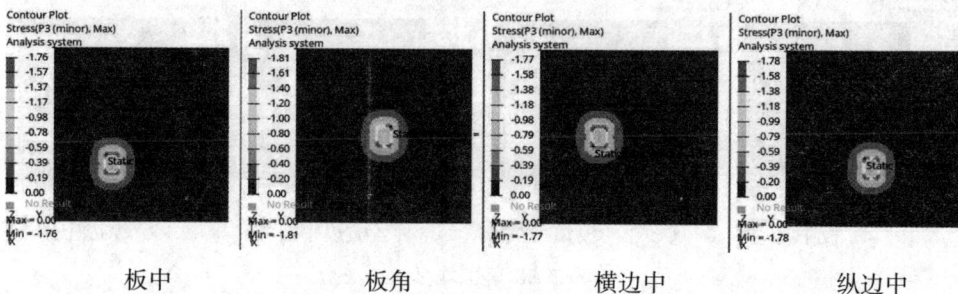

（a）单层地基

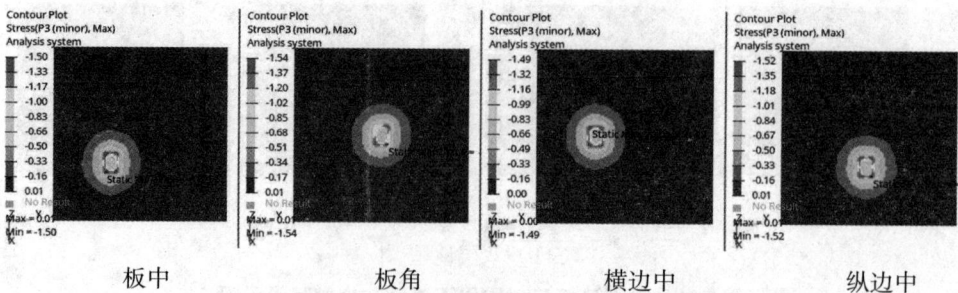

（b）双层地基

图7.18　重型飞机荷载作用下基层压应力云图

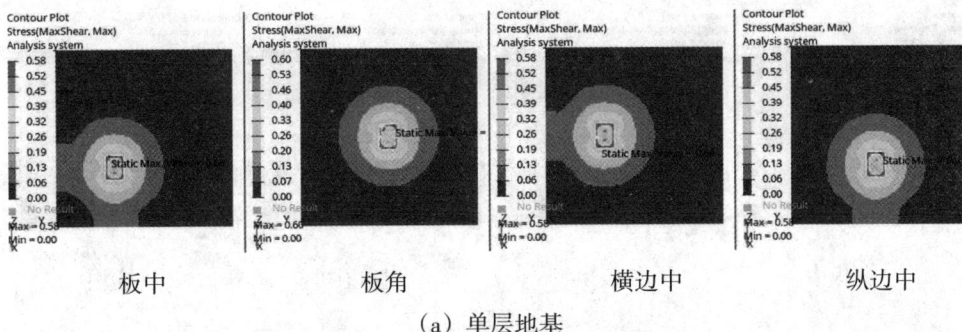

（a）单层地基

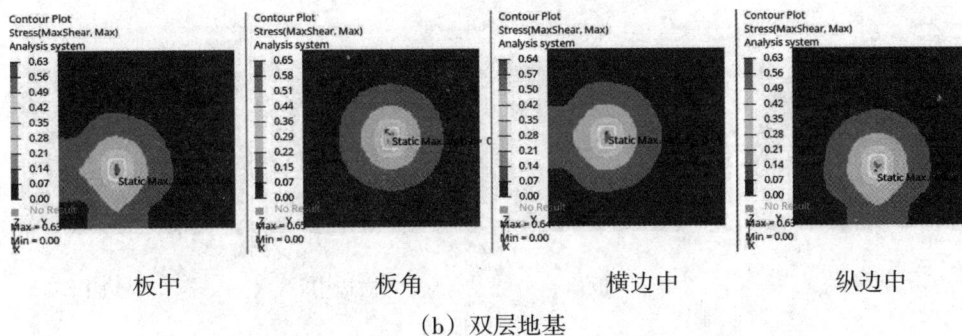

（b）双层地基

图7.19 重型飞机荷载作用下基层剪应力云图

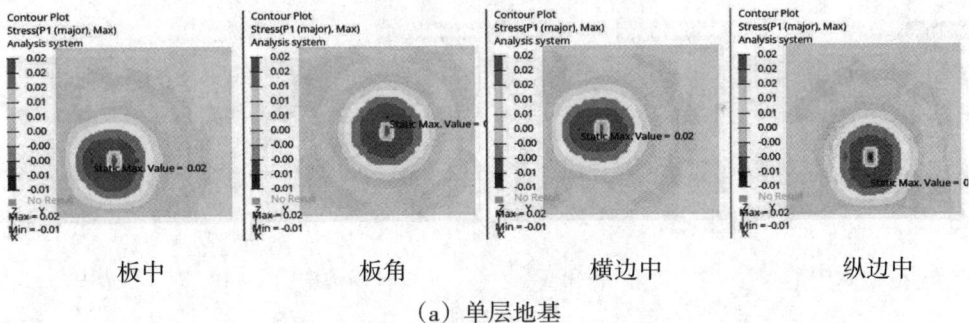

（a）单层地基

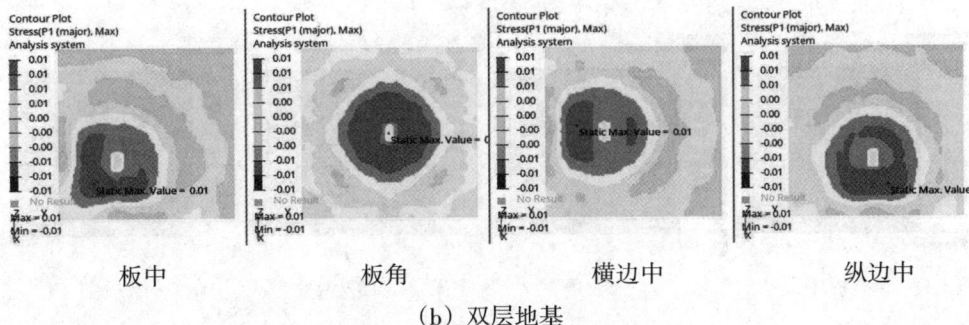

（b）双层地基

图7.20 重型飞机荷载作用下土层拉应力云图

213

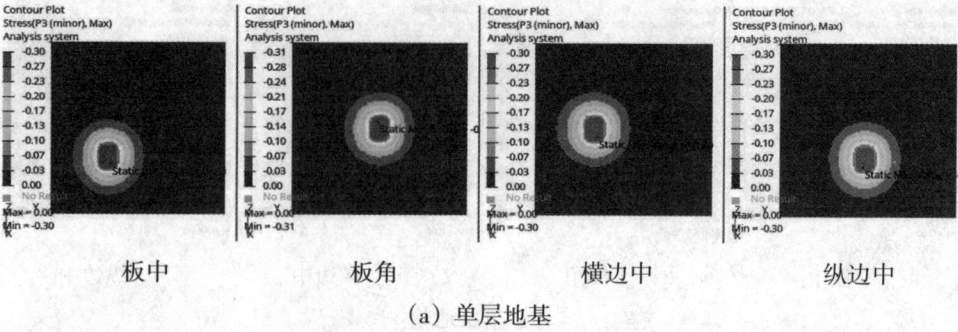

（a）单层地基

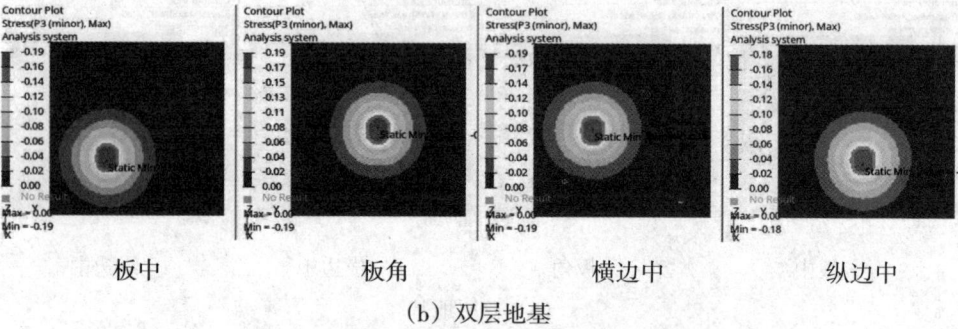

（b）双层地基

图7.21　重型飞机荷载作用下土层压应力云图

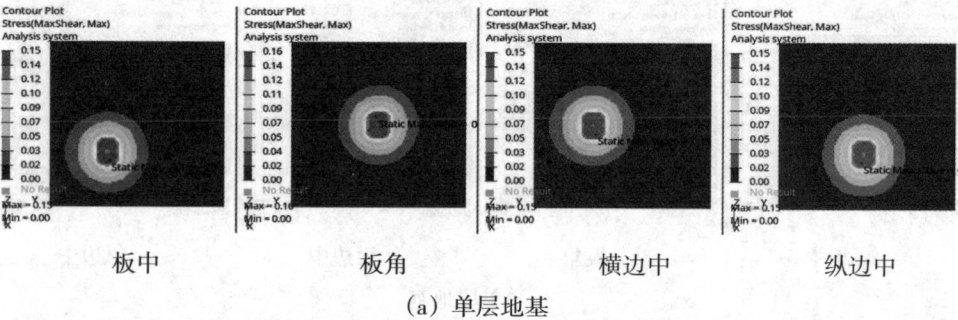

（a）单层地基

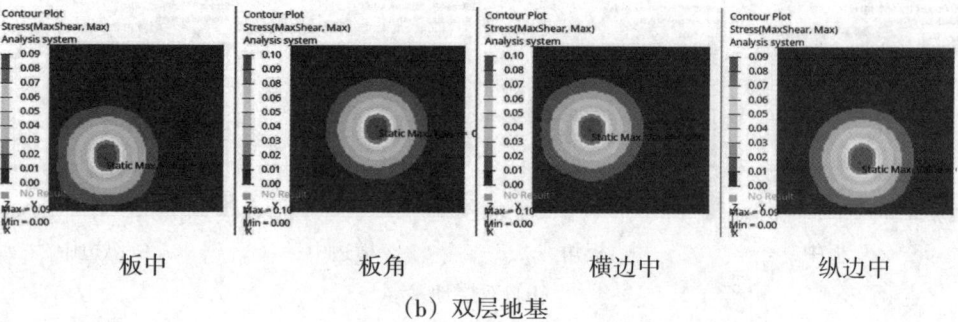

（b）双层地基

图7.22　重型飞机荷载作用下土层剪应力云图

表7.4为飞机临时跑道路面承载力有限元计算结果。

表7.4 飞机临时跑道路面承载力有限元计算结果

计算	飞机机型	土基结构	荷载位置	荷载/kN	弯沉/mm	基层顶面应力/MPa			土层顶面应力/MPa		
						拉应力	压应力	剪应力	拉应力	压应力	剪应力
1	轻	1	板中	194.5	4.85	0.61	1.32	0.44	0.01	0.19	0.12
2	轻	1	板角	194.5	4.93	0.62	1.33	0.45	0.01	0.19	0.12
3	轻	1	横边中	194.5	4.87	0.61	1.36	0.45	0.01	0.19	0.12
4	轻	1	纵边中	194.5	4.87	0.60	1.32	0.44	0.01	0.18	0.12
5	轻	2	板中	194.5	3.61	0.86	1.14	0.51	0.01	0.13	0.07
6	轻	2	板角	194.5	3.67	0.89	1.16	0.53	0.01	0.14	0.07
7	轻	2	横边中	194.5	3.65	0.88	1.14	0.52	0.01	0.14	0.07
8	轻	2	纵边中	194.5	3.68	0.86	1.16	0.51	0.01	0.13	0.07
9	重	1	板中	330.0	6.87	0.70	1.76	0.58	0.02	0.30	0.15
10	重	1	板角	330.0	6.98	0.71	1.81	0.60	0.02	0.30	0.16
11	重	1	横边中	330.0	6.89	0.71	1.77	0.58	0.02	0.30	0.15
12	重	1	纵边中	330.0	6.89	0.71	1.78	0.58	0.02	0.30	0.15
13	重	2	板中	330.0	5.26	1.06	1.50	0.63	0.01	0.19	0.09
14	重	2	板角	330.0	5.36	1.06	1.54	0.65	0.01	0.19	0.10
15	重	2	横边中	330.0	5.28	1.07	1.49	0.64	0.01	0.19	0.10
16	重	2	纵边中	330.0	5.29	1.05	1.52	0.63	0.01	0.18	0.09

根据表7.4,可以得出以下结论。

①轻型飞机荷载作用时,单层地基结构路面弯沉量平均值为4.88 mm,双层地基结构路面弯沉量平均值为3.65 mm;重型飞机荷载作用时,单层地基结构路面弯沉量平均值为6.91 mm,双层地基结构路面弯沉量平均值为5.30 mm。可见,路面的弯沉与地基结构的强度有很大关系,在软弱地基上铺设多孔铝路面时,路面弯沉相对来说比较大。从最不利角度出发,在仿真模型中设置的地基回弹模量较小,在实际工况中,地基会填筑水泥、石灰或其他稳固材料,其回弹模量一般在1000 MPa以上,多孔铝路面板的弯沉还会减小很多。

②轻型飞机荷载作用时,单层地基结构的基层顶面的拉应力平均值为0.61 MPa,压应力平均值为1.33 MPa,剪应力平均值为0.45 MPa;单层地基结构的土层顶面的拉应力平均值为0.01 MPa,压应力平均值为0.19 MPa,剪应力平均值为0.12 MPa;双层地基结构的基层顶面的拉应力平均值为0.87 MPa,压应力平均

值为1.15 MPa，剪应力平均值为0.52 MPa；双层地基结构的土层顶面的拉应力平均值为0.01 MPa，压应力平均值为0.14 MPa，剪应力平均值为0.07 MPa。相比单层地基结构，双层地基结构的基层顶面的拉应力和剪应力均有增大，压应力有所降低；土层的压应力和剪应力均有降低，拉应力基本不变。基层最大拉应力为0.89 MPa，最大压应力为1.16 MPa。

③重型飞机荷载作用时，单层地基结构的基层顶面的拉应力平均值为0.71 MPa，压应力平均值为1.78 MPa，剪应力平均值为0.59 MPa；单层地基结构的土层顶面的拉应力平均值为0.02 MPa，压应力平均值为0.30 MPa，剪应力平均值为0.15 MPa；双层地基结构的基层顶面的拉应力平均值为1.06 MPa，压应力平均值为1.51 MPa，剪应力平均值为0.64 MPa；双层地基结构的土层顶面的拉应力平均值为0.01 MPa，压应力平均值为0.19 MPa，剪应力平均值为0.10 MPa。相比单层地基结构，双层地基结构的基层顶面的拉应力和剪应力均有增大，压应力有所降低；土层的压应力和剪应力均有降低，拉应力基本不变，同轻型飞机荷载作用应力响应一致。基层最大拉应力为1.07 MPa，最大压应力为1.54 MPa。

通过表7.4中的计算结果发现，飞机临时跑道路面的基层拉应力比较大，说明在结构中其为主要受力层。多孔铝夹芯板面层强度较高，可将基层的拉应力和压应力控制在所允许的应力水平，既可减轻对土基层的损伤，还可提高基层与铺面的承载能力，因此，将其作为飞机临时跑道路面具有较高的可行性。需要说明的是，虽然多孔铝夹芯板面层强度较高，但是由于其面层很薄，基层的强度对于飞机临时跑道是关键因素，建议用于修建飞机临时跑道的基层回弹模量在1000 MPa以上。

7.1.2.3　多孔铝夹芯板受力仿真计算结果

通过承载力分析可知，将装配式多孔铝路面板应用于飞机临时跑道路面建设具有较高的可行性。在飞机重复荷载作用下，装配式多孔铝路面板铺设在稳定土基层上的路面结构形式会产生结构失效问题，如多孔铝路面板件拼装连接、多孔铝路面板材料疲劳等。以轻型飞机作用荷载，单层土基结构路面板中受力计算为例，进行有限元仿真计算，多孔铝夹芯板各层应力计算结果如下：上层板为60.86 MPa，下层板为15.42 MPa，多孔铝应力为1.89 MPa。由此可以看出，单个多孔铝板的上层板受力最大，应力水平也最高，进一步说明了多孔铝夹芯板对于荷载的吸收和分散作用显著。图7.23为多孔铝夹芯板的应力云图。

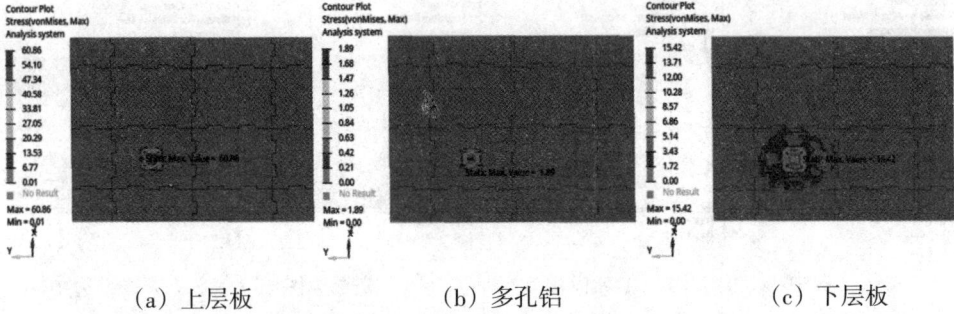

（a）上层板　　　　　（b）多孔铝　　　　　（c）下层板

图7.23　多孔铝夹芯板应力云图

对于不同的飞机荷载及不同的地基结构，多孔铝路面的应力水平会有所不同。下面按照表7.3中的计算荷载进行计算分析。由于上层板的应力水平最高，所以在多孔铝夹芯板受力时，将上层板作为重点仿真分析对象。图7.24为轻型飞机荷载作用下，多孔铝夹芯板上层板的应力云图。图7.25为重型飞机荷载作用下，多孔铝夹芯板上层板的应力云图。

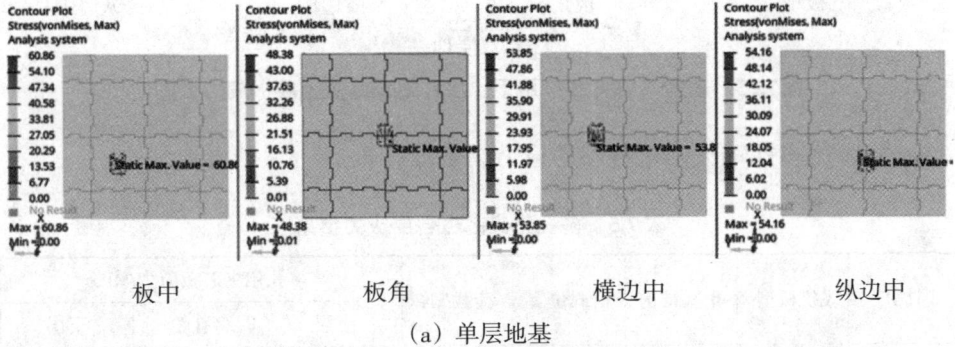

板中　　　　　板角　　　　　横边中　　　　　纵边中

（a）单层地基

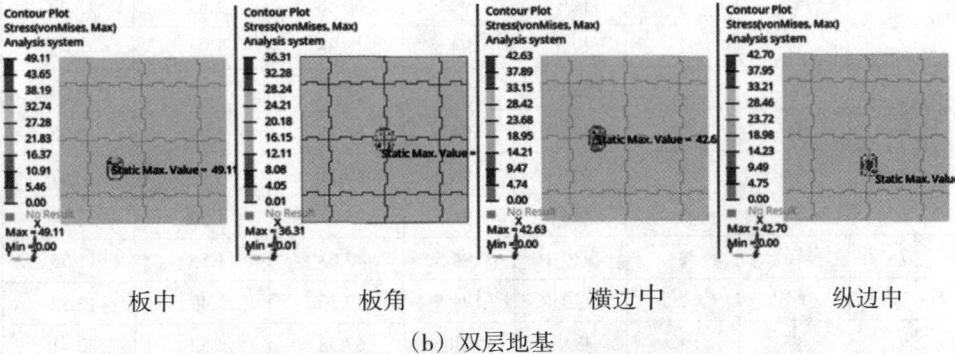

板中　　　　　板角　　　　　横边中　　　　　纵边中

（b）双层地基

图7.24　轻型飞机荷载作用下，多孔铝夹芯板上层板应力云图

（a）单层地基

（b）双层地基

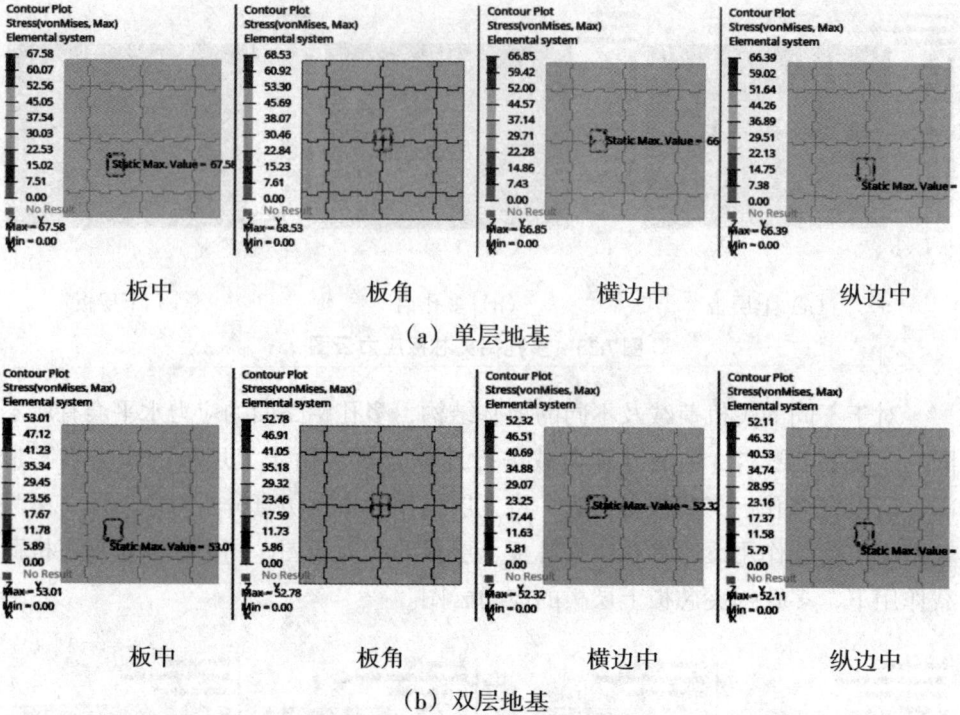

图7.25　重型飞机荷载作用下，多孔铝夹芯板上层板应力云图

表7.5为多孔铝夹芯板各层的应力结果汇总表。

表7.5　多孔铝夹芯板各层应力结果

计算	飞机机型	土基结构	荷载位置	荷载/kN	多孔铝夹芯板应力/MPa		
					上层	多孔铝	下层
1	轻	1	板中	194.5	60.86	1.89	15.42
2	轻	1	板角	194.5	48.38	1.94	16.02
3	轻	1	横边中	194.5	53.85	1.95	16.04
4	轻	1	纵边中	194.5	54.16	1.91	16.28
5	轻	2	板中	194.5	49.11	1.49	10.97
6	轻	2	板角	194.5	36.31	1.50	12.24
7	轻	2	横边中	194.5	42.63	1.55	11.35
8	轻	2	纵边中	194.5	42.70	1.49	12.52
9	重	1	板中	330	67.58	2.52	20.41
10	重	1	板角	330	68.53	2.59	22.38
11	重	1	横边中	330	66.85	2.54	20.81

表7.5（续）

计算	飞机机型	土基结构	荷载位置	荷载/kN	多孔铝夹芯板应力/MPa		
					上层	多孔铝	下层
12	重	1	纵边中	330	66.39	2.55	20.96
13	重	2	板中	330	53.01	1.90	15.04
14	重	2	板角	330	52.78	2.00	15.69
15	重	2	横边中	330	52.32	1.93	15.92
16	重	2	纵边中	330	52.11	1.96	15.92

根据表7.5，可以得出以下结论。

①轻型飞机荷载作用在单层地基结构板中位置时，上层铝板的应力最大，最大值为60.86 MPa；重型飞机荷载作用在单层地基结构板角位置时，上层铝板的应力最大，最大值为68.53 MPa。6061（T6）铝合金材料屈服强度为240 MPa，一般金属材料的疲劳强度约为屈服强度的1/3，即80 MPa。在两种不同重量的飞机荷载作用下，多孔铝夹芯板的应力值均在材料疲劳强度以内，因此所采用的50 mm厚（3.5 mm铝合金+43 mm多孔铝+3.5 mm铝合金）多孔铝夹芯板路面具有一定的抗疲劳性能。

②相比单层地基结构，双层地基结构在飞机荷载作用时，多孔铝夹芯板上层铝板、多孔铝夹层及下层铝板的应力水平都有一定程度的下降。这进一步说明，地基的强度对多孔铝路面板的应力有较大影响，增强地基强度有利于降低路面板的应力水平和提高多孔铝路面板的抗疲劳性能。

通过探索分析，发现多孔铝材料作为飞机临时跑道路面，具有承载力高、便于拼装的显著优点，可行性非常高。图7.26为建立的飞机和多孔铝夹芯板有限元模型示意图，它为方案系统分析与优化奠定了基础。但方案工程落地仍需要开展大量单元试验与测试，以及进一步的深入研究。

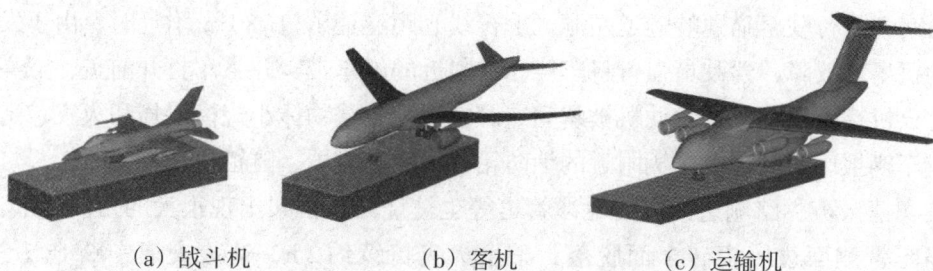

(a) 战斗机　　　　　(b) 客机　　　　　(c) 运输机

图7.26 飞机和多孔铝夹芯板有限元模型示意图

7.2　多孔铝材料在公路隧道工程上的探索

随着社会发展对交通状况需求的不断提高和工程建设技术的不断进步，隧道作为交通建设中重要的组成部分，与大交通建设同步发展。我国是多山国家，且江河纵横、海域宽阔，隧道在这些特定条件下具有其他路线方案难以替代的作用，所以在交通建设中得到了广泛应用，而且各种交通隧道得到了迅速的发展。与铁路、水利和矿山隧道相比，公路隧道在我国起步最晚，但其发展速度最快。公路隧道之所以能够有如此快速和巨大的发展，与我国在铁路、水利和矿山隧道方面长期的技术发展积累是密不可分的。与铁路、水利和矿山隧道相比，公路隧道有如下特点：①公路隧道多为大跨径扁平结构，其跨度远大于铁路和矿山隧道的跨度；②公路隧道穿越的地质条件比较复杂，通常情况下围岩稳定性较差；③公路隧道为满足线型、逃生等需要，采用的结构形式比铁路隧道复杂，如连拱、小净距、分岔、螺旋隧道等；④公路隧道为保证行车的舒适性、安全性，必须配备复杂的运营机电系统（含通风、照明、消防、监控、供配电、救援等系统），这是其他类型隧道所没有的。这些特点表明了公路隧道的技术难度更大，也促使公路隧道界必须在设计、施工、运营和养护方面开展大量的开拓创新研究工作，以解决自己特有的技术和管理问题。隧道在交通运输中承担着重要的枢纽作用，其交通流量大，因此隧道的安全运营和舒适运营具有重要意义。

隧道火灾是运营中较易出现的一种事故形式，特别是公路和城市道路隧道，由于客流量大，人员车辆集中，一旦发生火灾，不但极易造成群死群伤的恶性事故，而且由于隧道的结构特征，会造成延烧时间长、交通长期中断的严重后果。

2002年1月10日，一辆满载皮鞋、打火机和透明胶片等货物的大货车，由南朝北行驶至猫狸岭隧道左洞（上行线）距隧道出口780 m附近时，由于发动机出现故障，驾驶员强行将车停靠在附近的停车带，并下车打开前盖，点亮打火机检查发动机，发动机被瞬间点燃，引发车载物体小规模爆炸和火灾，造成车辆报废；同时，车辆附近的消防箱、火灾感应器、隧道拱顶电缆桥架、灯具、情报板、路侧边沟内的电缆管道等也被烧坏，桥架出现很大的扭曲变形，停车带侧面边墙瓷砖全面脱落；整个火灾持续约2 h，造成交通中断18天。2006年3月21日，一辆载有火腿肠、易燃品和化工原料及其他货物的货车进入京珠高速公路韶关段南行温泉隧道，当它行驶至这座500 m长隧道的中间位置时，其轮胎爆裂起火，因其后紧跟着一辆油罐车而引发火灾，对隧道内设施造成了严重的损毁。2008年5月4日，在京珠高速公路南行141 km大宝山隧道出口，一辆载有危险化学品二甲苯的槽罐车与一辆半挂大货车追尾相撞。此次事故造成危险品泄漏并发生火灾，2人在大火中死亡，隧道出口附近50 m范围内的照明灯具、电缆、通信设备、摄像机等仪器装备全部损毁，过火范围的隧道拱顶钢筋混凝土损坏严重，导致混凝土大面积脱落和钢筋外露，部分钢筋被烧断，两侧瓷砖被烧坏剥落，南行隧道设施受损严重，道路因此封闭1个多月，造成了较大的经济损失和较坏的社会影响。2010年1月6日凌晨，浙江甬台温高速公路大溪岭隧道内，一辆半挂车行驶进隧道1 km处时轮胎起火，导致隧道内照明设施被损毁，隧道被迫关闭7 h，直接经济损失近1000万元。2011年4月8日凌晨，兰临高速公路七道梁隧道去往临夏方向的入口内1500 m处发生2辆重型油罐车追尾爆炸事故，造成4人死亡，1人受伤，隧道内部分拱顶崩落，电缆桥架掉落，部分照明及监控设备损毁，致使兰州至临洮高速公路长时间中断。2014年3月1日14时45分，2辆运输甲醇的铰接列车在晋济高速公路山西晋城段岩后隧道内发生追尾相撞，导致前车甲醇泄漏并发生火灾；另外，隧道内滞留的2辆危险化学品车辆和31辆煤炭运输车等车辆被引燃。此次事故共造成40人死亡、12人受伤和42辆车被烧毁，直接经济损失8197万元。2017年5月23日6时23分，河北省保定市张石高速保定段（石家庄方向）浮图峪5号隧道内发生一起重大危险化学品运输燃爆事故，造成15人死亡、3人中毒烧伤，16名村民轻微受伤，9部车辆、43间民房受损，直接经济损失4200万元。2019年8月27日18时22分，一辆半挂车驶入猫狸岭隧道1.6 km处时轮胎爆胎起火，火势快速引燃装载的合成革货物，释放大量有毒浓烟，造成隧道内滞留人员及救援人员5人死亡、31人不同程度受伤（其中15人重伤），隧道设施、途经车辆、事故货车及货物严重受损，直接经济损失500余万元。图7.27为部分隧道发生火灾的照片。

(a) 京珠高速公路大宝山隧道

（b）浙江甬台温高速公路大溪岭隧道

（c）兰临高速公路七道梁隧道

（d）山西晋城晋济高速隧道

（e）张石高速浮图峪5号隧道

（f）猫狸岭隧道

图7.27　隧道火灾事故案例

　　噪声是影响隧道运营舒适性的重要因素。从心理学观点出发，凡是人们不需要的声音就是噪声，也就是说，凡是干扰或妨碍人们正常活动（包括学习、工作、谈话、通信、休息和娱乐等活动）的声音均可认为是噪声。从物理学观点来看，噪声是由许多不同频率和不同强度的声波，经无规则组合而成的。在示波器上观察噪声的波形，一般都是不规则的和无调的。噪声的危害是多方面的，主要表现在以下三个方面。①噪声会对听力产生损伤。大量的调查研究结果表明，当人们在较强的噪声环境中待上一段时间后会感到耳鸣，再到安静的环境中会发现原来听得到的声音会变弱甚至听不到。若在安静的环境里待一段时间，听觉就会恢复原状，但如果长期暴露在高噪声环境中，听觉器官发生器质性病变，便失去恢复正常听觉的能力，称为听力损失，即通常所说的噪声性耳聋。②噪声会对睡眠形成干扰。睡眠能使人们新陈代谢得到调节、大脑得到充分休息、消除体力和脑力疲劳，对人们极其重要。一般来说，连续噪声在40 dB时可使10%的人睡眠受影响，在70 dB时可使50%的人受影响；突发性噪声在40 dB时可使10%的人惊醒，在60 dB时可使70%的人惊醒。③噪声能诱发多种疾病。研究结果表明，噪声会引起人体的紧张反应，使肾上腺素分泌增加，引起心率加快、血压升高，诱发心脑血管方面的疾病，同时会对消化系统和神经系统造成不良影响。隧道内的通风设施、交通工具、交通工具与路面或轨道的摩擦均会产生噪声，而且由于其为封闭空间，噪声会通过隧道壁不断反射，因而增加了噪声对舒适性的影响。有研究表明，改善隧道内的吸声系数是降低隧道噪声的最主要因素。声波入射到材料表面时，若入射的声能为E_1，被吸收的声能为E_2，则这两个声能之比称为吸声系数（$\alpha = E_1/E_2$）。许多未做降噪处理的隧道路面、洞壁和洞顶均为较光滑的水泥面，它们的吸声系数为0.10~0.15。隧道墙壁对声波的吸收作用很小，是造成洞内噪声污染的一个重要原因。

　　多孔铝材料具有耐火和吸声功能，将其应用在隧道中会起到良好的降噪耐火作用。山东高速股份有限公司联合山东省交通设计集团、中南大学共同研究将多孔铝应用于亳山峪隧道改造工程，如图7.28所示。

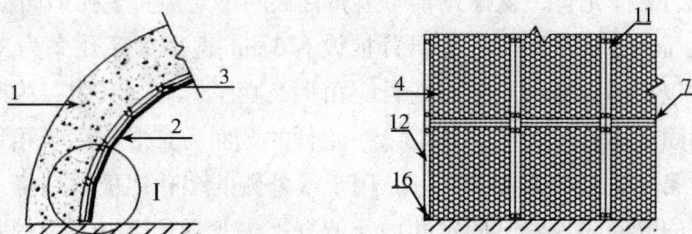

（a）隧道用多孔铝板结构　　　　　（b）I处放大侧视图

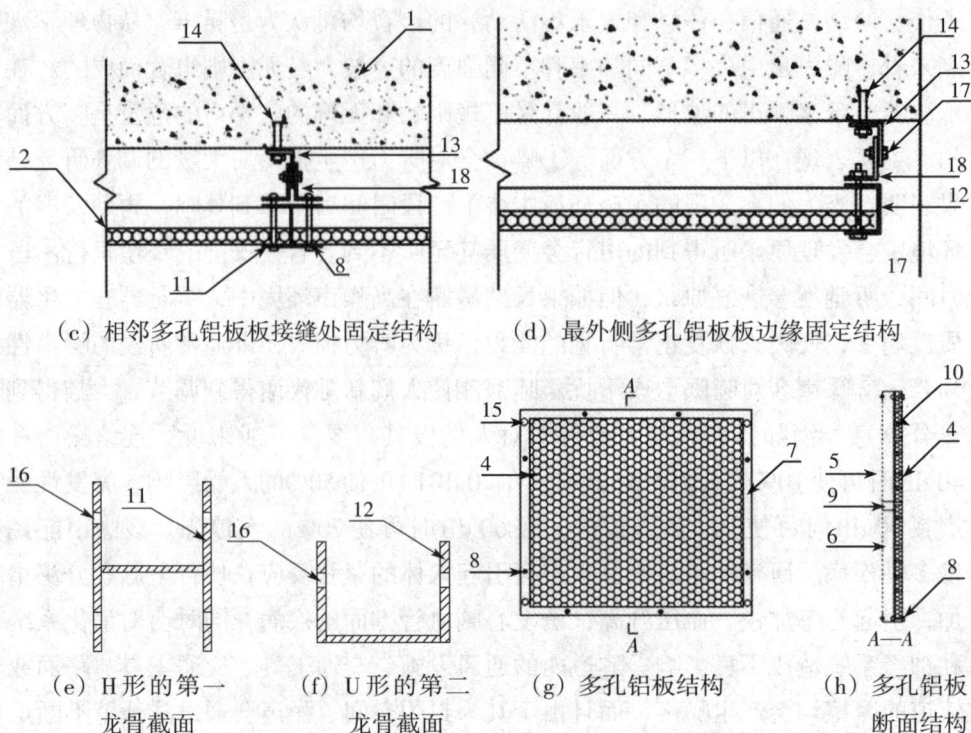

（c）相邻多孔铝板板接缝处固定结构　　（d）最外侧多孔铝板板边缘固定结构

（e）H形的第一　　（f）U形的第二　　（g）多孔铝板结构　　（h）多孔铝板
　　龙骨截面　　　　龙骨截面　　　　　　　　　　　　　　　　断面结构

图7.28　多孔铝在隧道中应用示意图

1—隧道内壁；2—声屏障板；3—连接件；4—多孔铝面板；5—金属背板；6—背腔；
7—密封边框；8—铆钉；9—支撑龙骨；10—穿孔；11—第一龙骨；12—第二龙骨；
13—角钢；14—膨胀螺栓；15—安装孔Ⅰ；16—安装孔Ⅱ；17—螺栓；18—L形连接板

　　从图7.28中可以看出，隧道用多孔铝结构由贴设于隧道内壁的多孔铝板和连接件组成。在实际工程中，可依据隧道内实际情况选择部分贴设多孔铝板或全部贴设多孔铝板。多孔铝板包括位于前侧的多孔铝面板及位于后侧的金属背板，多孔铝面板和金属背板之间设有背腔。多孔铝板的周边设有U形密封边框，多孔铝面板和金属背板均通过铆钉与密封边框连接，背腔内设有用于支撑多孔铝面板的支撑龙骨，支撑龙骨与金属背板固定连接。多孔铝面板设有2 mm直径且穿孔率为5%的穿孔，金属背板设有3 mm直径且穿孔率为30%的贯穿孔。连接件包括第一龙骨、第二龙骨、角钢及膨胀螺栓。其中，第一龙骨和第二龙骨起到固定多孔铝板的作用。第一龙骨的截面为H形，用于相邻多孔铝板的接缝处；第二龙骨的截面为U形，用于最外侧的多孔铝板的边缘；膨胀螺栓安装于隧道内壁间隔设置的固定孔内，依据第一龙骨及第二龙骨的安装位置间隔设置；角钢通过膨胀螺栓固定于隧道内壁上。左右相邻的多孔铝通过竖向设置的H形的第一龙骨固定连接，相邻的多孔铝分别插接于第一龙骨两侧翼缘内，多孔铝板的左、右边缘设有一组贯穿的安装孔Ⅰ，第二龙骨竖向套设于最外侧的多孔铝板边缘。第一龙骨、第二龙骨的翼缘上均设有与安装孔Ⅰ匹配的安装孔Ⅱ，第一龙骨、第二龙骨后侧面的安装孔Ⅱ处均固定有连接板，角钢与第一龙骨、第二龙骨均通过连接板固定连接。连接板为L形结构，其两个侧板均设有螺孔，第一龙骨与L形连接板连接时，L形连接板、第一龙骨和多孔铝板三者通过贯穿安装孔Ⅰ、安装孔Ⅱ、L形连接板的铆钉固定连接。第一龙骨后侧面左右相邻的两个L形连接板背向设置，并与角钢固定连接。L形连接板、第二龙骨和多孔铝三者通过贯穿安装孔Ⅰ、安装孔Ⅱ、L型连接板的螺栓固定连接。

多孔铝在隧道工程上的应用，可以有效降低火灾对隧道主体的破损程度和提升隧道的运营舒适程度，山东高速股份有限公司在此方面的成功尝试，为这种方式的推广应用奠定了基础。图7.29为多孔铝材料在隧道工程中应用的照片。

图7.29 多孔铝材料在隧道工程上的应用

7.3 多孔铝材料在桥墩防船撞上的探索

近年来，为适应交通量的不断增加，全国各地跨江海桥梁建设数量急剧增加。与此同时，国内水路运输由于具有运量大、成本低的特点，也得到了快速发展，通航船舶数量、吨级逐年递增。其中，截至2022年底，仅内河航道通航里程就已达到12.80万km，拥有水上运输船舶12.19万艘。

对于通航船舶而言，跨航道桥梁是一种人工障碍物，随着船舶与桥梁数量的快速增长，二者发生撞击的概率也呈不断升高的趋势。据统计，截至目前，我国记录的船舶撞桥事故达到了数百起，仅武汉长江大桥自20世纪50年代至今，就被船撞击百余次；南京长江大桥建成50年多来，也有被撞击30余次的记录。同比其他江面上的桥梁，被船舶撞击事故更是不胜枚举，图7.30为部分船舶撞桥典型事故案例。根据表7.6中船舶撞桥事故统计情况，可以很直观地看到，2000—2021年，我国几乎每年都会发生1起及以上的船舶撞桥事故。船舶撞桥事故对我国的交通、经济及财产造成了巨大且不可挽回的损失：对于桥梁，事故会导致其出现裂纹、移位，对桥梁的使用寿命和安全运输造成极大损害，甚至造成桥梁结构断裂、塌陷，桥上通行车辆坠毁、人员伤亡等；对于船舶，轻则船体受损，重则货物受损、船只沉没、船员伤亡等。因此，采取相应防撞措施来降低船舶撞击桥梁所造成的事故伤害程度，具有一定的迫切性。

（a）九江大桥事故　　　　（b）金塘大桥事故　　　　（c）大洋桥事故

（d）大治河桥事故　　　（e）飞云江大桥事故　　　（f）莲溪大桥事故

图7.30　船舶撞桥典型事故案例

表7.6　我国船舶撞桥事故统计表

年份	桥梁名称	事故影响
2021	南通九圩港英雄大桥	主梁塌落，船舶损毁
2020	上饶太阳埠大桥	主梁塌落，船舶损毁
2020	宁波奉化江大桥	35 m T形梁损坏
2019	贵港平南大桥	大桥拱肋混凝土严重剥落，破损严重
2019	衡阳洋塘河坝水电站桥	桥墩混凝土保护层严重剥落
2018	蚌埠津浦铁路桥	船舶沉没
2018	东莞万江大桥	桥梁支撑肋损坏，1人死亡
2017	梧州浔江特大桥	主梁发生较大位移

表7.6（续）

年份	桥梁名称	事故影响
2017	珠海磨刀门大桥	主梁发生4 cm横向位移、27 cm竖向位移
2015	宜春赣江大桥	船舶侧翻，桥墩混凝土保护层遭剐蹭
2015	肇庆西江大桥	下航孔横梁受损
2014	上海斜塘大桥	桥墩顶部严重开裂，主梁发生倾斜
2013	台州椒江大桥	桥墩受损，系梁开裂
2012	岳阳平江大桥	桥梁倒塌，2人死亡，4人失踪
2011	油墩港桥	桥塌断航
2010	万江大桥	1死1伤
2010	松花江浮桥	4人死亡
2009	金沙镇金余大桥	桥塌，停航半月
2009	兴化老阁大桥	桥塌压船，1人坠下
2008	扬州四异大桥	桥梁倒塌，1名船员受伤
2008	金塘大桥	梁板将驾驶室压入下层货仓，4人死亡
2007	大洋桥	桥面压下，2人死亡
2007	如东蔡渡大桥	桥塌、压毁1艘驳船
2007	佛湛线九江大桥	桥墩无防撞，9人失踪
2007	川沙路桥	桥塌
2006	杭州湾跨海大桥	承台、墩身及箱梁等开裂、毁损
2004	杭州渔临关大桥	桥梁倒塌
2004	苏州亭子桥	大桥垮塌，船舶沉没
2003	湖州岂风桥	拱脚错位，桥梁垮塌
2001	舟山响礁门大桥	工期延误
2000	河源黎咀大桥	6人死亡，4人重伤，工期延误

　　桥墩是桥梁的支撑结构，也是船舶比较容易碰撞的位置，在该位置合理地设置防船撞设施，能够在一定程度上减小因船舶撞击桥墩而给桥梁结构、人员和船舶带来的伤害。目前，我国通航航道上跨桥梁桥墩位置常用防撞处理方式可分为无防撞设施、间接防撞设施和直接防撞设施三种。对于无防撞设施，需要靠桥梁自身结构抵抗船舶撞击，如图7.31所示；间接防撞设施是在桥墩以外设置的一道防撞安全屏障（如防撞桩群、漂浮拦网等），如图7.32所示；直接防撞设施主要通过设置在桥墩外的装置保护桥墩，该装置与桥墩共同承受船舶

的撞击,利用桥墩自身的水平抗力和装置的缓冲吸能消减船撞力,如图7.33所示。结合实际应用效果,根据我国河海航运建设现状及相关规范要求,分析发现现有桥墩防撞措施尚存在一定的不足。①航道上跨桥梁桥墩无防撞设施不满足规范的最新要求。2020年颁布的《公路桥梁抗撞设计规范》(JTG/T 3360-02—2020)对桥梁防撞设施的设置有了较为明确的规定,其第3.1.3条的条文说明提出:"新建桥梁结构自身应具有抵抗设防船撞力的能力。为应对超越自身抗撞能力的撞击事件、防止桥梁局部破损等,设置必要的结构性防船撞设施,兼顾船舶防护。"随着水上运输船舶增多、船舶运载量和运载速度增加,目前很多已建桥梁的自身抗撞设计可能已不满足该通航环境下的安全需求,一旦发生碰撞事故,无任何防护设施可对碰撞船舶进行阻挡,桥梁主体易受到威胁,存在隐患。②航道上跨桥梁桥墩防撞设施多未经验证,防护性能不确定。《公路桥梁抗撞设计规范》(JTG/T 3360-02—2020)的第7.3.2条规定,结构性防船撞设施的设计宜采用数值模拟、试验验证,或二者结合的方法;第7.3.3条规定,对于具有消能作用的构件,设计时应进行材料性能试验。而现有桥墩防撞设施多为理论性和应用性设计,普遍未从安全性角度开展规范且合规的验证,现有设施是否能够对通航航道上跨桥桥墩处发生事故的人、船、桥三者进行综合有效防护存在不确定性。

图7.31 航道上跨桥梁桥墩无防撞设施

(a)防撞桩群 　　　　　　　　　　　(b)漂浮拦网

图7.32 航道上跨桥梁桥墩间接防撞设施

(a) 自浮式防撞设施   (b) 附着式防撞设施

图7.33 航道上跨桥梁桥墩直接防撞设施

为提升桥墩防船撞设施的安全防护性能，近年来科研人员针对船桥碰撞防护开展了不少研究工作，并取得了一些成果，但其仍具有一定局限性：由橡胶材料制成的桥墩防撞装置仅适用于防护轻度碰撞的情况；钢质箱形防撞设施利用结构的塑性变形吸收撞击能量，可适用于强烈撞击的情况，但在发生碰撞时并不能有效地以自身较大的损伤来减小船体的损坏。高性能多孔铝是一种新型材料，其在结构和功能两方面都较传统结构材料表现出优越的特征，化"刚性防撞"为"柔性防撞"，为研究桥墩防撞设施带来一定优势，可综合利用有限元仿真技术对多孔铝材料进行桥墩防船撞设施的技术探索。

7.3.1 多孔铝柔性防船撞设施探索性设计

以国内某设防船舶为1000吨级的桥梁为依托，基于多孔铝材料进行柔性防船撞设施的探索性设计。柔性防撞设施的防船撞设计理念为"以柔克刚"，其结构形式既可采用浮式（随潮位的涨落而浮动），也可以采用非浮式的固定结构。如图7.34所示，基于多孔铝材料的柔性防船撞设施主要由Ω形截面多孔铝吸能构件组成，当船舶撞击在柔性防撞设施上时，多孔铝吸能构件可起到传递和吸收碰撞力的作用。

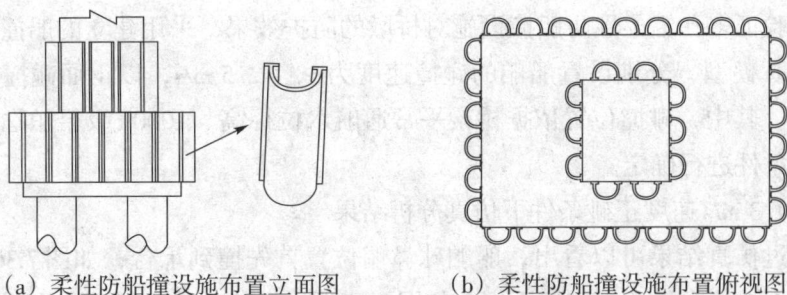

(a) 柔性防船撞设施布置立面图   (b) 柔性防船撞设施布置俯视图

图7.34 基于多孔铝材料的柔性防船撞设施示意图

7.3.2 基于有限元方法的整船碰撞桥墩仿真分析

7.3.2.1 仿真模型

在 LS-DYNA 有限元仿真模拟中，船、防撞设施和桥墩均采用实际尺寸的物理模型，船体、防撞设施的金属结构、桥墩结构中的钢筋采用弹塑性材料模型，桥墩混凝土采用 Mat159 号材料模拟，混凝土和钢筋间采用 *CON-STRAINED_LAGRANGE_IN_SOLID 关键字进行约束，未对桥梁上部结构进行模拟。表 7.7 为船舶模型参数，该模型通过以 3 m/s 速度正面碰撞混凝土桥墩进行模拟，提取的最大船撞力与《公路桥梁抗撞设计规范》（JTG/T 3360-02—2020）中规定的桥墩设防船撞力基本一致，从而验证了船舶模型的可靠性。图 7.35 是由船、防撞设施和桥墩组成的有限元仿真模型。

表 7.7　船舶模型参数

船舶类型	总长/m	型宽/m	型深/m	吃水深度/m	载重/t	满载排水量/t
货船	75	13.5	6	4.5	1000	1360

图 7.35　船撞桥墩有限元模型

7.3.2.2 仿真分析

为验证多孔铝柔性防船撞设施对桥墩的防护效果，采用建立的船撞桥墩有限元仿真模型，分别设置船舶的碰撞速度为 3，4，5 m/s，以正面碰撞方式碰撞桥墩。其中，碰撞位置依据桥梁平常通航水位标高、1000 t 级船舶吃水深度等实际条件进行确定。

（1）3 m/s 速度正碰条件下仿真分析结果

通过仿真结果可以看出，船舶球鼻艏位置首先撞到承台，如图 7.36 所示；桥墩表面被撞击后几乎完好无损，如图 7.37 所示；船舶球鼻艏则产生明显塑性变形，如图 7.38 所示；桥墩混凝土大应变区域主要出现在桩基础上，最大应变值为 0.018，如图 7.39 所示；防船撞设施所受的船撞力峰值为 10.4 MN，发生时刻为 0.52 s，如图 7.40 所示；船舶撞深最大值为 0.650 m，发生时刻为 0.74 s，如图 7.41 所示。

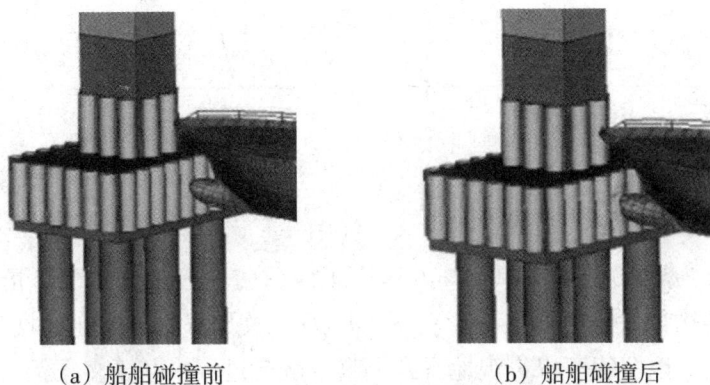

(a) 船舶碰撞前   (b) 船舶碰撞后

图 7.36 1000 t 级船舶以 3 m/s 速度碰撞桥墩前后

图 7.37 以 3 m/s 速度碰撞后桥墩损坏状况   图 7.38 以 3 m/s 速度碰撞后船舶损坏状况

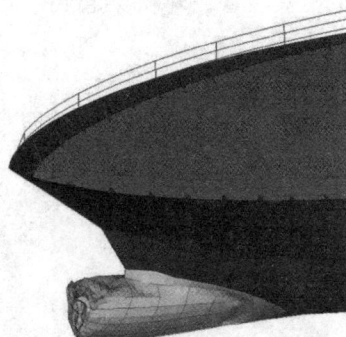

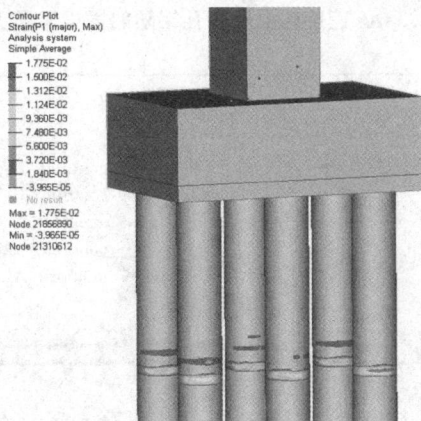

图 7.39 以 3 m/s 速度碰撞的桥墩混凝土大应变分布

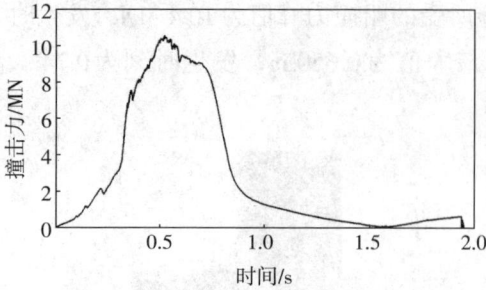

图7.40　以3 m/s速度碰撞的
船舶船撞力-时间曲线图

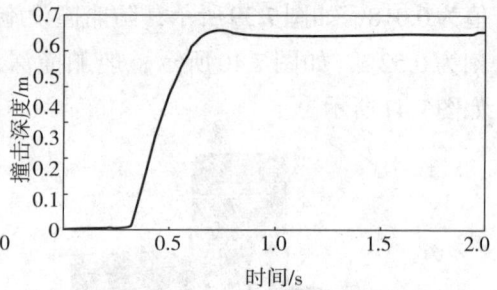

图7.41　以3 m/s速度碰撞的
船舶撞深-时间曲线图

图7.42为1000 t级船舶以3 m/s速度正碰后防船撞设施的变形情况，可见多孔铝吸能构件发生了明显变形；图7.43为桥墩及防船撞设施吸收能量-时间曲线图，通过该曲线可以直观地看到，整个碰撞过程中基于多孔铝材料的柔性防船撞设施（mousse_AL）吸收了1.52 MJ能量，吸能贡献远远大于其他构件，吸能效果显著，对桥梁起到了较好的缓冲保护作用。

图7.42　以3 m/s速度碰撞后多孔铝防船撞设施最大变形图

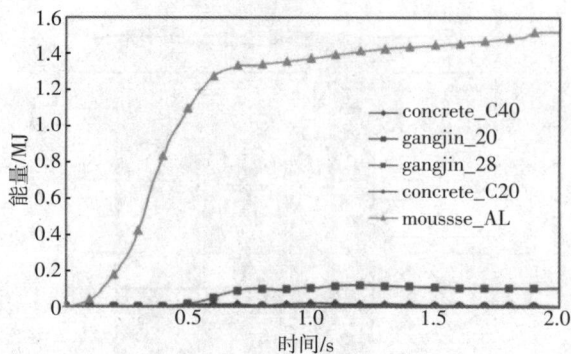

图7.43　以3 m/s速度碰撞过程桥墩及防船撞设施吸收能量-时间曲线图

（2）4 m/s速度正碰条件下仿真分析结果

通过仿真结果可以看出，船舶球鼻艏位置首先撞到承台，如图7.44所示；桥墩表面被撞击后几乎完好无损，如图7.45所示；船舶球鼻艏则产生明显塑性变形，如图7.46所示；桥墩混凝土大应变区域主要出现在桩基础上，最大应变值为0.024，如图7.47所示；防船撞设施所受的船撞力峰值为11.1 MN，发生时刻为0.49 s，如图7.48所示；船舶撞深最大值为1.108 m，发生时刻为0.78 s，如图7.49所示。

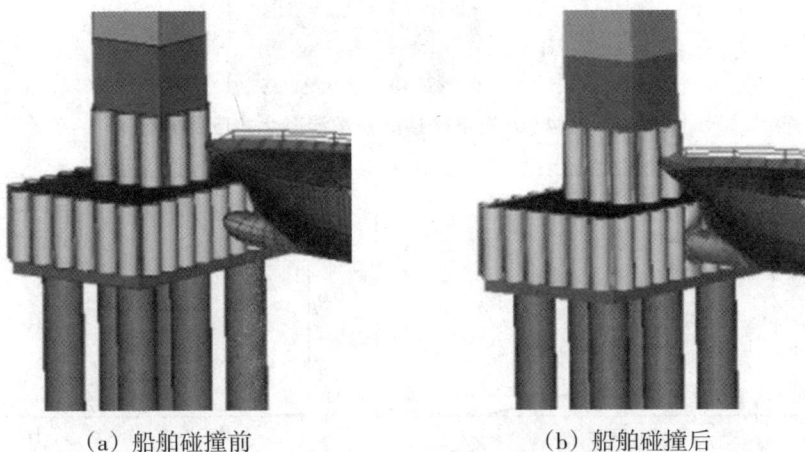

(a) 船舶碰撞前

(b) 船舶碰撞后

图7.44 1000 t级船舶以4 m/s速度碰撞桥墩前后

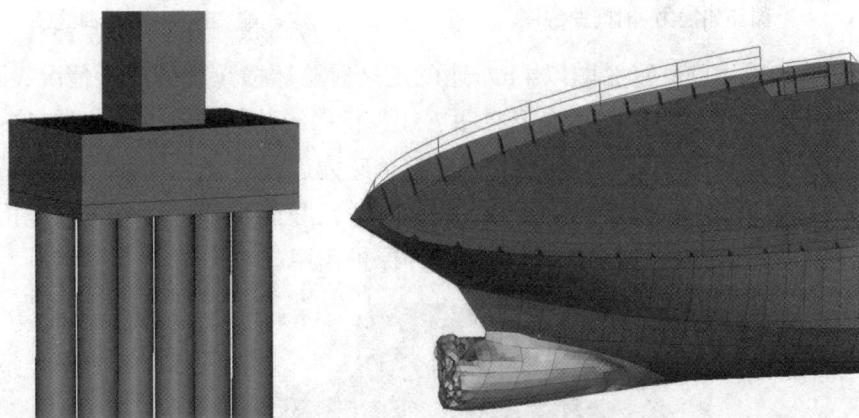

图7.45 以4 m/s速度碰撞后
桥墩损坏状况

图7.46 以4 m/s速度碰撞后船舶损坏状况

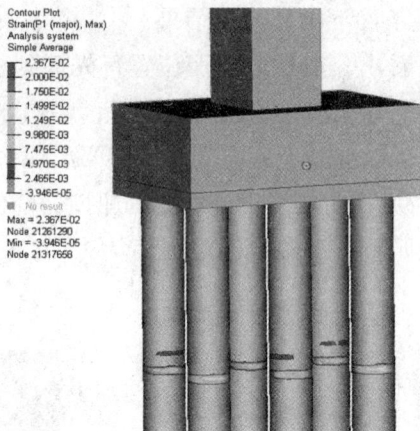

图 7.47   以 4 m/s 速度碰撞的桥墩混凝土大应变分布

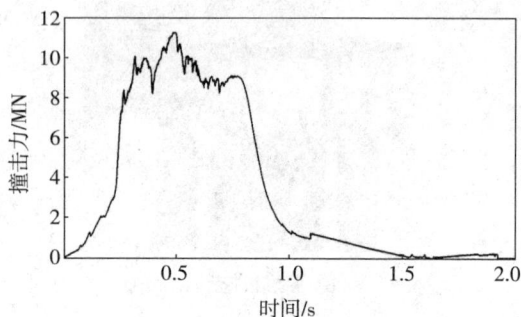

图 7.48   以 4 m/s 速度碰撞的
船舶船撞力–时间曲线图

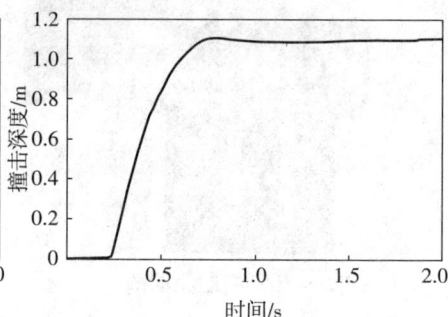

图 7.49   以 4 m/s 速度碰撞的
船舶撞深–时间曲线图

图 7.50 为 1000 t 级船舶以 4 m/s 速度正碰后防船撞设施的变形情况，可见多孔铝吸能构件发生了明显变形；图 7.51 为桥墩及防船撞设施吸收能量–时间曲线图，通过该曲线可以直观地看到，整个碰撞过程中基于多孔铝材料的柔性防船撞设施（mousse_AL）吸收了 2.2 MJ 能量，吸能贡献远远大于其他构件，吸能效果显著，对桥梁起到了较好的缓冲保护作用。

图 7.50   以 4 m/s 速度碰撞后多孔铝防船撞设施最大变形图

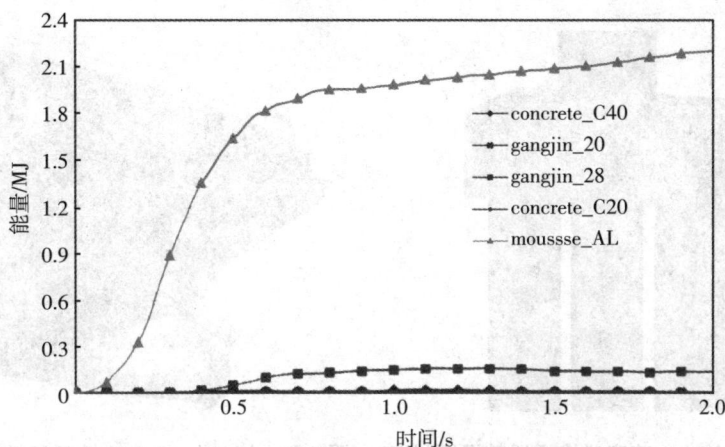

图7.51 以4 m/s速度碰撞过程桥墩及防船撞设施吸收能量–时间曲线

（3）5 m/s速度正碰条件下仿真分析结果

通过仿真结果可以看出，船舶球鼻艏位置首先撞到承台，如图7.52所示；桥墩表面被撞击后几乎完好无损，如图7.53所示；船舶球鼻艏则产生明显塑性变形，如图7.54所示；桥墩混凝土大应变区域主要出现在桩基础上，最大应变值为0.027，如图7.55所示；防船撞设施所受的船撞力峰值为13 MN，发生时刻为0.69 s，如图7.56所示；船舶撞深最大值为1.568 m，发生时刻为0.76 s，如图7.57所示。

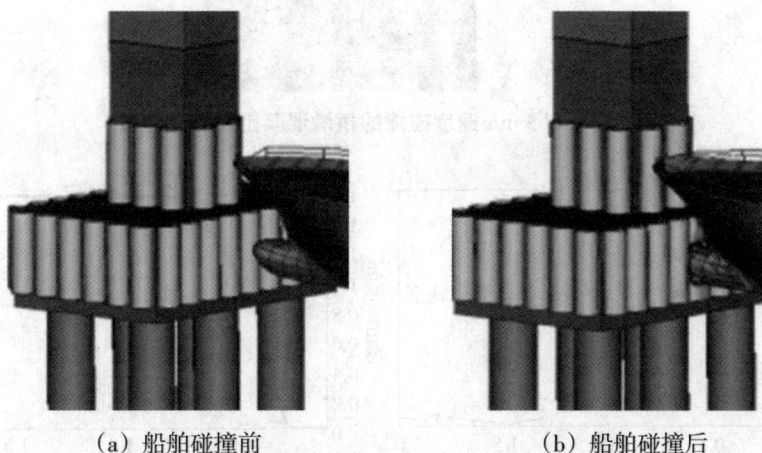

（a）船舶碰撞前 （b）船舶碰撞后

图7.52 1000 t级船舶以5 m/s速度碰撞桥墩前后

图 7.53　以 5 m/s 速度碰撞后桥墩损坏状况　　图 7.54　以 5 m/s 速度碰撞后船舶损坏状况

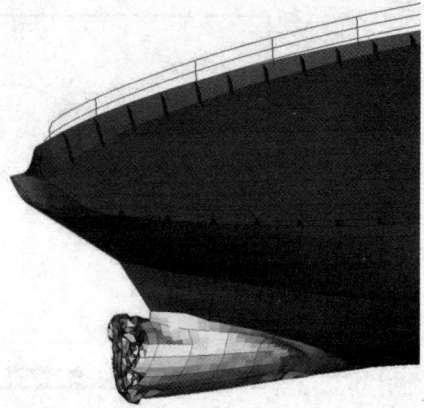

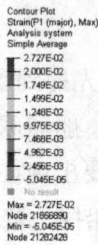

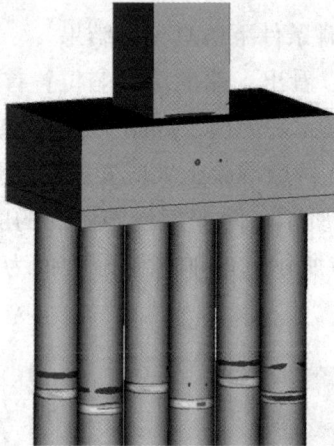

图 7.55　以 5 m/s 速度碰撞的桥墩混凝土大应变分布

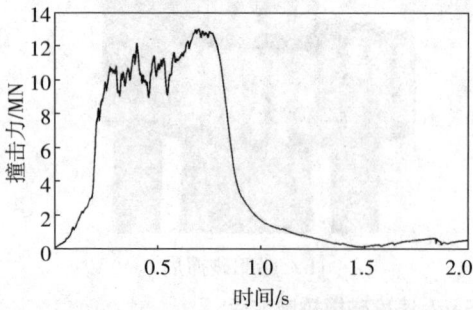

图 7.56　以 5 m/s 速度碰撞的
船舶船撞力–时间曲线图

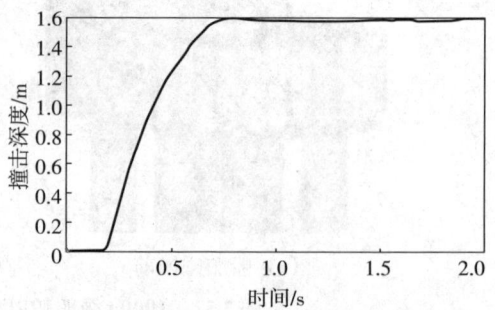

图 7.57　以 5 m/s 速度碰撞的船
舶撞深–时间曲线图

图7.58为1000 t级船舶以5 m/s速度正碰后防船撞设施的变形情况，可见多孔铝吸能构件发生了明显变形；图7.59为桥墩及防船撞设施吸收能量–时间曲线图，通过曲线可以直观地看到，整个碰撞过程中基于多孔铝材料的柔性防船撞设施（mousse_AL）吸收了2.5 MJ能量，吸能贡献远远大于其他构件，吸能效果显著，对桥梁起到了较好的缓冲保护作用。

图7.58 以5 m/s速度碰撞后多孔铝防船撞设施最大变形图

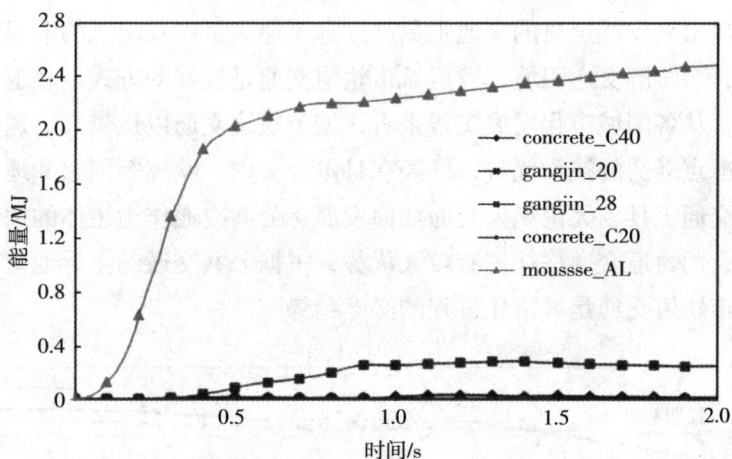

图7.59 以5 m/s速度碰撞过程桥墩及防船撞设施吸收能量–时间曲线图

通过对多孔铝材料在桥墩防船撞方面的创新探索，从能量吸收方面验证了多孔铝材料在防船撞设施上应用的可行性和优越性。多孔铝在海洋环境中的耐久性是新产品能否推广应用的另一个关键因素，需要在下一步做深入研究。

7.4 多孔铝材料在城市轨道交通工程上的探索

当今世界经济飞速发展，环境日新月异，城市化进程不断加快，城市基础设施特别是城市交通设施与城市化发展的矛盾逐渐显现。根据普查数据，2020年末，全国常住人口城镇化率为63.89%，较2010年的49.68%提升了14.21个百分点，与2010年相比，城镇化程度进一步加快。图7.60为部分国家城镇化率走势图（"诺瑟姆"曲线）。从图中可以看出，我国当前城镇化仍处在城镇化中期，城镇化仍具有巨大潜力与空间，在新型城镇化带动下，未来城镇化水平会继续加快。大量的人口涌入城市，意味着公共交通需承担起更多的运量，由于城市经济区域布局的变化及大城市的聚集和辐射效应越来越强烈，城市流动人口大量增加，居民出行更为频繁，城市交通需求的矛盾也就越来越突出。随着工业化进程和经济建设步伐的加快，人们的工作节奏也越来越快，时间观念越来越强，需要准时、安全、快捷的交通工具与之配套，以满足人们的出行需求。而现代城市在一天的客运高峰期间，客流高度集中、流向大致相同的现象已显著突显出来，低运量的交通工具已远远不能满足民众出行的需要。针对城镇化发展，要缓解交通困境，发展城市轨道交通是较好的方式。轨道交通属于公共交通，从各国城市化发展实践来看，城市轨道交通以运量大、速度快、安全可靠、准点舒适的技术优势，已经在日本、美国、欧洲等国家和地区成为主要的城市交通工具。无论私人交通如何发展，公共交通作为主体的地位将不会发生变化，而轨道交通往往占有较大优势，占据公共交通的主导地位，因此重点发展城市轨道交通是城市化进程的必然趋势。

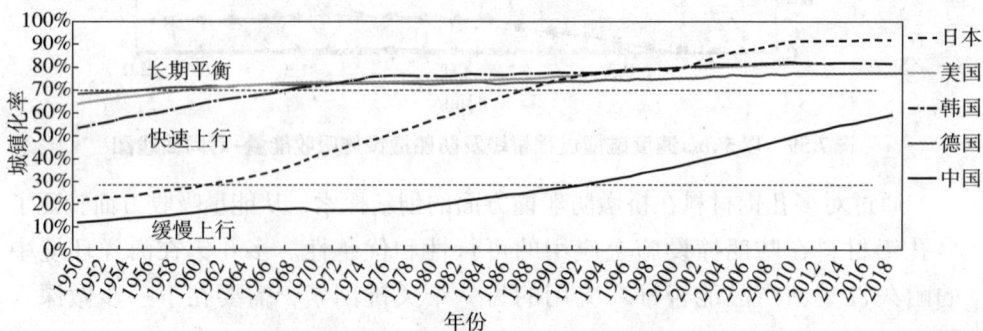

图7.60 部分国家城镇化率走势图

（数据来源：联合国、中指研究院综合整理）

　　城市轨道交通系统在我国的多个城市已经大规模投入使用，受到了广大人民群众的喜爱。人们积极参与轨道交通标志设计，将当地文化元素融入其中，这说明城市轨道交通系统赢得了广大群众的深度认可。城市轨道系统交通包括地铁系统、轻轨系统、单轨系统、有轨电车、磁浮系统、自动导向轨道系统、市域快速轨道系统。我国部分城市的轨道交通标志如图7.61所示。

　　北京　　　　　　　　　　　　　　　上海

　　广州　　　　　　　　　　　　　　　深圳

图7.61　我国部分城市的轨道交通标志

　　由于地铁是轨道交通的主要形式，不少标志直接标识为地铁标志，少数标识为轨道交通，这些标志大部分蕴含了文化寓意。例如：北京地铁标志外形采取圆形，由字母G构成，表示地铁隧道；中间是字母D，为"地铁"拼音的首字母；D的内心是字母B，表示"北京"，三个字母构成"北京地铁"的缩写。上海地铁标志由字母S和M组成。其中，S代表上海（shanghai），M（地铁英文Metro的首字母）代表地铁。而圆弧状形似地铁的圆形区门隧道，M又像在隧道内相向行驶的两辆地铁列车，图案抽象洗练，寓意深远。广州地铁标志由德国设计师设计，其形状类似字母Y，取"羊城"拼音的首字母，既有广州市市徽"山羊"的寓意，也有胜利手势的寓意，还有两条铁轨无限延伸的寓意，体现了现代化轨道行业的属性，造型简洁明了。深圳地铁标志与香港地铁标志像"父子关系"，它们的设计和造型类似，表达了深圳地铁希望与香港地铁建立联系；上方和下方的半圆代表深圳和香港（由深圳河隔开），中间两条垂直的线代表连接深圳和香港。

　　随着铁路大提速及各大城市地铁的崛起，轨道交通越来越成为国家交通运输的主要形式。但轨道交通系统不可避免地给城乡环境带来诸如噪声、振动、电磁辐射等问题，其中以列车行驶中的噪声和振动影响尤为突出。随着生活水平的不断提升，人们越来越追求安静舒适的生活和旅行环境，其中包括乘客和居民两个方面。乘客追求交通工具内部的安静舒爽，居民追求交通工具路过时产生的噪声和振动较小。如何保证在高速条件下减少振动带来的各种破坏、降低噪声等问题带来的困扰，成为我国近年来发展轨道交通需要突破的重要课题。对于乘客的需求，2020年底，京沪高铁推出了"静音车厢"，为旅客提供了更加安静舒适的旅行环境。轨道交通在车厢内追求舒适的同时，对外界的居民声控需求也在不断优化。城市轨道交通一般采用电力传动系统，相对于传统的燃油机车，具有相对低能耗、低污染、安全准点的特点，但是由于其速度快且穿越城区，其产生的噪声和振动同样对乘客和居民生活产生了一定影响。城市轨道交通的主要噪声源可以归纳为由列车高速运行时走行部的车轮与钢轨之间产生的轮轨噪声、集电弓与接触网高速摩擦产生的集电系统噪声、高速列车牵引电机等设备噪声、高速行车引起的空气动力噪声、行车激励引起的桥梁结构构件及其附属物的振动而产生的结构噪声，如图7.62所示。

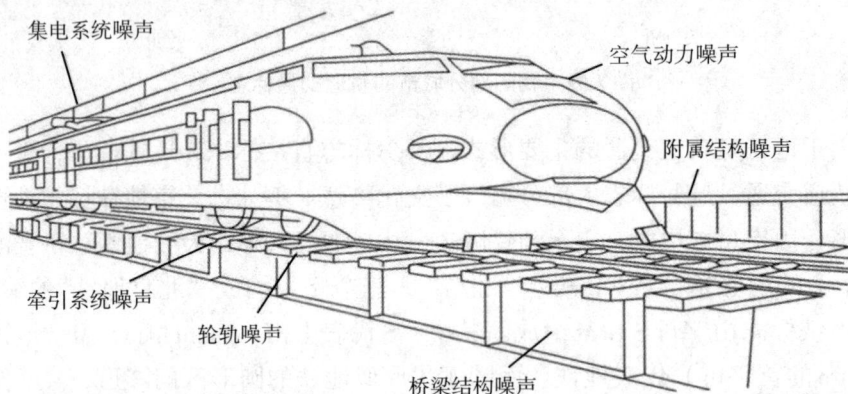

图7.62　轨道交通的噪声源示意图

要升级车厢环境和周边环境，需要采取相应的减震降噪方式，主要包括吸声减噪、隔音减噪、吸振减噪、隔振减噪等四种，如表7.8所列。在减振降噪中，新材料新工艺的应用起到了关键作用，特别是多孔材料作为新材料的典型代表，在减震降噪方面发挥着举足轻重的示范作用，如表7.9所列。多孔铝作为金属多孔材料的代表，被公认为目前为止最稳定的、最环保的吸音材料，同时具有质量轻和刚度强度相对高的优点，在轨道交通上得到了较好的应用。

表7.8 轨道交通减震降噪方式

减震方式	详情
吸声减噪	在密闭空间布置吸声材料，常用的吸声材料为多孔材料，其原理是通过多孔材料的无数微孔，可以吸收噪声
隔音减噪	在噪声源周围安装格挡物来达到降低噪声的目的，降噪效果取决于格挡物的隔音性能，隔音量越大，噪声越低；格挡物越靠近声源，隔音效果越好
吸振减噪	在振动源处添加子系统，使得振动源某一频率的振动得到控制
隔振减噪	一般来说，轨道交通（如地铁、高铁和轻轨等）采用的隔振材料主要是橡胶、软木和毡类等。除此之外，液压减震器和空气弹簧也有所运用。国内外大多数轨道交通采用金属弹簧和橡胶作为弹性元件，而轻轨采用空气弹簧和橡胶来达到隔振减噪的效果

表7.9 轨道交通多孔材料应用示例

多孔材料	应用位置
聚乙烯和聚氨酯复合发泡材料	墙体、顶棚、空调管道、装饰性内饰板
弹性聚氨酯（发泡）材料	无砟轨道、轨枕、道床
三聚氰胺发泡材料	车壁、车顶天花板、压层内装饰
结构性发泡芯材PET，PMI，PI	车厢底板、车顶、侧板、车尾部
多孔铝	U形梁腹板、隔音屏、吸声内衬、地板、车门夹芯、车厢内衬、车厢间隔墙、电器柜、隧道通风口消声器

在轨道交通车体中，多孔铝在地板、车门夹芯、车厢内衬、车厢间隔墙、电器柜方面都有应用，如图7.63所示。普通列车用多孔铝型材地板由1 mm厚铝型材板、15~20 mm厚多孔铝型材板、1 mm厚铝型材板夹芯板组成，其中多孔铝型材密度为0.5 g/cm³左右，具有优良的隔音隔振功能，耐火防火，轻质耐久，抗弯强度达到20 MPa左右，使用寿命长达30年以上。高速列车用多孔铝型材地板由1 mm厚铝型材板、25~30 mm厚多孔铝型材板、1 mm厚铝型材板夹芯板组成，其中多孔铝型材密度为0.5 g/cm³左右，隔音20 dB以上，震动可减少一个数量级，耐火防火，轻质耐久，抗弯强度达到20 MPa左右，使用寿命长达30年以上。采用多孔铝型材板作车门夹芯材料，不但具有优良的隔音、隔振、隔热功能，还能够在承受荷载时达到各向同性的效果。经统计，地铁车厢采用20 mm厚多孔铝型材内衬，可以降低噪声20 dB以上；大线列车、高速列车、城铁列车的车厢侧衬采用20 mm厚多孔铝型材板和20 mm厚聚氨酯发泡复合板，具有优良的隔热和隔音双重能力。采用多孔铝型材板制作客车间

隔墙，可以达到隔音隔振功能好、各方向强度一致、不产生鸟鸣声音的效果。用多孔铝型材夹芯板（由 0.5 mm 厚铝型材板、5~10 mm 厚多孔铝型材板、0.5 mm 厚铝型材板组成）制作发电机/电动机/变频器、中央空调等产生噪声和电磁波设备的电器柜，可以降低噪声 20 dB 以上，屏蔽电磁波 90 Hz 以上。

图 7.63　多孔铝材料在轨道交通车体上的应用

在轨道交通中，随着列车运行速度越来越快，噪声也越来越大，虽然及时加强铁轨打磨次数，但是噪声问题依然存在。中国铁路科学院于 2019 年 6 月 6 日通过网络发布消息，称其利用轨道面空间安置多孔铝吸声材料，达到了降低列车高速运行噪声的目的：多孔铝板产品厚度为 15 mm，密度大于 0.3 g/cm³，板材弯曲载荷为 1200 N，以满足 120 kg 行走需要；多孔铝材料吸声系数不小于 0.75，在 500~2000 Hz（高铁重点关注频段）所有吸声系数大于 0.6 以上；基座采用水泥浇筑龙骨，实现了 80~100 mm 空腔，选用 C4 以上纤维水泥以保证基座强度，预埋了安装扣件，保证多孔铝板与基座实现安装。图 7.64 为多孔铝材料在轨道交通轨道上的应用。

图 7.64　多孔铝材料在轨道交通上的应用

轨道交通在隧道中运行时会产生噪声，这些噪声一方面通过隧道传至车站公共区站台、站厅，对乘客和车站工作人员造成影响；另一方面通过混凝土风道传至地面风亭，对周围声环境及敏感建筑物造成影响。将多孔铝型材吸能板制成吸声栅，可以有效降低通风口的噪声，如图7.65所示。

图7.65 多孔铝材料在隧道通风孔位置的应用

多孔铝材料对于轨道交通封闭空间的降噪具有良好表现，在车站侧壁和顶部设置多孔铝吸声板（厚度可为10 mm，背后设置20 mm厚空腔），即使在地铁车站的潮湿环境中仍然能保持良好的吸声降噪效果，比使用其他吸声材料的降噪效果提高一倍以上。各大城市轨道交通和高铁路旁的隔音屏也是一种断面封闭结构，采用厚度为10 mm的打孔多孔铝型材吸声板，背后设置20 mm厚的空气层，后板为钢板镀锌防腐，内侧为可以吸声的多孔铝型材裸面，整体墙可以隔音，以达到高效降噪效果；同时，多孔铝型材可以达到被雨水淋湿后降噪功能不降低、在列车经过震动下铆钉不松动的效果。图7.66为多孔铝在部分城市轨道交通工程上的应用照片，这些照片显示出多孔铝材料具有广阔的推广应用前景。

（a）北京地铁13号线

（b）深圳地铁工程

（c）济南轨道交通 R1 号线

（d）郑州轨道工程

（e）佛山轨道交通 2 号线

图 7.66 多孔铝在城市轨道交通工程上的应用

7.5 多孔铝材料在建筑装饰工程上的探索

交通基础设施中包含不少建筑装饰工程材料，多孔铝具有轻质、高比强度、吸声、隔声、隔热及不燃烧、不吸潮等特性，可用作各种特殊环境下的建筑材料。在国外，多孔铝已经被应用于天花板、隔墙、活动门、防火门、装饰等建筑业；在国内，近些年多孔铝在建筑装饰工程领域进行了应用，并取得了较好的效果。

利用多孔金属轻质、耐热且不易燃烧等特点，在建筑装饰工程中可以作为制作室内外装修与天花板的材料，可有效防止意外火灾中造成的巨大损失。建筑装饰工程中有许多构件需满足质轻、刚性大、不燃烧的要求，多孔铝呈现出显著的性能优势，可作为这类构件的支持框架。在建筑内部设置多孔铝材料，可以有效吸收噪声，保持室内安静。由混凝土建造的大楼可用轻、硬且防火的镶板进行装饰，以美化建筑物的外观。以往采取的措施是将大理石或其他装饰性石材薄片加入支撑体后，固定于楼房的墙壁，而多孔铝具有轻质、金属质感的优势，可作为建筑材料的代替品，体现了未来行业的发展方向。图7.67为多孔铝在建筑装饰工程中的应用，可以看出多孔铝作为一种新型材料，已经在包括北京冬奥会冰球馆在内的一些大型建筑的内部、外部及特殊环境下成功应用，显示出优越的材料性能。随着人们对美好生活追求的不断提升，这种材料在建筑装饰领域的应用会越来越多。

北京冬奥会冰球馆

北京城奥大厦

安徽大剧院

安徽创新馆

（a）建筑内部

中国合力大厦

喜茶（西安店）

洲建集团

金科·旭辉悦章

（b）建筑外部

江苏省第一人民医院

A BATHING APE品牌专卖店

新方尊公司会议室 绿地集团会议室

（c）特殊环境

图7.67 多孔铝在建筑装饰工程中的应用

7.6 多孔铝材料在岗亭与办公家具上的探索

岗亭是交通基础设施中被广泛应用的一种设施，一个好的岗亭设计与规划，能够美化交通环境，给用户提供舒适愉悦的感受。山东高速高新材料科技有限公司利用多孔铝材料耐候耐久的特点，结合其轻量和易于雕刻的特性，将多孔铝成功应用于岗亭的设计中，不但有效改善了岗亭的结构强度，而且在上部进行雕刻修饰，提高了岗亭的人文景观作用。多孔铝岗亭已经在山东省日照市海曲路30多处进行应用，给人耳目一新的感觉，获得了当地人民群众的好评，如图7.68所示。

图7.68 多孔铝在岗亭设计中的应用

办公家具是交通基础设施中不可或缺的设施。随着人们对办公环境质量的不断追求，铝制家具由于具有绿色环保零甲醛、防水防火防虫蛀、牢固耐用耐腐蚀、时尚美观可回收的综合优势，受到了使用者的青睐。山东高速高新材料科技有限公司通过技术创新，成功地将多孔铝材料应用于办公家具，如图7.69所示。

（a）防盗门

（b）橱柜

（c）书桌

图7.69 多孔铝在办公家具中的应用

参考文献

[1] 姚广春,等.泡沫铝材料[M].北京:科学出版社,2013.

[2] 李斐斐,张芳.多孔金属材料的制备方法及应用[J].中国铸造装备与技术,2021,56(1):82-88.

[3] 张红英,欧阳八生,朱国军.泡沫铝材料的研究与应用[J].粉末冶金技术,2021,39(1):69-75.

[4] 潘应银.泡沫铝的制备与应用研究[J].魅力中国,2010(13):123.

[5] 张立春,张勇,刘芬芬.多孔泡沫铝制备工艺及其应用[J].新技术新工艺,2009(12):73-75.

[6] 王波,吴本英,周锡武,等.闭孔泡沫铝准静态压缩试验及吸能特性研究[J].佛山科学技术学院学报(自然科学版),2022,40(2):29-35.

[7] 赵立杰,张芳,彭军,等.多孔金属材料的制备工艺研究进展及应用[J].粉末冶金工业,2022,32(5):110-116.

[8] 刘培生.多孔材料引论[M].2版.北京:清华大学出版社,2012.

[9] 中华人民共和国交通运输部.公路交通安全设施设计规范:JTG D81—2017[S].北京:人民交通出版社,2017.

[10] 中华人民共和国交通运输部.公路交通安全设施设计细则:JTG/T D81—2017[S].北京:人民交通出版社,2018.

[11] 中华人民共和国交通运输部.公路交通安全设施施工技术规范:JTG/T 3671—2021[S].北京:人民交通出版社,2021.

[12] 中华人民共和国交通运输部.公路护栏安全性能评价标准:JTG B05-01—2013[S].北京:人民交通出版社,2013.

[13] 全国有色金属标准化技术委员会.硬质酚醛泡沫夹芯板用涂层铝箔:YS/T 849—2012[S].2012.

[14] WAN T,LIANG G Q,WANG Z M,et al.Fabrication and compressive behavior of open-cell aluminum foams via infiltration casting using spheri-

cal CaCl$_2$ space-holders[J].China foundry,2022,19(2):89-98.

[15] 全国钢标准技术委员会.金属材料　延性试验　多孔状和蜂窝状金属压缩试验方法:GB/T 31930—2015/ISO 13314:2011[S].北京:中国标准出版社,2015.

[16] 全国有色金属标准化技术委员会.烧结金属多孔材料　压缩性能的测定:YS/T 1132—2016[S].北京:中国标准出版社,2017.

[17] 全国有色金属标准化技术委员会.烧结金属多孔材料　拉伸性能的测定:YS/T 1133—2016[S].北京:中国标准出版社,2017.

[18] 住房和城乡建设部建筑制品与构配件产品标准化技术委员会.建筑用泡沫铝板:JG/T 359—2012[S].北京:中国标准出版社,2012.

[19] 全国绝热标准化技术委员会.铝箔面硬质聚氨酯泡沫夹芯板:JC/T 1061—2007[S].北京:中国建材工业出版社,2008.

[20] 闫书明.有限元仿真方法评价护栏安全性能的可行性[J].振动与冲击,2011,30(1):152-156.

[21] 魏琨,龚帅,杨福宇,等.高速公路桥墩安全防护设计研究[J].公路交通科技(应用技术版),2019,15(6):32-35.

[22] 杨旭东,刘冠甫,胡琪,等.泡沫铝疲劳性能研究进展[J].材料导报,2022,36(2):124-128.

[23] 贾军红,邓宝,刘大昌,等.基于理论计算的插入式立柱组合型桥梁护栏优化[J].湖南交通科技,2021,47(4):184-189.

[24] 王修立.一种新型自复位节段拼装桥墩的抗震性能研究[D].邯郸:河北工程大学,2021.

[25] 赵美凤.考虑桩土相互作用效应的钢筋混凝土桥墩地震易损性分析[D].邯郸:河北工程大学,2021.

[26] 安欣,蒋昊,张建旭.护栏过渡段应用泡沫铝改善防护能力方案研究[J].公路,2021,66(11):255-260.

[27] HANGAI Y,OMIKA K,INOUE M,et al.Effect of porosity of aluminum foam on welding between aluminum foam and polycarbonate plate during friction welding[J].The international journal of advanced manufacturing technology,2022,120:1-2.

[28] 代冲.国内外铁路桥梁重力式桥墩极限状态分析[D].北京:北京交通大学,2021.

[29] 薛文浩.方钢管约束的装配式混凝土桥墩抗震性能研究[D].福州:福建工程学院,2021.

[30] 杜常赞.闭孔泡沫铝压缩性能实验与仿真研究[D].哈尔滨:哈尔滨工业大学,2021.

[31] 姜磊.声屏障对湿式冷却塔降噪特性与热力性能耦合影响的研究[D].济南:山东大学,2021.

[32] 张雅婧.考虑风和交通车辆联合作用的大跨度斜拉桥拉索疲劳可靠性分析[D].北京:北京交通大学,2021.

[33] 汤国艺.基于多孔结构参数的闭孔泡沫铝力学性能分析[D].南京:东南大学,2021.

[34] 倪安辰.结合共振-吸声机理的高速公路声子晶体型声屏障降噪性能研究[D].北京:北京交通大学,2021.

[35] 朴爱玲.高速铁路桥梁金属声屏障服役性能演变规律研究[D].北京:中国铁道科学研究院,2021.

[36] 胡雪晖.基于统计能量法的铁路桥上直立式声屏障声学性能研究[D].成都:西南交通大学,2021.

[37] 吴睿.公路声屏障关键技术的理论研究[D].郑州:中原工学院,2021.

[38] 杨滨.熔模铸造制备海绵铝及其压缩性能研究[D].镇江:江苏科技大学,2021.

[39] 裴大军,彭晓彬,龚帅,等.特大桥型钢护栏连接方案研究[J].中外公路,2021,41(2):349-351.

[40] 刘晓波,王新,刘思源,等.基于仿真模拟技术的SB级波形梁护栏梁板中心设置高度研究[J].中外公路,2021,41(2):352-356.

[41] 王新,杨福宇,刘思源,等.防阻块功能分析及焊缝强度对波形梁护栏防护性能影响研究[J].中外公路,2021,41(2):361-364.

[42] 王雪松.防撞梁总成在横向加载下的弯曲机理研究及耐撞性优化[D].长沙:湖南大学,2021.

[43] 龚帅,郭洪,刘航,等.高速公路跨铁路桥梁护栏安全性能提升研究[J].公路,2021,66(4):321-326.

[44] 刘胜甫.泡沫铝微孔加工及声学性能研究[D].长春:长春理工大学,2021.

[45] 王二冬.闭孔泡沫铝多轴本构模型及在汽车吸能结构中应用研究[D].长沙:湖南大学,2021.

[46] 多多.冲击载荷作用下船用设备溃缩吸能结构动力学特性研究[D].哈尔滨:哈尔滨工程大学,2021.

[47] 张益.泡沫铝熔体的流动性能及其对孔结构的影响[D].南京:东南大学,2021.

[48] 郑可心.降载空化器入水过程中的动力特性分析[D].哈尔滨:哈尔滨工程大学,2021.

[49] 付晓鹏,马晴,廖贵星,等.桥梁梁柱式型钢护栏结构优化研究[J].桥梁建设,2020,50(增刊1):44-50.

[50] 刘昊.闭孔泡沫铝夹层结构耐撞性研究[D].长沙:湖南大学,2020.

[51] 王建皓.泡沫铝填充铝合金圆管构件轴压及轴向冲击性能研究[D].哈尔滨:哈尔滨工业大学,2020.

[52] 张琛良.道路声屏障的声学特性研究与优化分析[D].贵阳:贵州大学,2020.

[53] 骆耀东.非集中式有源声屏障降噪性能及稳定性研究[D].南京:南京大学,2020.

[54] 裴大军,张望鹏,邓宝,等.防撞护栏最大动态变形量敏感性分析[J].公路工程,2020,45(2):224-228.

[55] 姚如洋.新型管状元件的轴向吸能特性研究和设计理论[D].西安:长安大学,2020.

[56] 栗学铭,杨福宇,仝瑞金,等.高速公路隧道入口护栏设计研究[J].广东公路交通,2019,45(5):179-182.

[57] 陈瑞.高速铁路声屏障降噪模型优化分析[D].西安:西南交通大学,2019.

[58] 吴奕东.泡沫金属的初始屈服面和破坏面在主应力空间和主应变空间中的表征[D].广州:华南理工大学,2019.

[59] 陈小勇.动态系统仿真模型验证方法及工具研究[D].长沙:长沙理工大学,2019.

[60] 林皓.钢铝复合泡沫铝夹芯板制备的基础研究[D].沈阳:东北大学,2018.

[61] 刘功玉.风荷载作用下声屏障结构的动力特性研究[D].南昌:华东交通大学,2018.

[62] 李青.基于干涉型声屏障顶端结构弯折方案设计及其降噪性能研究[D].重庆:重庆交通大学,2018.

[63] 刘广波,龚帅,高建雨,等.高速公路防眩设施选取及设置分析[J].公路交

通科技(应用技术版),2018,14(5):44-46.

[64] 陈韬.高速公路三角端头、中分带活动护栏性能提升应用研究[D].广州:华南理工大学,2018.

[65] 罗宇豪.复杂路网环境下高速公路交通安全设施优化分析[D].西安:长安大学,2018.

[66] 王耀奇.泡沫铝复杂曲面三明治结构制备方法与机理研究[D].北京:北京科技大学,2018.

[67] 刘少波.泡沫铝复合材料的力学性能及减震应用试验研究[D].南京:东南大学,2018.

[68] 叶楠.冲击载荷作用下夹层结构动态响应及失效模式研究[D].哈尔滨:哈尔滨工业大学,2017.

[69] 韩建南.橡胶护舷在桥墩防撞方面的效应分析[D].重庆:重庆交通大学,2017.

[70] 张俊.冲击荷载作用下桥墩防撞装置的力学性能研究[D].佛山:佛山科学技术学院,2017.

[71] 胥睿.钢板-橡胶混凝土复合覆层应用于桥墩防撞的研究[D].北京:北京交通大学,2017.

[72] 李春涛.基于夹层结构桥墩防撞装置用聚氨酯弹性体的制备与性能研究[D].广州:华南理工大学,2017.

[73] 王珵.高速公路交通安全若干问题研究[J].江西建材,2017(7):182-183.

[74] 康刚.货车后置防撞垫碰撞仿真研究[D].北京:华北电力大学,2017.

[75] 彭宇.我国高速公路交通安全设施现状与发展方向[J].交通世界(运输·车辆),2015(12):12-13.

[76] 蔡斌斌.船舶-桥墩碰撞有限元数值仿真及桥墩防撞装置的研究[D].合肥:合肥工业大学,2015.

[77] 赵树超.复合结构的桥墩防撞设施受力性能研究[D].广州:华南理工大学,2013.

[78] 张涛.一种新型可导向防撞垫的抗撞性能研究[D].广州:华南理工大学,2013.

[79] 高玉恒,贾宁,高水德,等.国外公路护栏乘员风险评价技术现状及分析[J].中外公路,2011,31(6):282-285.

[80] 张元瑞,汪高飞,张永亮,等.基于泡沫铝复合结构的汽车座椅横梁填充设计与优化[J].机械强度,2022,44(1):140-147.